教育学学术论文写作

兰国帅◎著

科学出版社

北京

内 容 简 介

本书采用学术论文（期刊论文和学位论文）写作系统化思维，融合学术论文写作理论与实践，全面解析学术论文写作的各个环节和要素。书中不仅详细阐释了如何选定前沿的论文主题、构建醒目的标题、提炼规范的摘要、构架目的性引言和撰写深度的文献综述，还深入讲解了如何精准规划研究设计，以及如何规范撰写不同类型论文的写作技巧。更重要的是，书中还着重讲解了如何有效呈现研究结果、循证开展研究讨论和客观得出研究结论，旨在帮助读者掌握学术论文写作的精髓。

本书特别适合人文社会科学领域的大学生（本科生、硕士生、博士生）和研究者（青年教师、研究新手）使用，旨在提升其学术论文撰写能力和学术素养。同时，它也为人文社会科学领域其他专业学生和研究者提供了有价值的参考和借鉴。无论是初涉科研的新手，还是具有一定研究经验的学者，都能从中获得实质性的启发和帮助。

图书在版编目（CIP）数据

教育学学术论文写作 / 兰国帅著. —北京：科学出版社，2024.6. ISBN 978-7-03-078669-2

Ⅰ. G40；H152.3

中国国家版本馆数据核字第 20249S130Q 号

责任编辑：崔文燕 / 责任校对：张亚丹
责任印制：徐晓晨 / 封面设计：润一文化

科学出版社 出版
北京东黄城根北街 16 号
邮政编码：100717
http://www.sciencep.com
北京建宏印刷有限公司印刷
科学出版社发行 各地新华书店经销
*
2024 年 6 月第 一 版 开本：720×1000 1/16
2025 年 2 月第二次印刷 印张：15
字数：278 000
定价：**68.00 元**

（如有印装质量问题，我社负责调换）

序 言
PREFACE

　　生成式人工智能教育时代，掌握系统规范的教育学学术论文写作技巧，提升学术论文撰写能力，对大学生（本科生、硕士生和博士生）和研究者（特别是青年教师和科研小白）尤为重要。虽然很多院校开设了教育学研究方法、学术论文规范与写作等学术训练课程，大学生的学术素养有所提升，但在实践层面依然存在选题缺乏亮点、标题不够醒目、摘要不够规范、关键词不精准、文献检索不周全、引言缺乏目的、文献综述不深、研究设计不全、研究方法单一、研究工具不熟、综述类论文不会、元分析类论文不懂、量化类论文不精、质性类论文不专、研究结果不新、研究讨论不深、研究结论不明、研究启示不亮、研究结语不全、参考文献失范等问题。

　　因此，为使教育学专业大学生（本科生、硕士生、博士生）和研究者（特别是青年教师、科研小白）有效规避上述问题，掌握系统规范的教育学学术论文写作技巧，笔者提炼多年学术论文写作和审稿经验，特撰写《教育学学术论文写作》一书。本书采用学术论文写作系统化思维，注重理论精讲与实践应用相融合，聚焦期刊论文和学位论文写作的完整流程，重点分析怎样进行学术论文选题、怎样撰写标题和摘要、怎样撰写引言和文献综述、怎样规划研究设计、怎样选择好研究方法、怎样操作好研究工具（文献综述类科研工具、元分析类科研工具、量化研究类科研工具、质性研究类科研工具）、怎样撰写不同类论文、怎样撰写结果与结论等学术论文写作内容和技巧，旨在提升教育学专业大学生（本科生、硕士生、博士生）和研究者（特别是青年教师）的学术论文（期刊论文和学位论文）撰写能力和学术素养。

本书是 2023 年度河南省高校哲学社会科学创新人才支持计划（项目编号：2023-CXRC-12）、2021 年度河南省哲学社会科学规划项目（项目编号：2021BJY007）、2023 年河南省软科学研究计划项目（项目编号：232400410019）、2024 年度河南省高等学校重点科研项目资助计划（项目编号：24A880003）、2023 年河南大学科研实验室（平台）面向本科生开放性课题项目（项目编号：20231403081）、2023 年度河南大学研究生教育教学改革研究与实践项目（项目编号：YJSJG2023XJ061）、河南省教育政策研究院（软科学研究基地）和教育部共建教育评价改革研究基地（河南大学）、河南大学教育学部教育学珠峰学科建设项目的阶段性研究成果，并受到以上项目的资助。

本书由兰国帅博士负责策划、设计、撰写和统稿。参与初稿整理和校对的有杜水莲、张欢、黄春雨、吴迪、孙永刚（第一章），杜水莲、宋帆、肖琪、宋梦琪（第二章），宋帆、孙攀瑞、李晴文、郭天雯（第三章），肖琪、赵怀亮、蔡帆帆、孙永刚、牛淑丽（第四章），丁琳琳、刘娅、陶祥凤（第五章），在此一并表示感谢。此外，特别感谢科学出版社付艳分社长，以及崔文燕、张春贺、卢淼等编辑老师付出的辛勤劳动，对所有关心此书的同志表示衷心的感谢！

本书参考并引用了国内外文献与网站资料，其中的主要来源已在书中列出，如有遗漏，恳请谅解。在此谨对资料及案例作者表示感谢。由于笔者经验与学识有限，书中疏漏在所难免，欢迎读者指正。

目 录
CONTENTS

序言

第一篇 学术论文写作：绪论

第二篇　学术论文写作：本论

第三篇 学术论文写作：结论

第一篇 学术论文写作：绪论

从学术论文结构的角度来看，一篇完整的学术论文确实由绪论、本论和结论三个核心部分组成。而在学术论文的写作过程中，按照基本的内容逻辑顺序，我们通常首先进行标题、摘要、文献检索、引言和文献综述的撰写，这些构成了学术论文的绪论部分。因此，本书的第一篇内容旨在详细介绍怎样撰写标题和摘要、怎样撰写引言和文献综述。众所周知，选题的质量体现了作者的学术敏感性，一个规范的论文标题则反映了作者的问题意识。完整的论文摘要展现了作者的学术素养，对与研究主题高度相关的学术文献的检索能力则体现了作者的信息素养。此外，优秀的引言彰显了作者的学术洞察力，既有深度又广度的文献综述则展现了作者的学科专业知识与对研究问题的敏锐度。

第 一 章

怎样撰写标题和摘要

笔者根据自己多年的学术论文写作和审稿经验，认为论文选题是判断研究是否值得深入探究的首要条件。选题能够直接反映出作者的学术敏感性、学科专业知识的积累程度和学科视野的广度。论文标题则是吸引读者、编辑和审稿专家点击并阅读论文的重要前提。论文摘要则真实展现了作者的学术写作功底，是区分学术论文写作"高手"与"新手"的关键所在。因此，掌握学术论文的选题技巧，以及标题和摘要的撰写技巧，是每一位学术写作者都应必备的素质，这些技巧也是决定学术论文能否被期刊录用、发表和转载的重要因素。

第一节　学会进行论文选题：揭示对象、主题、维度

选好题目就是迈向成功的重要一步。这是因为选题不仅决定了论文的价值和意义，还直接关系到写作的难度。一个好的选题不仅能反映研究者对研究方向先进性的敏锐把握，还在一定程度上决定了论文被期刊录用的概率和审稿周期的长短。在学术论文写作开始前，研究者常常面临的困扰是如何选择一个合适的题目，以吸引读者和编辑的注意，进而增加论文的录用率和点击率。接下来，笔者将结合自身多年的学术论文写作和审稿经验，为大家介绍六种较为有效的学术论文选题渠道。

一、从学科领域核心期刊寻找选题

（一）关注学科的国内外核心期刊

学科领域的专业学术刊物，特别是那些广受认可的权威学术刊物，常常承载着学科知识的核心。这些刊物中研究主题的变化和热点问题的深入讨论，基本上能够反映出学科领域当前的研究重点和趋势。《科学引文索引》（Science Citation Index，SCI）、《社会科学引文索引》（Social Sciences Citation Index，SSCI）和《中文社会科学引文索引》（Chinese Social Sciences Citation Index，CSSCI）是目前国际和国内三大权威科学引文数据库，其发表的研究文献反映了国内外研究的主流与前沿[1]。

因此，研究者若时刻关注学科领域国内外核心期刊，便能够从中洞察学科研究的最新动态，进而捕捉到学科领域的研究热点。

---

[1] 兰国帅，程晋宽，虞永平. 21 世纪以来国际学前教育研究：发展与趋势——学前教育领域四种 SCI 和 SSCI 期刊的知识图谱分析[J]. 教育研究，2017，38（4）：125-135.

（二）寻找学科研究前沿主题示例

笔者注意到教育技术学科领域的 CSSCI 期刊《开放教育研究》在 2021 年第 5 期发表了标题为《学生社会情感能力的国际比较：现状、影响及培养路径——基于 OECD 的调查》[①]的文章，这篇文章主要基于 OECD 的视角，深入探讨了学生社会情感教育。这一研究焦点的选择，无疑体现了"社会情感能力"在当前教育技术学科领域的重要地位，成为该领域关注的前沿研究主题之一。基于上述观察，笔者选择从欧盟的视角出发，撰写了关于"社会情感能力"的研究文章——《社会和情感教育评估：内涵、框架、原则、工具、指标及路径——基于欧盟的框架》[②]，并在《开放教育研究》2021 年第 6 期成功发表。这正是关注学科领域核心期刊、捕捉并深入研究学科前沿主题的典型示例。

二、从学科领域的公众号寻找选题

（一）关注学科领域期刊微信公众号

研究者确实可以通过关注学科领域的期刊公众号，及时了解学科最新的研究动态，从而激发学术研究的选题灵感，为论文选题提供有力支持。以教育学学科为例，研究者可以定期关注教育学学科领域的期刊微信公众号以及教育学二级学科领域的期刊微信公众号。

通过浏览这些公众号推送的最新发表文章，研究者可以迅速掌握教育学领域的研究热点和研究前沿主题。这些公众号不仅提供了丰富的学术资源，还帮助研究者拓宽了学术视野，有助于研究者在选题时更加精准地把握研究方向，提高研究的质量和影响力。因此，关注学科领域期刊公众号是研究者进行学术研究的重要途径之一。

（二）关注学科研究团队微信公众号

每个学科在国内外都有一些具有显著影响力的学术研究共同体和研究团队。

---

① 徐瑾劼，杨雨欣. 学生社会情感能力的国际比较：现状、影响及培养路径——基于 OECD 的调查[J]. 开放教育研究，2021，27（5）：44-52+120.

② 兰国帅，周梦哲，魏家财，等. 社会和情感教育评估：内涵、框架、原则、工具、指标及路径——基于欧盟的框架[J]. 开放教育研究，2021，27（6）：24-36.

以教育技术学专业为例，国家数字化学习工程技术研究中心、教育大数据应用技术国家工程实验室、北京师范大学智慧学习研究院等，都是国内教育技术学专业领域非常有影响力的研究团队。

关注这些研究团队的微信公众号，不仅可以获取最新的学习资源和研究文献，还能够深入了解其研究方向和成果，从而帮助研究者寻找教育技术学科领域的研究热点及研究前沿主题。这些微信公众号通常会定期发布最新的研究成果、学术会议信息、学术交流活动等，为教育技术学专业的学者和研究人员提供了宝贵的信息资源。

此外，通过关注这些微信公众号，研究者还可以了解不同研究团队之间的合作和交流情况，以及他们在教育技术学领域的最新进展和贡献。这对研究者拓宽学术视野、增进学术交流、推动学科发展都具有重要意义。

因此，建议教育技术学专业的学者和研究人员积极关注这些有影响力的研究团队的微信公众号，以获取最新的学习资源和研究文献，并寻找教育技术学科领域的研究热点及研究前沿主题。

（三）寻找学科的研究热点主题示例

笔者留意到教育技术学科 CSSCI 期刊《电化教育研究》微信公众号推送的一篇文章——《教育数字化转型的实践逻辑与发展机遇》[①]。同时，笔者也关注到 2022 年教育部发布的有关教育政策文件中重点提及了"教育数字化转型战略"议题。由此可以判断，"教育数字化转型"这一主题是 2022 年教育技术学科领域关注的研究热点主题之一，因此，笔者选择从国际高等教育数字化转型的视角出发，撰写了关于"高等教育数字化转型"这一主题的文章——《国际高等教育数字化转型和中国实施路径》[②]，并在《开放教育研究》2022 年第 3 期发表。这就是关注学科国内核心期刊和研究团队微信公众号，以寻找学科研究热点主题的典型实例。

---

① 祝智庭，胡姣. 教育数字化转型的实践逻辑与发展机遇[J]. 电化教育研究，2022，43（1）：5-15.
② 兰国帅，魏家财，黄春雨，等. 国际高等教育数字化转型和中国实施路径[J]. 开放教育研究，2022，28（3）：25-38.

三、从教育官微社交媒体寻找选题

（一）关注教育领域的官方网站

关注教育部及其司局（如教师教育司、高等教育司、基础教育司等）以及科技部、工业和信息化部等官方社交媒体，是获取国家发布的重要教育政策及其每年重点关注的热点主题的有效途径。这种关注不仅有助于研究者及时了解教育领域的最新动态，还能为学术研究提供选题思路和方向。

教育部及其司局作为教育政策的主要制定者和发布者，其官方社交媒体平台通常会发布与教育相关的政策文件、通知公告、研究成果等信息。通过定期浏览这些平台，研究者可以了解国家在教育领域的最新政策导向、改革方向和发展趋势。同时，这些平台还会发布一些与教育政策相关的解读文章和案例分析，有助于研究者更深入地理解政策内容和背景。

科技部、工业和信息化部等部门的官方社交媒体平台也会发布与科技创新、产业发展等相关的政策信息。这些政策往往与教育领域有着密切的联系，如教育信息化、产教融合、科技创新人才培养等。通过关注这些平台，研究者可以获取教育政策相关的科技和产业信息，为学术研究提供更丰富的背景资料和数据支持。

在了解了国家发布的重要性教育政策及其每年重点关注的热点主题后，研究者可以将这些信息作为学术研究的选题来源。通过深入分析政策内容、背景和目标，结合实际情况和案例研究，研究者可以发现一些具有研究价值和现实意义的研究问题。这些问题可能涉及教育政策的制定、实施、评估等方面，也可能涉及教育与社会、经济、文化等领域的交叉研究。

因此，关注教育部及其司局、科技部、工业和信息化部等官方社交媒体平台，是获取学术研究选题的重要途径之一。通过及时了解国家发布的重要教育政策及其每年重点关注的热点主题，研究者可以为学术研究提供有力的支撑和指导。

（二）关注重要国际性组织官网

关注重要国际性组织如联合国教科文组织、欧盟和美国高等教育信息化协会（EDUCAUSE）等发布的政策和报告，对于寻找学术研究的选题具有至关重要的意义。这些组织发布的政策和报告往往具有引领性、学术性和指导性，能够为研究者提供关于教育领域国际趋势、挑战和机遇的深刻见解。

首先，为了及时获取这些组织和机构的最新政策和报告，研究者需要定期浏览其官方网站和社交媒体平台，并设置相应的提醒或订阅服务。一旦有新的政策和报告发布，研究者就可以立即获取并进行阅读。

在获取到这些政策和报告后，研究者需要进行深度剖析与解读。这包括理解其背后的理念、目标和措施，关注其中的核心观点、关键数据和案例研究。通过对这些政策和报告的细致分析，研究者可以发现当前国际上在教育领域所关注的核心问题，如教育公平、教育质量提升、教育创新、技术驱动的教育变革等。

接下来，研究者可以根据这些核心关切主题，结合自身的学术兴趣和专长，确定具体的研究选题。选题应该具有明确的研究问题、研究目标和研究方法，并且能够对解决当前教育领域的问题提供有价值的见解和方案。

此外，这些国际性组织发布的政策和报告还可以为研究者提供研究背景和理论依据。在撰写学术论文或研究报告时，研究者可以引用这些政策和报告中的观点和数据来支持自己的论点和分析。

总之，关注重要国际性组织发布的政策和报告，并对其进行深度剖析与解读，是寻找学术研究选题的有效途径。通过这种方式，研究者可以及时了解国际上的教育趋势和热点问题，为学术研究提供有力的支撑和指导。

（三）寻找国家关切的主题示例

笔者近期关注到美国高等教育信息化协会在 2021 年 4 月于其官方网站上发布了题为"2021 EDUCAUSE Horizon Report（Teaching and Learning Edition）"（《2021 年地平线报告（教学版）》）的报告。这份报告在高等教育教学领域具有显著的引领性、学术性和指导性，它深入探讨了未来高等教育教学的宏观趋势、关键技术实践以及可能的未来发展场景。

鉴于该报告的重要性，笔者立即对其进行了详细的阅读和深度剖析。通过对报告内容的解读，笔者发现了多个与当前及未来高等教育教学密切相关的核心关切主题，如技术的融合与创新、在线学习的优化、学习体验的个性化等。

为了将这些发现转化为具体的学术研究，笔者在《开放教育研究》2021 年第 3 期上发表了一篇题为《未来高等教育教学：宏观趋势、关键技术实践和未来发展场景——〈2021 年地平线报告（教学版）〉要点与思考》[1]的文章。在这篇

---

[1] 兰国帅，魏家财，张怡，等. 未来高等教育教学：宏观趋势、关键技术实践和未来发展场景——《2021 年地平线报告（教学版）》要点与思考[J]. 开放教育研究，2021，27（3）：15-28.

文章中，笔者不仅详细介绍了报告的主要内容和观点，还结合自己的理解和分析，提出了对未来高等教育教学发展的展望和建议。

这个例子充分展示了关注重要国际性组织官网、寻找国际上每个国家的核心关切主题，进而找到学术研究选题的重要性。通过及时跟踪和解读这些组织发布的最新报告和政策，研究人员可以获取到丰富的学术资源和研究灵感，为自己的研究工作提供有力的支持和指导。

四、从学科领域知名学者寻找选题

（一）关注学科领域知名学者研究

关注学科领域知名学者的研究领域、研究兴趣和研究主题，是寻找学术研究选题的一个非常有效的方法。在教育技术学科领域，南国农、何克抗、桑新民、李艺、祝智庭、黄荣怀、余胜泉等学者都是备受尊敬的知名专家，他们的研究主题和方向往往代表了该领域的最新动态和发展趋势。

为了持续跟踪和系统研究这些知名学者的研究主题，研究者可采取以下步骤。

1）查阅文献。首先，研究者可以通过阅读这些学者发表和出版的学术论文、专著、报告等，了解他们的主要研究领域、研究兴趣和研究主题。这可以通过图书馆、学术数据库、互联网等途径获取。

2）关注社交媒体和学术平台。许多知名学者会在社交媒体（如微博、知乎等）和学术平台（如 ResearchGate、谷歌学术等）上分享他们的研究成果和最新动态。通过关注他们的社交媒体账号或加入相关学术群组，研究者可以第一时间获取他们的最新研究信息。

3）参加学术会议和研讨会。教育技术领域的学术会议和研讨会通常会邀请知名学者进行主题演讲或报告。通过参加这些会议，研究者可以直接聆听他们的观点，与他们进行面对面的交流，并获取到他们最新的研究动态。

4）阅读综述文章和评论。有些综述文章和评论会对某个领域或某个学者的研究进行总结和评价。通过阅读这些文章和评论，研究者可以更全面地了解该领域的研究现状和发展趋势，以及该学者在该领域的影响力和贡献。

在持续跟踪和系统研究这些知名学者的研究主题的过程中，研究者可能发现一些具有研究价值和现实意义的问题或现象。这些问题或现象可能涉及教育技术的新理论、新方法、新技术，或者与当前教育实践中存在的问题和挑战密切相关。研究者可以根据自己的学术兴趣和专长，选择其中一个或多个问题作为自己的研究选题。

（二）寻找知名学者研究主题示例

笔者特别注意到教育技术学科领域的杰出学者桑新民在《现代教育技术》期刊 2010 年第 1 期上发表了一篇重要文章——《学术权威人物个案研究的理念与方法论—美国教育技术学领军人物学术思想研究述评》[①]。这篇文章深入探讨了学术权威人物个案研究的理念与方法，并对美国教育技术领域的领军人物的学术思想进行了全面述评。

笔者同样认为，全面了解国际教育技术研究的代表人物及其学术思想，深入探究国际教育技术研究的发展趋势，以及准确把握教育技术国际化发展的时代脉搏，对于提升我国教育技术研究的国际对话能力，以及切实提高我国教育技术学科的质量和水平，具有不可忽视的理论价值与现实意义。

因此，笔者开始着手研究国际教育技术领域的学术群体和领军人物，致力于对权威人物的学术思想进行深度解读和研究。2017 年，笔者分别在《远程教育杂志》和《现代远距离教育》上发表了系列文章，标题分别为《国外教育技术十大领域与权威人物的知识图谱建构研究——基于 18 种 SSCI 期刊（1960—2016年）文献的可视化分析》[②]和《国际教育技术研究的代表人物与学术团体——基于 Computer & Education 等 18 种 SSCI 期刊的可视化分析》[③]。这些文章通过可视化分析的方法，呈现了国外教育技术的主要领域和领军人物的知识图谱，以及国际教育技术研究的代表人物和学术团体的研究动态。

上述过程充分展示了笔者如何通过关注学科领域知名学者的研究，进而找到并深入探究学术研究选题的过程。这是一个典型的例子，体现了学术研究中选题的重要性以及持续关注和研究知名学者学术成果的价值。

[①] 桑新民. 学术权威人物个案研究的理念与方法论——美国教育技术学领军人物学术思想研究述评[J]. 现代教育技术，2010，20（1）：5-9.

[②] 兰国帅，汪基德，梁林梅. 国外教育技术十大领域与权威人物的知识图谱建构研究——基于 18 种 SSCI 期刊（1960—2016 年）文献的可视化分析[J]. 远程教育杂志，2017，35（2）：74-86.

[③] 兰国帅. 国际教育技术研究的代表人物与学术团体——基于 Computer & Education 等 18 种 SSCI 期刊的可视化分析[J]. 现代远距离教育，2017（2）：49-61.

五、从学科领域学术会议寻找选题

（一）关注学科领域专业协会会议

每个学科领域中都存在一些具有显著影响力的专业协会，这些协会通常会牵头举办一系列常规的学术会议。通过关注这些最新学术会议上设立的会议专题，我们能够准确地捕捉到该学科领域当前所关注的研究热点和前沿主题。

以教育技术学科为例，国内有着多个备受认可的专业协会，如中国教育技术协会、中国教育技术协会信息技术教育专业委员会以及教育部高等学校教育技术学专业教学指导分委员会等。这些协会每年都会精心组织并举办一系列学术会议，如中国教育技术协会年会、中国教育技术协会信息技术教育专业委员会学术年会以及教育技术国际论坛等[①]。

通过密切关注这些学术会议所设立的会议专题，研究者能够迅速而准确地了解到教育技术学科领域当前的研究热点和前沿主题。这些会议专题不仅反映了该领域的研究动态，也为研究者提供了宝贵的交流平台和合作机会。因此，关注这些学术会议的会议专题，对于教育技术学科的研究者来说，是一个不可或缺的重要步骤。

（二）寻找学科研究热点前沿示例

笔者留意到，教育部高等学校教育技术学专业教学指导分委员会在 2022 年主办的第十一届教育技术国际论坛上，特别设立了一个引人注目的会议专题——"教育元宇宙探索"。与此同时，笔者也观察到《远程教育杂志》《现代远程教育研究》等多本国内教育技术学科领域的 CSSCI 期刊，均将"教育元宇宙"选定为 2022 年的重点选题。这一系列的动态表明，"教育元宇宙"无疑是 2022 年教育技术学科领域备受关注的研究热点主题之一。

鉴于此，笔者深感有必要从学习元宇宙的独特视角出发，对"教育元宇宙"进行深入探讨。经过精心研究和撰写，笔者成功在《远程教育杂志》2022 年第 2期上发表了《学习元宇宙赋能教育：构筑"智能+"教育应用的新样态》[②]的文

---

① 兰国帅. 现代教育技术：理论建构与实践创新[M]. 2 版. 北京：科学出版社，2021：32-33.

② 兰国帅，魏家财，黄春雨，等. 学习元宇宙赋能教育：构筑"智能+"教育应用的新样态[J]. 远程教育杂志，2022，40（2）：35-44..

章。该文章旨在探讨教育元宇宙如何为教育领域带来创新变革，以及它如何助力构筑"智能+"教育应用的新模式。

上述案例充分展示了如何通过关注学科领域的学术会议和期刊，敏锐捕捉学科研究热点和前沿主题，并据此开展深入研究的典型过程。这对于教育技术学科以及其他学科领域的研究者来说，都具有重要的启示意义。

六、从自身研究方向和兴趣寻找选题

（一）关注自身的研究方向和兴趣

每位研究者（无论是学生，还是教师）均要找到自己的主要研究方向，然后再围绕其主要研究方向拓展研究兴趣和研究范围。以笔者为例，笔者多年来一直从事教育信息技术的教学、研究、培训和推广工作。研究方向主攻信息技术教育应用。研究范围涉及互联网教育与在线教育、技术赋能的创新教学模式、教育技术基本理论、教育技术研究方法、技术促进学习、信息化教学设计、教师信息化能力建设与教师专业发展、数字化教学资源建设与开发、教育信息化、知识图谱与知识可视化表征、教育技术国际比较、教育人工智能与智慧学习环境、信息化领导力、外语教育技术等领域。

总之，关注自身的研究方向和兴趣是每位研究者在学术道路上取得成功的关键。通过明确研究方向、拓展研究兴趣和研究范围，研究者可以更加深入地探索学术领域，取得更多的创新成果。

（二）持续深挖研究方向主题示例

2000 年以来，以强调协作建构学习与批判性反思对话为实施理念的探究社区理论模型为在线学习及混合学习研究提供了独特的视角、方法和工具，从而成为在线学习和混合学习领域的有效教学理论，以及国际教育技术学界研究的焦点。因此，笔者自 2017 年起的研究重点聚焦在"互联网教育与在线教育"中"网络探究社区"这一主题上，分别从理论建构、理论拓展、工具开发、影响因素探究等维度，先后在《开放教育研究》《中国电化教育》等期刊发表了关于

"网络探究社区"研究主题的系列文章①②③。

总之，好的论文选题是彰显论文是否有研究价值的一个重要表征，也是影响论文能否深入研究的一个重要影响因素。因此，掌握上述学术论文选题的六种渠道，有助于研究者选择有价值的论文方向，为开展之后一系列的写作打好基础。但是学会了如何确定学术论文选题，不一定就能写出规范的、充分表达研究内容价值的标题。根据笔者多年的写作和审稿经验，尽管有些学者的论文选题很好，但在论文标题撰写过程中经常出现缺乏研究对象、研究主题、研究问题、研究类型等问题。究其原因，就是不了解论文标题的四大特征。下一节，笔者将详细介绍和论述上述问题，以期读者在学术论文标题撰写过程中能够有效规避上述问题。

第二节　规范撰写论文标题：揭示对象、主题、问题

借现代广告之父大卫·奥格威的广告准则，标题比文本多 5 倍的阅读力，如在标题里未能畅所欲言，就等于浪费了 80% 的广告费。换句话说，若以人喻文，那么标题可以被视为一个人的眉眼，一个好的标题往往能令人"眼前一亮""一见钟情"④。因此，学会规范撰写论文标题非常必要。在学术论文写作开始前，我们经常遇到如下问题：不知道一篇好的学术论文的标题应该具备哪些特征？不知道正确撰写学术论文标题的方法有哪些？致使在学术论文标题撰写过程中经常出现一些"常见问题"。接下来，笔者将对上述问题进行详细论述。

一、学术论文标题的四大特征

无论是期刊论文，还是学位论文，其标题一般具备四大特征：研究对象明

---

① 兰国帅. 探究社区理论模型：在线学习和混合学习研究范式[J]. 开放教育研究，2018，24（1）：29-40.

② 兰国帅，钟秋菊，吕彩杰，等. 探究社区量表中文版的编制——基于探索性和验证性因素分析[J]. 开放教育研究，2018，24（3）：68-76.

③ 兰国帅，钟秋菊，郭倩，等. 自我效能、自我调节学习与探究社区模型的关系研究——基于网络学习空间中开展的混合教学实践[J]. 中国电化教育，2020（12）：44-54.

④ 杨晓梦. 标题优化不完全指南[J]. 中小学管理，2020（8）：63.

确、研究主题清晰、研究问题鲜明、研究类型明确。在撰写标题的过程中，一些研究者往往忽视标题的四大特征，从而使标题出现缺乏研究对象、研究主题、研究问题、研究类型等问题。接下来，笔者将对论文标题的四大特征加以阐述。

（一）研究对象明确

在撰写学术论文时，研究对象明确是至关重要的一步。研究对象可以是人，也可以是物。例如，论文《孤儿小学生主观幸福感的积极心理教育干预》[①]，这里的"孤儿小学生"就是明确的研究对象，其研究对象是人。再如，论文《我国劳动教育政策变迁的轨迹、机制与成效》[②]。这里的"我国劳动教育政策"就是明确的研究对象，研究对象是物。但有些学术论文的标题缺乏明确的研究对象，仅从标题看不出论文的主要研究对象是什么，即论文所面向的读者是谁。

例如，"基于××××的创客教育区域化实施探究"，就缺乏明确的研究对象，从标题来看，读者难以从中直接判断出其研究对象是基础教育阶段的创客教育还是职业教育阶段的创客教育，因此研究主题显得较为模糊，也不易明确论文的受众群体。

为了避免这种情况，建议在撰写论文标题时，务必点明论文的主要研究对象。这不仅可以使论文更加聚焦和清晰，还有助于读者更好地理解和评估论文的价值和贡献。

（二）研究主题清晰

在学术论文的撰写中，确保研究主题清晰至关重要。研究主题通常是某一具体的领域或话题，它定义了论文的核心内容和研究方向。

以论文《欧盟教育者数字素养框架：要点解读与启示》[③]为例，这里的"数字素养框架"就是清晰的研究主题，它明确了论文将探讨欧盟教育者数字素养的相关内容。同样，在论文《"双减"背景下义务教育质量回归的依据、堵点与进

---

① 王江洋，肖青，聂家昕，等. 孤儿小学生主观幸福感的积极心理教育干预[J]. 心理与行为研究，2017，17（5）：634-643.

② 张敏. 我国劳动教育政策变迁的轨迹、机制与成效[J/OL]. 湖南农业大学学报（社会科学版），2023，24（2）：93-100.

③ 兰国帅，郭倩，张怡，等. 欧盟教育者数字素养框架：要点解读与启示[J]. 现代远程教育研究，2020，32（6）：23-32.

路》①中，"义务教育质量回归"是清晰的研究主题，它指向了义务教育在"双减"政策下的质量提升问题。

然而，有些学术论文的标题在表述上缺乏清晰的研究主题。例如，"学生选课动机及在线学习行为××××"这一标题，由于同时存在"学生选课动机"和"学生在线学习行为"两个概念，导致读者难以判断论文的主要研究主题是什么。这样的标题可能让读者感到困惑，不清楚论文的主要研究方向和内容。

因此，建议在撰写论文标题时，确保研究主题清晰。如果论文同时涉及多个方面或话题，建议在标题中明确主要的研究主题，并避免在同一个标题中同时出现两个或多个研究主题。这样可以使论文更加聚焦和明确，有助于读者更好地理解和评估论文的价值和贡献。

（三）研究问题鲜明

在学术论文的撰写中，确保研究问题的鲜明性对于论文的清晰度和方向性至关重要。研究问题通常指向某一具体的困惑或需要解答的议题，它引导着论文的研究内容和方法。

以论文《大学中华优秀传统文化教育：意义、问题与路径》②为例，这里的"意义、问题与路径"明确指出了论文将要探讨的主要研究问题，即中华优秀传统文化教育的意义何在、存在哪些问题以及解决这些问题的路径是什么。同样，在论文《MOOCs 平台用户使用意愿的影响因素研究——基于技术接受模型和信息系统成功模型的视角》③中，"影响因素"也清晰地表明了论文要研究的核心问题，即哪些因素影响了用户对 MOOCs 平台的使用意愿。

然而，有些学术论文的标题在表述上缺乏鲜明的研究问题。例如，"××××××观照下的××学科在线学习社区研究"这一标题，虽然指出了研究主题"在线学习社区"，但并未明确表述出具体的研究问题或研究维度。这使得读者难以从标题中直接了解到论文将从哪些角度研究"在线学习社区"，以及要解答哪些关键问题。

---

① 杨茂庆，陈一铭. "双减"背景下义务教育质量回归的依据、堵点与进路[J]. 现代教育管理，2023（2）：62-70.

② 司新丽，何昊汶. 大学中华优秀传统文化教育：意义、问题与路径[J]. 中国人民大学教育学刊，2023（1）：83-92.

③ 徐卓钰，兰ననననన帅，徐梅丹，等. MOOCs 平台用户使用意愿的影响因素研究——基于技术接受模型和信息系统成功模型的视角[J]. 数字教育，2017，3（4）：26-32.

因此，在撰写论文标题时，建议明确呈现论文的主要研究问题或研究维度。这有助于读者快速把握论文的核心内容和研究方向，同时也能够引导作者更加聚焦地进行研究。如果论文涉及多个研究问题或维度，可以在标题中适当地进行概括和提炼，以确保研究问题的鲜明性和准确性。

（四）研究类型明确

研究类型一般是物。例如，论文《深度混合学习设计模型的构建与实证研究》[①]，这里的"实证研究"就是潜在的研究类型，研究类型是物。再如，论文《新媒体技术在大学生思政教育与管理中的应用研究》[②]，这里的"应用研究"就是潜在的研究类型，研究类型也是物。但有些学术论文的标题缺乏明确的研究类型，仅从标题看不出论文拟开展何种类别或形式的研究，主要是开展定量研究还是定性研究。例如，论文《××××视域下的全人化人才培养》，就缺乏明确的、潜在的研究类型，从标题来看，该文主要围绕"全人化人才培养"这一研究主题，要做何种类别的研究来研究"全人化人才培养"的哪些问题，这些均没有交代清楚，因此，建议研究者在撰写论文标题时，一定要清楚地呈现论文的主要研究类型。

总之，学术论文的标题是文章的门面，直接关系着读者是否愿意深入研读和引用。此外，标题的特征是否鲜明，更是学术论文质量的一个重要标志，也是外审专家评判论文的重要依据，决定着论文能否被期刊采纳。因此，熟悉学术论文标题的四大特征，并能在撰写时规避常见问题，是研究者不可或缺的能力。

那么，我们如何在写作过程中规范地拟定学术论文的标题，进而提升论文的录用率和关注度呢？基于多年的写作和审稿经验，我总结了论文标题撰写的九种方法。接下来，我将逐一详细介绍这九种方法，并辅以实例加以说明。

二、论文标题撰写的九种方法

从研究类型的角度出发，学术论文可大致分为思辨研究、量化研究、质性研

---

① 沈霞娟，张宝辉，张浩. 深度混合学习设计模型的构建与实证研究[J]. 现代教育技术，2022，32（8）：50-58.

② 刘小刚. 新媒体技术在大学生思政教育与管理中的应用研究[J]. 科研管理，2022，43（9）：210.

究和混合研究四大类。每种类型的论文在标题撰写上都有其独特的方法。笔者将论文标题撰写方法依据论文类型的差异，归纳为主题维度标题撰写法、问题结果标题撰写法、问题视角标题撰写法、问题方法标题撰写法、自因变量标题撰写法、变量方法标题撰写法、变量中介标题撰写法、主题问题类型标题撰写法以及对象主题问题类型标题撰写法这九种。接下来，笔者将逐一解析并阐述这九种论文标题的撰写方法。

（一）主题维度标题撰写法

所谓"主题维度"，是指论文的核心研究主题和研究维度。研究主题是指论文重点研究或讨论的议题。研究维度是指论文围绕研究主题的哪些方面或问题展开研究或讨论。所谓"主题维度标题撰写法"，是指按照论文的研究主题及其研究维度这两个方面来撰写标题，即采用研究主题+研究维度的形式来撰写标题。这种标题撰写方法在质性研究中尤为常见。采用此方法撰写的论文标题，通常能够清晰地展示研究的主要内容和方向，使读者一目了然。

例如，论文《社会和情感教育评估：内涵、框架、原则、工具、指标及路径——基于欧盟的框架》[①]，这里的"社会和情感教育评估"就是研究主题，"内涵、框架、原则、工具、指标及路径"就是研究维度，详尽地列出了论文将探讨的各个方面。

（二）问题结果标题撰写法

所谓"问题结果"，是指论文的主要研究问题和研究结果。研究问题是指论文重点解决的困惑或要探寻的研究变量之间的关系。研究结果是指论文的客观研究发现。所谓"问题结果标题撰写法"，是指按照论文的主要研究问题及其研究结果这两个维度来撰写和凝练标题，即采用自问自答的形式来撰写标题。质性研究论文常采用这种方法来撰写标题。采用这种方法撰写的论文标题具有研究问题明确、研究结果明了的特点。

例如，论文《爱与超越——鲁洁先生教育思想的两个关键支点》[②]，这里的"鲁洁先生教育思想的两个关键支点"就是研究问题，"爱与超越"就是研究结果。

---

① 兰国帅，周梦哲，魏家财，等. 社会和情感教育评估：内涵、框架、原则、工具、指标及路径——基于欧盟的框架[J]. 开放教育研究，2021，27（6）：24-36.

② 高德胜. 爱与超越——鲁洁先生教育思想的两个关键支点[J]. 全球教育展望，2021，50（12）：19-31.

（三）问题视角标题撰写法

所谓"问题视角"，是指论文的主要研究问题和研究视角。研究视角是指论文在分析问题过程中所采用的理论基础、理论观点和分析角度。所谓"问题视角标题撰写法"，是指按照论文的主要研究问题及其研究视角这两个维度来撰写和凝练标题，即采用问题和视角的形式来撰写标题。质性研究论文常采用这种方法来撰写标题。采用这种方法撰写的论文标题具有研究问题清晰、分析视角明确的特点。

例如，论文《论教育技术哲学中的"是"与"做"——基于异质论实践哲学的视角》①，这里的教育技术哲学中的"是"与"做"就是研究问题，"异质论实践哲学"就是研究视角。

（四）问题方法标题撰写法

所谓"问题方法"，是指论文的主要研究问题和研究方法。研究方法是指论文在分析问题过程中所采用的收集或分析数据的方法。所谓"问题方法标题撰写法"，是指按照论文的主要研究问题及其研究方法这两个维度来撰写和凝练标题，即采用问题和方法的形式来撰写标题。质性研究论文常采用这种方法来撰写标题。采用这种方法撰写的论文标题具有研究问题清晰、研究方法明确的特点。

例如，论文《信息素养与媒介素养的对比研究——基于知识图谱可视化分析的视角》②，这里的"信息素养与媒介素养的对比"就是研究问题，"知识图谱可视化分析"就是研究方法。

（五）自因变量标题撰写法

所谓"自因变量"，是指论文的自变量和因变量。自变量是指研究者主动操纵，引起因变量发生变化的因素或条件。自变量是因变量发生变化的原因。因变量是指由于自变量变动而直接引起变动的量。所谓"自因变量标题撰写法"，是指按照论文中的主要自变量和因变量及其关系来撰写和凝练标题，即采用自变量-因变量的形式来撰写标题。量化研究论文常采用这种方法来撰写标题。采用

---

① 樊子牛，贾巍，王华. 论教育技术哲学中的"是"与"做"——基于异质论实践哲学的视角[J]. 现代教育技术，2017，27（7）：54-60.

② 兰国帅，张舒予，张一春. 信息素养与媒介素养的对比研究——基于知识图谱可视化分析的视角[J]. 现代远距离教育，2014（6）：32-39.

这种方法撰写的论文标题具有自变量、因变量明确，研究问题清晰的特点。

例如，论文《在线教学示范对师范生技术使用意愿的影响机制》[①]，这里的"在线教学示范"就是自变量，"师范生技术使用意愿"就是因变量。

（六）变量方法标题撰写法

所谓"变量方法"，是指论文的自变量、因变量和研究方法。所谓"变量方法标题撰写法"，是指按照论文中的主要自变量、因变量及其研究方法来撰写和凝练标题，即采用自变量-因变量-研究方法的形式来撰写标题。量化研究论文常采用这种方法来撰写标题。采用这种方法撰写的论文标题具有自变量、因变量和研究方法明确，研究问题清晰的特点。

例如，论文《在线学习环境中教师幽默对学习投入的影响：一个多水平的结构方程分析》[②]，这里的"教师幽默"就是自变量，"学习投入"就是因变量，"多水平的结构方程分析"就是研究方法。

（七）变量中介标题撰写法

所谓"变量中介"，是指论文的自变量、因变量和中介变量。中介变量是指通过解释自变量和因变量之间的关系来描述影响如何发生的变量。所谓"变量中介标题撰写法"，是指按照论文中的主要自变量、因变量及其中介变量间的关系来撰写和凝练标题，即采用自变量-中介变量-因变量，或自变量-因变量-中介变量的形式来撰写标题。量化研究论文常采用这种方法来撰写标题。采用这种方法撰写的论文标题具有自变量、因变量和中介变量明确，研究问题清晰的特点。

例如，论文《自主学习能力对在线学习效果的影响机制探究——兼论在线学习交互体验的中介作用》[③]，这里的"自主学习能力"就是自变量，"在线学习效果"就是因变量，"在线学习交互体验"就是中介变量。

---

① 宋萑，黄嘉辉，李彦洁. 在线教学示范对师范生技术使用意愿的影响机制[J]. 开放教育研究，2021，27（3）：63-72.

② 高奇扬，陈佩瑶，王勇，等. 在线学习环境中教师幽默对学习投入的影响：一个多水平的结构方程分析[J]. 心理科学，2022，45（4）：879-887.

③ 黄振中，张晓蕾. 自主学习能力对在线学习效果的影响机制探究——兼论在线学习交互体验的中介作用[J]. 现代教育技术，2018，28（3）：66-72.

（八）主题问题类型标题撰写法

所谓"主题问题类型"，是指论文的研究主题、研究问题和研究类型。所谓"主题问题类型标题撰写法"，是指按照论文中的研究主题、研究问题和研究类型来撰写和凝练标题，即采用研究主题-研究问题-研究类型的形式来撰写标题。混合研究论文常采用这种方法来撰写标题。采用这种方法撰写的论文标题具有研究主题清楚、研究问题明确和研究类型突出的特点。

例如，论文《一流高校博士后管理制度实施成效、困境与优化路径——基于博士后个体视角的混合研究》[①]，这里的"博士后管理制度"就是研究主题，"实施成效、困境与优化路径"就是研究问题，"混合研究"就是研究类型。

（九）对象主题问题类型标题撰写法

所谓"对象主题问题类型"，是指论文的研究对象、研究主题、研究问题和研究类型。研究对象是指论文讨论的研究群体或研究问题的提出者。所谓"对象主题问题类型标题撰写法"，是指按照论文中的研究对象、研究主题、研究问题和研究类型来撰写和凝练标题，即采用研究对象-研究主题-研究问题-研究类型的形式来撰写标题。思辨研究论文常采用这种方法来撰写标题。采用这种方法撰写的论文标题具有研究对象鲜明、研究主题清楚、研究问题明确和研究类型突出的特点。

例如，论文《博士生学术生活的时间体验与重构——基于一所化学实验室的质性研究》[②]，这里的"博士生"就是研究对象，"学术生活"就是研究主题，"时间体验与重构"就是研究问题，"质性研究"就是研究类型。

总之，了解学术论文标题的四大特征，是研究者完成论文写作不可或缺的能力，它有助于有效规避标题撰写过程中可能出现的问题。同时，掌握学术论文标题撰写的正确方法，对于提升学术论文质量具有重要意义，并且对于研究者而言，也是提高学术论文标题撰写能力的重要途径。

① 马立超. 一流高校博士后管理制度实施成效、困境与优化路径——基于博士后个体视角的混合研究[J]. 大学教育科学，2022，13（2）：54-63.

② 林焕翔. 博士生学术生活的时间体验与重构——基于一所化学实验室的质性研究[J]. 中国高教研究，2022（6）：77-84.

第三节　规范撰写论文摘要：完整呈现论文核心要点

在撰写学术论文摘要的过程中，研究者常常会遇到以下疑问：如何全面理解学术论文摘要的深层含义？学术论文的摘要有哪些不同的类型？一篇优质的学术论文摘要应具备哪些特点？撰写学术论文摘要时，应采用哪些正确的方法？这些疑惑往往导致在撰写过程中产生一些"常见问题"。接下来，笔者将针对这些问题逐一进行详细的解答和论述。

一、学术论文摘要内涵与分类

一个规范的论文摘要具有吸引读者、编辑或外审专家目光的能力，使他们能够迅速把握论文的核心内容。那么，研究者如何才能撰写出这样的学术论文摘要呢？首要之务是深入理解学术论文摘要的内涵及其常见的类型。接下来，笔者将基于自己多年的学术论文写作和审稿经验，对学术论文摘要的内涵进行阐述，并介绍其六种常见的类型。

（一）学术论文摘要的基本内涵

按照国家标准 GB6447—86《文摘编写规则》中的定义，摘要是旨在提供文献内容梗概的短文，其特点在于不附加评论或补充解释，而是简明、确切地阐述文献的重要信息。论文的摘要实际上是对原文内容的精练，它能够准确、客观、简明地再现原文的核心内容。具体来说，它应涵盖问题陈述、研究视角、研究目的、研究主题、研究方法、研究结果、研究结论以及研究建议这八个关键要素，以此全面揭示论文的研究内容和主要观点。

（二）学术论文摘要的六种类型

1. "问题陈述+研究视角+研究目的+研究结论"型摘要

所谓"问题陈述+研究视角+研究目的+研究结论"型摘要，是指主要按照问题陈述（研究背景+已有研究问题）、研究视角、研究目的和研究结论四个维度来撰写及摘取论文要点所形成的摘要。哲学思辨类学术论文一般撰写的是这种类型的摘要。

例如，论文《现象图析学哲学基础及教育意义的再分析》[①]的摘要，就是这种摘要类型。这种类型的论文摘要具有研究问题明确、研究视角清楚、研究目的明确和研究结论鲜明的特点。

2. "问题陈述+研究方法+研究目的+研究结果+研究建议"型摘要

所谓"问题陈述+研究方法+研究目的+研究结果+研究建议"型摘要，是指主要按照问题陈述（研究背景+已有研究问题）、研究方法、研究目的、研究结果和研究建议五个维度来撰写及摘取论文要点所形成的摘要。文献综述类学术论文，尤其是采用元分析方法所撰写的文献综述类论文，一般撰写的是这种类型的摘要。

例如，论文《分层教学对职业学校学生学业成绩的影响——基于国内 42 项实验研究的元分析》[②]的摘要，就是这种摘要类型。这种类型的论文摘要具有研究问题明确、研究方法清楚、研究目的鲜明、研究结果明了和研究建议明确的特点。

3. "问题陈述+研究目的+研究方法+研究问题+研究建议"型摘要

所谓"问题陈述+研究目的+研究方法+研究问题+研究建议"型摘要，是指主要按照问题陈述（研究背景+已有研究存在问题）、研究目的、研究方法、研究问题和研究建议五个维度来撰写及摘取论文要点所形成的摘要。比较研究类学术论文一般撰写的是这种类型的摘要。

例如，论文《基于文本数据挖掘的中日两国儿童编程教育比较研究》[③]的摘要，就是这种摘要类型。这种类型的论文摘要具有研究问题明确、研究目的明了、研究方法突出和研究建议鲜明的特点。

---

① 苏寅珊，徐晟，李艺. 现象图析学哲学基础及教育意义的再分析[J]. 电化教育研究，2021，42（7）：12-18.

② 杨冰清，刘美凤，孙冉. 分层教学对职业学校学生学业成绩的影响——基于国内 42 项实验研究的元分析[J]. 中国远程教育，2022（11）：65-73.

③ 袁磊，张文超. 基于文本数据挖掘的中日两国儿童编程教育比较研究[J]. 现代远距离教育，2021（5）：24-32.

4."问题陈述+研究对象+研究方法/视角+研究目的+研究结果+研究建议"型摘要

所谓"问题陈述+研究对象+研究方法/视角+研究目的+研究结果+研究建议"型摘要，是指主要按照问题陈述、研究对象、研究方法/视角、研究目的、研究结果和研究建议六个维度来撰写及摘取论文要点所形成的摘要。实证研究类学术论文，尤其是定量研究类学术论文，一般撰写的是这种类型的摘要。

例如，论文《西部高等教育振兴助力共同富裕的实证研究》[①]的摘就是这种摘要类型。这种类型的论文摘要具有研究问题明确、研究对象明确、研究方法/视角清楚、研究目的明确、研究结果鲜明和研究建议明确的特点。

5."问题陈述+研究目的+研究方法+研究结论+研究建议"型摘要

所谓"问题陈述+研究目的+研究方法+研究结论+研究建议"型摘要，是指主要按照问题陈述（研究背景+已有研究问题）、研究目的、研究方法、研究结论和研究建议五个维度来撰写及摘取论文要点所形成的摘要。质性研究（定性研究）类学术论文一般撰写的是这种类型的摘要。

例如，论文《回归还是逃离：学术型硕士生学术志趣转变的质性研究》[②]的摘要，就是这种摘要类型。这种类型的论文摘要具有研究问题明确、研究目的明了、研究方法清楚、研究结论鲜明和研究建议适切的特点。

6."问题陈述+研究目的+研究视角+研究方法+研究对象+研究结果+研究建议"型摘要

所谓"问题陈述+研究目的+研究视角+研究方法+研究对象+研究结果+研究建议"型摘要是指主要按照问题陈述（研究背景+研究问题）、研究目的、研究视角、研究方法、研究对象、研究结果和研究建议七个维度来撰写和摘取论文要点所形成的摘要。混合研究类学术论文一般撰写的是这种类型的摘要。

例如，论文《"申请-考核"制实践及其效果的混合研究：基于某高水平大学博导的视角》[③]的摘要，就属于这种摘要类型。这种类型的论文摘要具有研究问题明确、研究目的确切、研究视角独特、研究方法清楚、研究对象明了、研究结

---

① 蓝勇福. 西部高等教育振兴助力共同富裕的实证研究[J]. 重庆高教研究，2023，11（1）：76-88.

② 赵金敏，王世岳. 回归还是逃离：学术型硕士生学术志趣转变的质性研究[J]. 江苏高教，2022（8）：93-102.

③ 郭二榕，张熙，刘天子. "申请-考核"制实践及其效果的混合研究：基于某高水平大学博导的视角[J]. 中国高教研究，2022（2）：62-68.

果鲜明和研究建议适切的特点。

总之，深入理解学术论文摘要的内涵及其构成要素，并熟知其不同类型的特征，对于提升学术论文质量具有至关重要的作用。这也是评审专家在评判论文质量时的重要考量维度之一，往往决定了期刊论文能否被成功接收。因此，掌握学术论文摘要的深刻内涵、各类摘要的构成要素及分类，对于提升在学术论文摘要撰写方面的学术素养具有极其重要的意义。

二、学术论文摘要的两大问题

学术论文的摘要是决定论文能否被录用、发表及检索的关键环节，它不仅承载着吸引读者注意力的作用，还肩负着向读者传达论文主要研究内容的使命。然而，在当前的论文摘要撰写实践中，常常出现两大主要问题：摘要内容成分缺失和语言表述失范。内容成分缺失问题具体表现为：缺乏明确的问题陈述，未能展现研究视角的独特性，缺少清晰的研究目的和主题，研究方法描述不全面，研究结果表述不详尽，研究结论概括不到位，以及研究建议的缺失。语言表述失范问题则体现为人称使用不当，语言表述不够专业，以及语句冗长、不够简洁。接下来，笔者将针对以上问题展开详细的分析和讨论。

（一）内容成分缺失问题

1. 缺乏问题陈述

一般来说，一篇学术论文的问题陈述就是指出研究的背景和目前该研究领域所存在的问题。研究背景也就是其选题的社会和学术背景，需要描述问题的由来，说明为什么要进行此项研究，要解决目前该研究领域的哪些问题。由于字数有限，如果论文摘要大篇幅论述背景，其他要素不能合理阐述，那么该摘要也是不合格的。例如，论文《民生幸福：××投入与居民消费——以××省为例》缺少了研究背景作为支点，从而不易使读者了解该研究的价值。

一般来说，学术论文的问题陈述旨在揭示研究的背景以及当前研究领域中尚未解决的难题。这里的"研究背景"涵盖了该课题的社会与学术环境，它要求详尽阐述问题的起源，并解释为何此研究至关重要，以及它意在填补哪些现有的研究空白。若论文摘要过于冗长地叙述背景，以至于无法合理展现其他关键要素，则该摘要可视为不足。

如果论文摘要缺乏问题陈述，可能出现以下问题：①读者可能感到困惑，不清楚研究究竟要探讨什么具体问题，从而导致对研究目的和意义的理解产生偏差；②读者可能在阅读摘要时感到迷茫，难以把握论文的主要内容和研究意义；③论文可能无法吸引读者的注意力，影响他们对论文的阅读兴趣和意愿；④其他研究者可能会难以准确理解该研究的核心内容和研究方向，从而限制了学术交流和合作的可能性；⑤读者可能无法准确评估该研究的学术价值和创新性，从而影响对论文的整体评价。

因此，在撰写论文摘要时，明确并简洁地介绍问题陈述是非常重要的。这有助于确保摘要提供的信息完整、准确，使读者能够全面了解研究的焦点、目的和意义，促进学术交流和合作，并提升论文的学术价值。

2. 缺乏研究视角

研究视角是研究方法的一个重要部分，如果没有研究视角，研究对象就会一团漆黑。研究的视角主要包括理论视角、思维视角、批判视角三种。三者之中，最常用的是理论视角。因此，本书主要从理论视角进行论述。在论文摘要里清晰明了地阐述研究视角，有利于读者快速抓住论文的主要研究内容。但某些学术论文的题目或主体内容可能体现了理论视角，但是在摘要的具体论述中并未提及。

如果论文摘要缺乏研究视角，可能出现以下几个问题：①读者不清楚研究试图解决的具体问题或探索的特定领域；②论述可能会停留在表面，无法提供深入的分析和见解；③读者可能难以区分该研究与前人研究的不同之处，从而无法评估其创新性和独特性；④研究者可能无法有效地解释研究结果，使读者难以理解其意义和价值；⑤读者可能感到难以产生共鸣，从而影响研究的传播和影响力。

因此，在撰写论文时，明确并阐述研究视角是非常重要的，它有助于确保研究的深度、创新性和影响力。

3. 缺乏研究目的

研究目的是学术论文摘要中必不可少的一部分，如同指路明灯指引着摘要的整体论述，开门见山地指出论文的意义与价值。准确凝练的陈述研究目的有利于读者更深层次地理解学术论文的内容。相反，缺乏研究目的的摘要容易使读者陷入认知迷雾，无法从摘要中获得有效信息。

论文摘要缺乏研究目的会出现以下几个问题：①读者可能会感到困惑，不清楚研究要探讨什么、解决什么问题或达到什么目标；②论文在内容上可能显得杂乱无章，各部分之间缺乏逻辑联系，这会让读者难以把握论文的主旨，影响阅读体验和理解效果；③评审者和其他读者将难以判断该研究是否达到了预期的目标，以及它在相关领域中的贡献大小；④作者无法有效地向读者传达研究的意义和价值，降低研究成果的传播和应用效果；⑤研究者可能缺乏深入研究的动力和方向，导致研究不够深入和全面。

因此，在撰写论文时，明确并阐述研究目的是非常重要的。它有助于确保研究的方向明确、内容连贯、评价公正、交流有效，并推动研究的深入发展。

4. 缺乏研究主题

研究主题是论文中主要研究的内容。很多作者认为，既然题目已表明了论文要研究的问题，摘要就无须再写明论文的主题。这种看法是错误的，因为通常论文的题目只是对问题的浓缩，并不能全面地反映问题的全部信息。如果摘要中缺乏对研究主题的陈述，会使读者不理解该论文的研究内容和关键信息。

论文摘要缺乏研究主题会出现以下几个问题：①读者难以把握论文的核心内容和讨论的重点；②导致论文结构松散，各部分之间缺乏逻辑联系，这会使读者在阅读时感到困惑，不清楚各部分是如何相互支撑和关联的；③读者可能觉得内容缺乏吸引力，从而失去继续阅读的兴趣；④评审者可能难以评估论文的质量和贡献，导致评价结果的公正性和准确性受到影响。

因此，在撰写论文摘要时，明确并突出研究主题是非常重要的。它有助于确保摘要的内容明确、结构紧凑、吸引读者兴趣，并有利于获得公正的学术评价。

5. 缺乏研究方法

研究方法是摘要的基本要素，研究方法是按照某种途径，有组织、有计划、有系统地进行教育研究和构建教育理论的方式，是以教育现象为对象，以科学方法为手段，遵循一定的研究程序，以获得教育规律性知识为目标的一整套系统研究过程。在摘要中体现研究方法，可以让读者直观地了解论文的研究思路。然而，在论文的实际写作过程中，这一点往往容易被忽视。

若是在论文摘要中省略了研究方法，会出现以下几个问题：①读者无法了解研究者是如何获取和处理数据的，从而难以评估研究的可靠性和有效性；②限制读者对研究过程的理解，使得他们难以全面把握研究的逻辑和流程；③其他研究者将无法准确了解该研究的实施细节，从而增加了复制和扩展研究的难度；④可能被视为学术不严谨的表现，影响论文的学术声誉和可信度；⑤其他研究者可能难以评估该研究与其他研究的相关性，从而限制了学术交流和合作的可能性。

因此，在撰写论文摘要时，明确并简要介绍研究方法是非常重要的。这有助于确保读者能够全面理解研究的实施过程、评估研究的可靠性，并促进学术交流和合作。

6. 缺失研究结果

研究结果是指研究的具体结果或直接结果，多体现在量化研究中。它既是作者对自己提出问题的直接回答，也是论文逻辑推理、深入讨论的依据。因此，结果反映了论文的水平和价值，所以，摘要中呈现研究结果就显得十分重要。相反，缺乏研究结果的论文会使读者怀疑研究的真实性与有效性。

若是在论文摘要中省略了研究方法，会出现以下几个问题：①信息不完整，无法全面反映研究的实际成果；②读者难以了解研究成效，以及这些成果对学术界或实践领域的贡献；③其他研究者将无法准确了解该研究的成果和发现，从而限制了学术交流和合作的可能性；④读者可能对论文的质量和可信度产生怀疑，从而降低论文的影响力和学术价值；⑤使读者对研究过程产生误解，可能导致读者对研究过程和结论产生误解，影响他们对研究的整体评价。

因此，在撰写论文摘要时，明确并简洁地介绍研究结果是非常重要的。这有助于确保摘要提供的信息完整、准确，使读者能够全面了解研究的成果和贡献，促进学术交流和合作，并提升论文的可信度和影响力。

7. 缺乏研究结论

摘要中的研究结论是指通过对某个课题的研究所得出的重要结论，包括从中取得证实的正确观点以及预测其在实际生活中运用的意义。但有些论文的摘要中会出现缺乏研究结论的现象。例如，有的论文摘要只交代了研究背景、目的、方法，并未得出主要结论。

如果论文摘要中缺乏研究结论，可能出现以下问题：①无法完整地呈现研究的成果，使得读者无法准确了解研究的主要发现；②读者可能感到困惑，不清楚研究到底得出了什么结果，以及这些结果对研究问题有何意义；③评审者和其他读者可能难以对论文的学术贡献和重要性做出准确判断，从而影响对论文的整体评价；④论文可能无法吸引读者的注意力，降低他们进一步阅读论文的意愿；⑤其他研究者可能难以准确引用或理解该论文的主要观点，从而限制了学术交流和合作的可能性。

因此，在撰写论文摘要时，明确并简洁地介绍研究结论是非常重要的。这有助于确保摘要提供的信息完整、准确，使读者能够全面了解研究的成果和意义，促进学术交流和合作，并提升论文的学术价值。

8. 缺乏研究建议

研究建议主要是基于整篇论文对文章叙述的问题进一步拓展，提出可行的问题解决方法，并对相关理论研究进行扩展，可以展现作者对研究领域的现实应用。在实际写作中，研究建议部分应当注意建议的真实可行性，一般是对某种现象提出切实可行性操作的建议。同时，建议必须根据论文存在问题提出，不能跑题或范围过大，如"建议世界各国统一意见"，这种就属于不具备实施条件的意义。例如，一篇探究生命课堂的论文，其摘要引用爱因斯坦的话作为开篇，后面是研究结果和结论，最后却没有提到研究建议，给人一种话未说完的感觉，造成文章可读性欠缺。

如果论文摘要缺乏研究建议，可能出现以下问题：①该研究可能仅仅停留在理论或实验阶段，无法对实际应用或未来研究产生直接影响，从而限制了其实际价值和影响范围；②其他研究者可能难以从该研究中获得关于未来研究方向或方法论的启示，从而限制了学术交流和合作的可能性；③读者可能难以理解该研究对现实世界的意义和影响，从而降低了他们对研究的兴趣和关注度；④评审者可能认为该研究在深度和广度上有所欠缺，从而影响对论文的整体评价；⑤这些成果可能无法有效地传播到更广泛的受众中，从而限制了知识的传播和应用。

因此，在撰写论文摘要时，明确并简洁地提出研究建议是非常重要的。这有助于确保摘要提供的信息完整、准确，使读者能够全面了解研究的成果、意义以及可能的实际应用方向，促进学术交流和合作，并提升论文的学术价值和影响力。

（二）语言表述失范问题

1. 人称表达有错误

国家标准 GB6447—87《文摘编写规则》确实规定了摘要的编写标准，其中明确指出摘要应以第三人称进行撰写，并建议使用如"对……进行了研究""报告了……现状""进行了……调查"等客观性陈述语句，避免使用"本文""作者""论文""我们"等主观性表述作为主语。

同时，该标准也强调摘要应仅呈现文章的核心内容和作者的观点，而不应对文章的内容进行评价或添加个人主观色彩。这意味着摘要应客观、准确地反映文章的主要研究、发现或结论，而不应包含任何形式的评价、解释或推测。

然而，在实际写作过程中，有些作者可能会忽视这一规定，使用"本文""作者"等作为主语，或在摘要中加入对文章的评价性内容。这些做法不仅不符合国家标准 GB6447—87 的要求，还可能影响读者对文章内容的理解和评价。

因此，在编写论文摘要时，作者应严格遵守国家标准 GB6447—87 的规定，采用第三人称的客观性陈述方式，避免使用主观性表述作为主语，并仅呈现文章的核心内容和作者的观点，而不加入任何评价性内容。这样可以确保摘要的客观性、准确性和可读性，提高论文的质量和影响力。

2. 语言表达不专业

论文的摘要一般采用专业术语来表达，专业术语一般是指某一特定领域中的所有用来表示各种概念的称谓。实际上，不同的研究领域有着不同的专业术语和表达。撰写摘要时使用学科领域的专业术语，既能体现出研究者的专业性，也是论文写作本身的基本要求。同时专业术语的使用要考虑具体的语境，不同的研究者在不同的时期可能对同一术语做出不同的解释。

在摘要中，专业术语的使用是为了力求语言表达专业化和展示研究者的专业素养，帮助读者快速了解论文所要表达的内容。同时，研究者要避免摘要中专业术语过多而造成阅读障碍，保证摘要的简洁和精练。

论文的摘要在撰写时确实需要采用所在学科领域的专业术语来表达，这些专业术语是特定领域中用来表示各种概念的称谓，能够准确、精练地传达研究的核心内容。不同研究领域拥有各自独特的专业术语和表达方式，这些术语的使用体现了研究者的专业性和对学科知识的掌握程度。

在使用专业术语时，有几个重要的注意事项：①准确性。确保所使用的专业术语在当前学科领域内是准确且被广泛接受的，避免因术语使用不当而导致误解或歧义。②语境性。专业术语的使用要考虑具体的语境，因为同一术语在不同的研究领域或不同的研究背景下可能具有不同的含义，所以在摘要中使用专业术语时，要确保其与论文的研究内容相契合。③时代性。随着时间的推移，某些专业术语的含义可能发生变化，其定义和内涵也在不断扩展和深化。④简洁性。虽然专业术语能够准确表达研究内容，但过多的专业术语可能会使摘要显得晦涩难懂，增加读者的阅读难度。因此，在保证准确性的前提下，应尽量使用简洁、精练的语言来表达。⑤避免因使用过多专业术语而造成阅读障碍。

3. 语言陈冗不简洁

学术论文摘要要求精简精练，旨在概括文章的核心内容与价值等。需要明确的是，摘要内容并非研究内容的简单堆砌，而是经过精心挑选和提炼的。同时，摘要的语言表达必须规范准确，以确保其质量。一个精简、凝练且主题明确的摘要能够在众多文献中脱颖而出，迅速吸引读者的注意。

然而，有些学术论文的摘要存在一些问题。例如，有的摘要几乎只是文章标题的堆砌，缺乏实质性的内容；有的则在摘要中过度描述背景信息或写作过程，导致语句冗长复杂。此外，若在摘要中使用主观性或修饰性的语句，会使其失去客观性和精练性，甚至损害摘要的学术价值。比如，某些摘要以"具有先锋性的意义"结尾，其中"先锋性"这样的描述便带有夸大的成分。

三、学术论文摘要的六大特征

摘要一般有两大功用：一是让读者更快速地了解论文的主要内容，二是为二次文献的选择提供方便。对于作者来说，撰写摘要是非常重要的，因为它可以吸引读者的注意力并激发他们阅读整篇论文的兴趣。如果摘要不能抓住读者的眼球，整篇论文可能无法被广泛传阅和引用。学术论文的摘要一般具有六大特征：客观性、规范性、独立性、简明性、协调性、等值性。

（一）客观性

摘要的客观性，就是要求在撰写论文摘要的过程中在保持原文基本信息的基础上如实复述原文的内容，客观、实事求是地反映该领域的研究程度①，不对论文作主观性的评价和解释，不通过"自我表扬"来夸大研究成果，只能以第三人称身份的陈述性语气来进行叙述，尽量避免使用"本文""本研究""我""笔者"等第一人称主语。

例如，论文《生命教育：道德教育的核心》②的摘要很好地体现了客观性。纵观全文，均以第三人称身份进行叙述，文中没有出现"本文""本研究"等第

① 胡舜. 社科论文摘要撰写存在的问题与写作要求探讨[J]. 怀化学院报，2007，26（3）：126-128.
② 刘济良，赵荣. 生命教育：道德教育的核心[J]. 课程·教材·教法，2013，33（9）：96-98.

一人称，避免了无意引导读者赞同作者观点，保证了读者在阅读论文的过程中进行独立思考。

（二）规范性

摘要的规范性是指要采用规范化的名词术语、紧凑的结构、不分或少分段落以及独立成章。对首次出现的生僻缩略语应用括号注释。一般不出现插图、表格、参考文献序号，以及数学公式和化学结构式①，通常使用正常表述文字。如果有些符号必须在摘要中出现，如科技术语、专有人名译名等，必须符合国际标准或者国内标准，具有通用性。另外，在文字表达上应尽量使用学科领域的专业术语，且语言表达应做到言简意赅，符合语句通顺、结构严谨、标点符号准确的要求，同时要符合现代汉语的语法规则、修辞规则与逻辑规则。

例如，论文《价值观教育的阶梯——北京市中小学校社会主义核心价值观教育阶段性目标框架研制》②的摘要讲明了研究是如何设计的，符合摘要应当准确、客观地反映全文内容的要求。

（三）独立性

独立性，也称完整性，是指论文摘要须独立成文。它不是论文正文的一部分，也不是论文的引言和导言，更不是对正文某一个问题的补充。论文摘要本身的信息具有自含性，可以独立存在，甚至可以单独发表③。在撰写学术论文摘要时，务必用简洁的语言将八个要素完整地呈现出来，从而能够清晰准确地表达原文的内容。此外，英文摘要一般应与中文摘要相对应。④

例如，论文《校园欺凌与学校归属感的相关效应：来自新教育实验的证据》⑤的整篇摘要结构完整，包括问题陈述、研究目的、研究方法、研究结果、研究结论等要素，论述完整清晰，语言简洁凝练，独立性较强。

---

① 高建群，吴玲，施业. 学术论文摘要的规范表达[J]. 东南大学学报（哲学社会科学版），2003，5（2）：114-117.

② 石中英. 价值观教育的阶梯——北京市中小学校社会主义核心价值观教育阶段性目标框架研制[J]. 人民教育，2019（24）：31-41.

③ 程慕青. 社科类研究生如何写好论文摘要[J]. 黑龙江教育（理论与实践），2017（9）：11-12.

④ 李钧. 期刊论文摘要规范化写作探讨[J]. 传媒论坛，2019，2（15）：54+56.

⑤ 杨帆，俞冰，朱永新，等. 校园欺凌与学校归属感的相关效应：来自新教育实验的证据[J]. 课程·教材·教法，2017，37（5）：113-120.

（四）简明性

摘要的简明性是指摘要的篇幅要短，要用简单凝练的语言来阐述论文的主要观点，语句要简洁，语义要确切，语法要合理，要利用最简洁的语言表达出论文的原意，一般以 200—300 字为宜。论文摘要的简明性要求作者对文字表述具有一定的凝练力，力争用凝练的文字表达出文章的主要信息。

例如，论文《基于田野游戏促进乡村幼儿交往礼仪养成的实践与探索——以河南省某乡村幼儿园为例》[①]摘要的第一句话就一针见血地说明了研究主题"乡村幼儿交往礼仪"的重要性和研究价值，随后交代了该研究的范式为"行动研究"，接着阐述了该研究的样本以及结论，最后将研究过程中的问题列出并提出研究建议。此篇摘要虽然简洁但是内容完整客观，将需要表达的内容完全呈现在读者眼前，使人一目了然。

（五）协调性

论文摘要的协调性主要表现为逻辑的连贯，与原文相辅相成，相得益彰。一篇文章是一个整体，句子与句子之间、段落与段落之间应该是有很强的逻辑关系的。通常有两种连接方法，一种是明连接：句子和段落之间可以通过添加连接词（如因此、然而、尽管等）让语言表达更有层次，从而增强文章内容的逻辑性；另一种是暗承接，即语义承接，通过上下文之间的承接关系连接全文，比如通过指示代词、人称代词等指代前一句中出现的内容，或转述、解释前一句的关键词，从而形成自然的承接关系。

例如，论文《探求"教是为了不教"的实现路径——自我教育和自我管理实验研究综述》[②]的摘要要素齐全，用语得当。在研究创新点的表达方面，作者也进行了一定的铺垫：先解释了何为自我教育，再介绍研究内容后又补充了研究价值，最后提出针对自我教育实验的一些建议。虽然简短，但是三部分内容衔接融洽，过渡自然，是体现论文摘要协调性的典型例子。

---

① 但菲，朱闪闪. 基于田野游戏促进乡村幼儿交往礼仪养成的实践与探索——以河南省某乡村幼儿园为例[J]. 陕西学前师范学院学报，2022，38（9）：45-52.
② 贺乐凡. 探求"教是为了不教"的实现路径——自我教育和自我管理实验研究综述[J]. 中国教育学刊，2011（5）：25-28.

（六）等值性

国际标准《文献工作》指出："文献应该具有自含性，但必须保持原文献的基本信息与格调。"其中"基本信息与格调"，指学术论文摘要的等值性，即摘要与原文在价值含量上的对等。尽管摘要是从原文中总结或摘取出来的，在文字量上无法与原文相比拟，但在价值含量上，摘要应与原文等同。鉴于对学术论文摘要的等值性要求，摘要的内容应包括研究问题、研究背景、研究路径、研究结果和研究建议等。

例如，论文《教育代际累积效应下子代收入的樊篱与跃迁——基于 CGSS 2015 数据的实证研究》[①]的摘要虽简短，但是蕴含信息十分完整。第一句介绍了教育以及教育人力资本对子代收入的影响，第二句采用官方数据进行说明，最后表述了研究结论，提出了针对这一现象的研究建议。此论文摘要在具备论文摘要因素的同时，用语准确恰当。即便不阅读正文，读者也能够通过阅读摘要了解正文的核心内容，它很好地体现了论文摘要的等值性。

综上所述，规范的摘要具有引人注目的特质，它能够简明扼要地传达文章的核心内容，使读者在有限的时间内迅速把握文章的主旨。相反，不规范的摘要往往缺乏学术论文摘要应有的六大特征：即内容的精准选择、语言的规范准确、表达的精练凝练、主题的明确突出、结构的清晰完整以及内容的简明扼要。由于摘要的字数限制，撰写时特别需要注意语言的简洁有序，措辞的恰当准确，以及内容的精准提炼。只有同时具备这些特征，一篇学术论文的摘要才能被称为优秀，真正发挥其作为文章精华和快速导读的作用。

四、论文摘要撰写的三种方法

摘要对一篇学术论文来说具有重要的作用，好的摘要往往能够体现一篇学术论文的水平。在撰写论文摘要之前，研究者要根据正文内容选择摘要的类型。根据摘要的类型，摘要的撰写方法可被分为三种：指示性摘要写法、报道性摘要写法和综合性摘要写法。

---

① 张欣，陈新忠. 教育代际累积效应下子代收入的樊篱与跃迁——基于 CGSS 2015 数据的实证研究[J]. 教育与经济，2021，37（5）：32-38.

（一）指示性摘要写法

指示性摘要即概述性摘要或简介性摘要。它只是简单地表达原文的论题，或者概括地表述研究的目的（如介绍论文的性质，主要的论点，探讨的范围，研究的对象、结果和结论），而不触及具体的数据。该类型的摘要仅使读者对论文的主要内容有一个概括的了解，篇幅以 50—100 字为宜。[①]根据其反映文章概貌的主要方式，该类型摘要写法可被分为脉络式摘要、要点式摘要、脉络+要点式摘要三类写法。

脉络式摘要写法主要是介绍作者的研究思路、写作脉络以及运用的理论方法。这类摘要的各个句子按照顺序对应原文的各段落，最后整合成文章的摘要。论文《国际高等教育数字化转型和中国实施路径》[②]的摘要开头就指出研究的背景，之后论述了高等教育数字化转型所依赖的途径。然后列举出我国现存的高等教育数字化转型问题，并提出实施路径。这篇摘要清晰地体现了作者的研究思路和写作脉络，并且与正文的思路相符，是典型的脉络式摘要。

要点式摘要通常有两种写法。第一种写法是首先通过阅读全文，提取用于编写摘要的关键信息，然后言简意赅地将提取的具有关键词性质的多个并列式要点词句进行连接，最后形成整齐严密、逻辑性强的摘要；第二种写法则是采用反复型的写作方法，所谓反复是指关键词以及连接词的反复出现，从而强化摘要部分每个句子之间的递进逻辑。这种写作方法能够有效解决研究主题和研究问题不明确的难题。论文《课程隐喻的教育学意义缺失与超越》[③]的摘要正是提取了文章的关键信息，之后将其系统地整合连接起来，符合要点式摘要的典型。

指示性摘要中的脉络式和要点式摘要，都是通过以脉络为线、以要点为点介绍文章的概貌。介绍文章概貌的点和线本来就存在密切的联系，难免有交叉的情形。两种方式的字数、表达的信息大致相当时，就构成了脉络+要点式摘要。这类摘要一般较长，是指示性摘要中最常见的类型。脉络+要点式摘要的写法是上述两种摘要写法的结合，首先提炼文章的各段落中心句形成摘要的各个句子，每个句子的表达可以是文中具有关键词性质的多个并列式要点词句。论文《教育数

---

① 高建群，吴玲，施业. 学术论文摘要的规范表达[J]. 东南大学学报（哲学社会科学版），2003，5（2）：114-117.

② 兰国帅，魏家财，黄春雨，等. 国际高等教育数字化转型和中国实施路径[J]. 开放教育研究，2022，28（3）：25-38.

③ 王洪席，郝德永. 课程隐喻的教育学意义缺失与超越[J]. 全球教育展望，2007，36（3）：9-13.

字化转型助推未来高等教育教学：宏观趋势、技术实践和未来场景》①的摘要将正文每一部分的核心内容进行了提炼概括，并通过作者的研究思路（脉络）将每一部分的核心内容有逻辑地连接起来，形成一篇重点突出、逻辑性强、思路清晰的摘要，使读者能够快速了解文章架构和主体内容，是较为典型的脉络+要点式摘要。

（二）报道性摘要写法

报道性摘要一般包含目的、方法、结果和结论四要素，此结构脱胎于 IMRD 结构模式的四要素，即引言（introduction）、方法（methodology）、结果（results）和讨论（discussion）。在 IMRD 结构模式中，引言、讨论常常分别表现为目的、结论，此四要素相较于 IMRD 结构模式的四要素更加明确、具体。报道性摘要的使用常见于科技论文，尤其侧重于实用性研究的论文，主要分为提纲式摘要、短文式摘要和主客观混合摘要三种。

提纲式摘要的写法要求在摘要中出现四要素的具体字样，明确规定了作者要写的四要素，即分别简述研究的目的、方法、结果与结论，整个摘要如同文章的提纲。论文《论文摘要撰写存在的问题与编辑责任的关系》②的摘要直接将四要素的字样加粗，使其更为清晰醒目地展示完整的结构，明确写出了"目的""方法"等具体字样作为提纲，具体名称后面用简短的话语对其进行简单概括，使摘要内容清晰明了、内容全面。

短文式摘要写法也要求摘要中含有上述的四要素，但四要素并没有显著显现的字样。该写法在论文写作中更为常见，接受度和使用度较高。论文《贫困对青少年家庭校外教育支出的影响：兼论贫困家庭子女的义务教育政策补偿》③的摘要并未出现四要素的具体字样，但其完整地涵盖了四要素要求的内容，首句就提出了研究目的，接着阐明了研究方法，然后对研究结果和结论进行简要概述，最后通过研究结果提出研究结论。

---

① 刘晓峰，兰国帅，魏家财，等. 教育数字化转型助推未来高等教育教学：宏观趋势、技术实践和未来场景——《2022 年 EDUCAUSE 地平线报告（教学版）》要点与思考[J]. 苏州大学学报（教育科学版），2022，10（2）：115-128.

② 梁三英，陆娜. 论文摘要撰写存在的问题与编辑责任的关系[J]. 右江民族医学院学报，2005，27（1）：116-117.

③ 方超. 贫困对青少年家庭校外教育支出的影响：兼论贫困家庭子女的义务教育政策补偿[J]. 兰州学刊，2022，（12）：119-130.

主客观混合摘要写法，主要指摘要中既有主观写法也包含客观描述。既有研究者自己定义和分类的，也有被学界公认的客观说法。主客观混合使研究结果主观性降低，增加结论的客观性。在论文《乡村教育文化空间的认知缺席与建构策略》①的摘要中，作者就没有使用人称代词，例如"我们发现、认识到"，而是选择了一种更为客观的表述风格，一开始就简明扼要地界定了研究问题，直指主题，客观表达乡村教育空间是由物理性、精神性、社会性三重属性构成的特殊的社会文化空间。此外，作者也基于客观理论说明了自己的主观论点。

（三）综合性摘要写法

综合性摘要是指难以归入报道性摘要和指示性摘要的其他摘要类型的统称。综合式摘要如同文章一样不拘一格，往往包含各式摘要的特征，常见的有"报道+指示式摘要、背景+指示式摘要、背景+报道式摘要"等。

报道+指示式摘要是以报道性文摘的形式表述论文中信息价值较高的部分，而以指示性文摘的形式表述其余部分的摘要。篇幅以 300 字左右为宜。②根据"指示"的内容，可以分为报道+脉络式摘要和报道+要点式摘要等。论文《建构"三度融合"，助力"双减"落地》③的摘要的首句介绍了研究目的和研究方法，是报道式摘要的要素。摘要的第二句和第三句介绍了研究要点，是指示性摘要中的脉络式摘要。

背景+指示式摘要比较注重简要介绍研究背景，然后再介绍文章的要点。可以依据其中"指示"的内容，将这类摘要分为"背景+脉络式、背景+要点式"等。论文《工业 4.0 对工作世界的影响和教育变革的呼唤》④的摘要为"背景+脉络式"。摘要的前两句介绍了文章的研究背景。摘要的尾句介绍了工业 4.0 相关的研究的发展脉络。论文《新高考改革：经验、困境与出路》⑤的摘要为"背景+要点式"。其中第一句为文章的研究背景，后一句直接点出文章的研究要点。

背景+报道式摘要不常见。首句为背景，其余的句子为报道性摘要，分别介绍了研究的方法、目的、结果和结论。论文《社会认知理论视角下学习者在线学

① 黄贤忠. 乡村教育文化空间的认知缺席与建构策略[J]. 民族教育研究，2022，33（5）：65-72.
② 佚名. 论文摘要的类型[J]. 科普研究，2019，14（6）：78.
③ 刘汉斌，杨昌菊. 建构"三度融合"，助力"双减"落地[J]. 教育家，2022（45）：71.
④ 杨进. 工业 4.0 对工作世界的影响和教育变革的呼唤[J]. 教育研究，2020，41（2）：124-132.
⑤ 周彬. 新高考改革：经验、困境与出路[J]. 教育学报，2018，14（4）：22-28.

习满意度影响因素研究》^①的摘要首句是研究背景。摘要的后两句介绍了文章的研究方法，研究目的和研究结论。

  综上所述，深度理解学术论文摘要的内涵及其构成要素，熟知学术论文摘要的不同类型，了解学术论文摘要撰写的两大问题，清晰学术论文摘要的六大特征，学会学术论文摘要撰写的三种方法，是确保学会撰写学术论文摘要的重要因素，也是影响学术论文质量的一个非常重要的因素。

---

① 兰国帅，赵晓丽，郭倩，等. 社会认知理论视角下学习者在线学习满意度影响因素研究[J]. 教育传播与技术，2022（2）：22-28.

第 二 章

怎样撰写引言和文献综述

　　笔者结合自己多年的学术论文写作和审稿经验，认为论文的引言和文献综述是论文或课题研究的基石。引言虽字数不多，却凝聚了整篇论文的精髓，主要阐述了论文研究的背景，对读者理解研究成果的重要性有着关键作用，同时也为编辑的初审和可能的退改提供了丰富的信息，因此在学术写作和学术期刊出版领域备受瞩目。文献综述则有助于作者对某一领域的文献及相关研究的进展、趋势等进行全面、系统的梳理。一个优秀的文献综述，通过深入探讨研究文献，能够聚焦作者想要探究的研究问题，发掘新的研究点，并阐述为何需要进行新的研究，从而为明确新研究的目的和方法提供有力依据。因此，掌握学术论文的引言和文献综述写作技巧，不仅能帮助研究者确定论文的写作方向，还有助于论文迅速吸引编辑的注意，是提高文章投稿命中率的重要影响因素。

第一节　学会撰写论文引言：表达背景、问题、目的

学术论文的引言一般开门见山，其主要是介绍论文的主题，澄清写作目的，明晰研究问题，阐述研究思路。撰写引言的基本思路框架包括研究背景（引出研究主题）、研究重要性（澄清写作目的）、文献综述（引出研究问题）、研究思路。当然，论文引言的主要内容也可根据实际情况进行相应的调整。接下来，笔者将从学术论文的引言的内涵与分类、常见问题、特征和撰写方法四个方面进行详细论述。

一、学术论文引言的内涵与分类

引言作为一篇规范学术论文的必备结构之一，可以凸显立题的重要价值，引起读者更多的关注。采用概括性的写法撰写引言，意味着可以最大限度地概括该领域的热点主题词，对问题进行新的定义和描述，从而增加被检索到的概率，提高主题性、概念性引用的可能。

（一）引言的内涵

论文引言，又称"导言"或"序言"。它通常置于论文正文之前，对研究主题及相关内容进行初步阐述，是一段或数段精练的短文。引言的内容包括研究的目的、意义、主要方法、范围和背景等，其主要目的是简要说明研究工作的目的、范围、相关领域的研究空白、理论基础和分析、研究设想、研究方法和实验设计、预期结果和意义等，即在充分的文献调查基础上，明确该主题的研究现状、研究程度以及存在的缺点和不足；同时，研究这个题目是否有价值、有意义，准备采取何种办法、角度展开研究，如何改进，创新点在哪里，从而引出下文。

（二）引言的分类

引言作为文章的开篇，在学术论述中的重要性不容忽视，它能帮助我们了解研究主题，澄清研究目的，明晰研究问题和研究思路。根据引言的字数、内容和结构、思路，引言主要有两种分类方法。

1. 按字数和内容划分

（1）详细型引言

详细型引言通常占据较大篇幅，主要包括研究目的和研究背景、研究现状及创新点、研究的思路、相关概念界定等。

例如，在论文《网络探究学习社区理论与实证研究发展脉络》[①]中，引言部分共计 1930 字，各部分阐述详细和清晰，共分为 6 个自然段。尽管论文引言篇幅较长，且并未明确提及创新点，但其在国际探究学习社区的研究成果进行了深入探讨，并对相关概念及研究思路进行了本土化阐释，这些工作为国内相关领域的研究提供了有益的示范。

（2）浓缩型引言

相较于详细型引言，浓缩型引言更为精简，一般为 500—1000 字。其叙述比较简练，与详细型引言的内容基本一致。

例如，论文《在线学习测评技术的价值、理论和应用审视》[②]，该文引言部分为 537 字，占全文篇幅的比例较小，其亮点主要体现在"思维变革主导下的系统性创新"。因此，研究者的研究思路为，"从技术驱动的学习成果认证分类与发展的视角来诠释在线学习测评技术的重要价值，并从其研究的理论框架、应用模式及面临的挑战来展开系统分析"。

2. 按结构和思路划分

（1）自然顺序型引言

自然顺序型引言结构为提出问题→叙述背景→历史回顾与评述→指出研究目的→研究方案与安排→主要结果。

---

① 马志强，刘亚琴，孔丽丽. 网络探究学习社区理论与实证研究发展脉络[J]. 现代远程教育研究，2018（3）：39-48.

② 葛文双，韩锡斌，何聚厚. 在线学习测评技术的价值、理论和应用审视[J]. 现代远程教育研究，2019，31（6）：52-60+77.

以《博物馆开展孤独症谱系障碍儿童教育初探》^①为例，该文引言从博物馆的社会教育功能出发，系统探讨了博物馆开展孤独症儿童教育的适切性和独特优势，剖析了中外博物馆开展孤独症儿童教育的典型案例，并提出构建国内博物馆开展孤独症儿童社会教育体系的具体措施。引言在开篇即明确提出了研究问题，将焦点置于孤独症与儿童教育之间的关系上，分别列举了世界以及我国孤独症儿童的数量，对比了国内及欧美国家针对孤独症儿童教育采取的一系列措施和行动，以此作为研究背景，提出研究目的，最后提出研究方案并得出结论。采用自然顺序型引言的优点在于，可以按照层层递进的逻辑顺序，将引文包含的内容要素串联起来，这不仅有助于作者系统地呈现主要内容要素，还可以让读者在阅读过程中感受到逻辑推演的连贯性，从而获得愉悦的阅读体验。

（2）目的导向型引言

目的导向型引言又称开门见山型引言，其特点在于文章一开始就明确阐述研究的核心议题，随后解释相关背景及研究方法，文章结构依次为目的、历史回顾、研究方案、结论。目的导向型引言直截了当，可以迅速引出学术论文的目的，便于使读者明确作者的研究意图。

以《如何用好统编小学语文教材》^②为例，该文引言直接指出当前语文教师教学中的问题，强调教材的重要性，接着引出如何用好语文教材，紧扣文章的主题，开门见山地阐述了研究目的。

（3）背景导入型引言

背景导入型引言基于宏观视角对文章研究背景进行描写，旨在说明问题的由来，并由此导出研究的问题和目的。

例如，在《新时代教师交流轮岗的新发展》^③一文中，其引言论述了教师轮岗是从党的十八大后逐渐完善的，并与以学生发展为中心的政策相结合，迎来了新的发展和新的天地。它既交代了教师轮岗制度的背景，也基于国家和社会等宏观视角，说明了教师轮岗制度的发展前景，为下文中问题的提出奠定了基础。同时，它也明确了该论文的目的，即探究如何帮助教师轮岗更好地发展。

（4）文献综述型引言

文献综述型引言是在引言部分对文献综述的思路进行整体呈现，这类引言常

① 钱秋睿，周裕兴. 博物馆开展孤独症谱系障碍儿童教育初探[J]. 东南文化，2022（2）：185-190.
② 陈先云. 如何用好统编小学语文教材[J]. 民族教育研究，2022，33（5）：43-49.
③ 李奕，赵兴龙. 新时代教师交流轮岗的新发展[J]. 教育研究，2022，43（9）：130-137.

见于需要梳理其研究历史发展脉络的正文中，不仅要求简述文献综述的思路，还须提出作者的立场或观点，体现作者研究的价值与创新点，并引出正文。此类引言的文字应简明扼要，且不可长篇大论。

例如，在《传播学教育新方向：从媒介研究到媒介素养》[①]一文中，引言部分先是简单梳理了国外对媒介素养研究的历史发展脉络，接着指出我国在此领域的研究动向与不足，借此引出自己的研究，凸显其研究价值。作者在前两部分梳理了国外学者对媒介素养概念的定义与媒介素养运动发展的历史脉络，在第三部分阐释了未来我国媒介素养教育的发展趋势。其引言结构与正文结构一致，读者通过阅读引言便可知晓正文的研究框架。

（5）理论导入型引言

与其他几种引言相比，理论导入型引言体现了一种"深度"思维，即当论文中有理论视角呈现时，可先在引言处对该理论进行阐释，用以说明该理论解决本文研究问题的适切性。也就是为何选取该理论进行阐释，以及该理论与本文的研究有何契合之处？在引言中明确阐述这一点，有助于读者或审稿人从一开始就能理解理论与研究的关系，从而便于深入理解正文研究过程。该思路的写作框架可概括为：研究背景、研究重要性、研究视角、研究思路。

例如，在论文《中国语境下的生存、批判、创造——质变学习的生态整合流派》[②]中，引言部分便采用了理论导入。引言总共分三段，前两段解释了质变学习理论来源及争论的焦点，后一段中点明了本文的理论视角——生态整合流派，并阐述了基于此视角研究我国成人生态教育的重要意义。总体来说，理论导入型引言有助于读者更好地理解选题动机和理论视角的合理性，这种类型的引言在学术论文中很常见，研究者在写作引言时可尝试这种思路。

（6）正反观点型引言

正反观点型引言可以引导读者了解不同群体对某一议题的见解，激发辩证思考力，进而使我们可以从正反或更多种不同观点中得出最终作者要阐述的观点。

例如，在《量化奖励还是创新激励——如何破解高校科研"奖"与"不奖"及"如何奖"的困境》[③]一文中，引言概括了高校科研奖励政策的发展现状，根

① 臧海群. 传播学教育新方向：从媒介研究到媒介素养[J]. 现代传播，2003，25（6）：89-92.

② 马颂歌. 中国语境下的生存、批判、创造——质变学习的生态整合流派[J]. 现代远程教育研究，2018，（3）：19-29.

③ 杨忠泰. 量化奖励还是创新激励——如何破解高校科研"奖"与"不奖"及"如何奖"的困境[J]. 江苏高教，2022（6）：54-61.

据不同学者的观点，总结了两种主要观点：一方认为高校科研奖励会造成学科之间的不公平，且奖励手段单一，奖励效果短暂等；另一方则高度认同当前的高校科研奖励手段，认为"没有它，还不行"，承认其存在的合理性。这篇论文通过正反方观点的对比提出研究主题、目的及价值等。

总之，引言在学术论文中扮演着举足轻重的角色。它不仅能够提升论文的结构之美，具有画龙点睛的效用，还能深刻揭示论文研究的缘起。在选定一个研究主题之前，研究者通常会进行两方面的准备：一是文献检索，通过分析文献来发现值得深入探究的问题；二是社会实践调查，从实践中发掘具有研究价值的现实问题。然而，由于篇幅限制，这两项工作的全部内容通常不会直接写入论文正文。引言的作用就是以最精练的文字来概括这些工作，从而揭示论文研究的背景和动机，明确研究问题，为论文的立论奠定坚实的基础。

任何研究都是在前人学术成果基础上的延续和发展，优秀的论文往往更加重视吸收和借鉴前人的研究成果，而非凭空构建。在许多情况下，论文中的学术史梳理需要通过言简意赅的引言来实现。因此，作者需要在引言中简要地阐述自己的研究与既有研究之间的内在逻辑关系，这既要求作者对相关文献有深入的了解，又需要作者具备高度的概括能力，这无疑是作者研究功力的体现。

二、学术论文引言的常见问题

投稿经验丰富的作者通常能够准确把握"引言"的写作技巧，但有些作者往往并不明确"引言"的写作目的和要求，在其"引言"中过多阐述历史渊源和立题研究过程，论文不仅显得冗长、不简练，而且使读者不易快速、有效地进入主题。同时，编辑在审稿时需要反复修改，先向作者说明要求，作者再行删减，几个来回，不仅增添了双方的工作负担，还延长了论文发表周期。尽管国家标准对引言的规定非常清晰，但是在阅读研讨中，仍发现许多学术论文的引言存在问题，本书将分析论文引言写作时易出现的问题，并分为研究背景、研究价值、研究目的、写作规范四个方面逐个进行剖析。

（一）研究背景问题

1. 表述浅显，背景材料不完整

研究者在论述研究背景时，首先要注意背景资料的完整性和丰富性，既要避免过于笼统地概括，也要避免浅显地介绍研究的背景、方法和意义，这两种情况都会使读者对研究的全貌和内涵产生困惑。

学术论文引言作为论文的开篇，应简短地介绍论文的写作背景、问题缘起、写作目的以及研究现状等研究情况，然而，一些论文错把篇幅简短当成内容的缺斤少两。

一篇论文是关于中小学课程改革对大学体育专业课程改革的影响，其引言虽然篇幅简短、语言凝练，但介绍研究背景时仅是简要提及高校体育教育专业作为体育教师培养的重要环节，面临着进行改革的机遇与挑战，具体存在哪些机遇和挑战并未没有介绍清楚，这就使得读者无法体会到中小学课程改革给高校体育专业课程带来的影响，更加无法体会到研究的必要性。此外，论文引言中对当前的研究现状也仅停留在概括性陈述，缺乏深度分析。

2. 堆砌材料，逻辑关系不清楚

引言是对研究背景的简明阐述，旨在引出文章主题。因此，作者需要仔细地斟酌背景材料，厘清所需材料之间的逻辑关系，并通过起承转合将材料有机地组织起来。然而，许多作者在撰写引言时，习惯将背景材料进行简单堆砌，导致学术论文逻辑性不强，研究背景、研究内容和研究创新点等表述模糊。

学术论文引言应能让读者迅速了解到论文的研究背景和研究思路，但有些学术论文的引言为了突出研究的合理性和重要性，引用材料时并未充分考虑主次和逻辑关系。一篇论文是关于某国一所大学教育博士项目目标、举措与特色的研究，作者在描述背景信息时，尤其是对我国博士学位发展的阐述占用篇幅过大，且与下文中对该国博士学位发展的研究逻辑性关联不强，既未能突出主次，也没有做到开门见山，给读者一种堆砌之感，不符合学术论文引言的质量要求。

3. 规范的"研究背景"示例解析

针对第一点：学术论文引言应给读者提供全面且详尽的背景材料，既不能是单纯铺陈，也不能浅尝辄止。一篇规范的学术论文引言，应是在简洁语言的基础上，实现"麻雀虽小，五脏俱全"。例如，论文《德国企业究竟为何愿意深度参与职业教育？——经济社会学视角下的分析》[①]的引言中，作者不仅向读者展示了德国职业教育的核心特点，还介绍国际国内对于德国职业教育的研究现状和不

---

① 李俊，李东书. 德国企业究竟为何愿意深度参与职业教育？——经济社会学视角下的分析[J]. 教育与经济，2022, 38（2）: 88-96.

足之处，并且还陈述了自身研究的视角和创新点。这样的引言既能让读者对研究问题有概括性的了解，也能引导读者从作者的研究视角出发阅读文章。总之，这篇论文的引言"瘦而不柴"，语言精练且内容丰富。

针对第二点：规范的学术论文引言不仅要反映研究背景的广度，更重要的是反映研究者对研究背景了解的深度。引言应凸显作者研究问题的合理性、必要性和紧迫性，因此，引言文字组织和逻辑性至关重要。以论文《我国民族教育经济研究的历史演进与学术前瞻》[①]为例，作者首先梳理了民族教育经济的历史演进道路并划分了民族教育经济的发展阶段，然后通过对此研究领域的研究方法的剖析，厘清了目前民族教育经济领域中存在的问题，并结合社会发展的现状，提出研究方向的建议，形成一个完整的逻辑体系。既让读者了解到民族教育经济发展的历程和问题，又能凸显出研究转向的紧迫性和必要性。同时，这篇引言不存在文字材料堆砌和强拉硬扯的现象，逻辑关系严谨。

（二）研究价值问题

1. 重点不明，研究价值不突出

引言部分一般包含三个基本的部分：首先，需明确阐述研究主题，以引起读者的兴趣；其次，概括性地介绍相关研究的发展状况；最后，简洁地从过去研究过渡到当前的研究，包括该研究的原因、动机和研究的假设等。学术论文的引言虽然不一定严格按照某一既定要求的顺序来写，但其基本内容应遵循科学合理的安排，突出重点，层次清晰明，使读者能够清晰地看出本研究的研究价值。

学术论文的引言不但应该重点突出，引出实质的研究问题，还要在点亮研究目的的同时，彰显其研究价值。否则就会出现重点不明，价值无法凸显的问题。例如，一篇关于小学美术教学中的情感教育的论文，其引言就未能突出、研究的目的及其价值，这篇论文的引言仅简单指出小学教学思想变革的事实及情感教育的基本指向。但研究的重点不突出，研究方法不甚明了，未能凸显作者的写作意义也无从得知，导致引言侧重点不明确，研究价值与意义。研究者试图向读者展示研究成果时，必须向读者展示清楚这个研究的来龙去脉，读者为什么应该花时间去读，可见引言的重要性。

---

① 张学敏，姚姿臣. 我国民族教育经济研究的历史演进与学术前瞻[J]. 教育与经济，2020，36（5）：78-86.

2. 规范的"研究价值"示例解析

论文《苏联解体后俄罗斯高等教育结构体系变革》[①]的引言中，充分展示了研究的重点，凸显了研究的价值。研究者对有关研究领域的情况有一个全面、系统的认识和了解，对相关研究也做了批判性的分析与评论。通过引言，读者能整体把握该研究领域的发展历史与现状、已取得的研究成果、争议所在、研究的最新方向和趋势、被研究者忽视的领域及未来研究工作的方向等，研究的重要性和价值性不言而喻，这是一篇较为规范且典型的引言示例。

（三）研究目的问题

1. 逻辑不清，引言阐述言之无物

引言旨在揭示撰写缘由，彰显文章之重要性与必要性：可能是有了新的研究视角，或某个方面有改进或者突破，再或是针对某一问题有独到的见解。总之，引言一定明确表明文章撰写的目的。但是，有些研究者在阐述研究目的时，却往往难以一针见血。

一篇关于小学班主任践行陶行知教育理念的思考的论文，其引言从小学对学生身心成长的深远影响以及班主任务必重视学生的身心健康谈起，但这两者与文章的中心内容（对陶行知教育理念的思考）相隔太远，联系也比较生硬，作者在论述过程中未能明确阐述对践行陶行知教育理念的思考究竟何在，也未说明文章的研究目的，更没有指出该论文写作的重要性和必要性。

2. 规范的"研究目的"示例及解析

规范的学术论文引言，不仅应明确阐述研究的重要性和必要性，同时，作者还应展示对某一问题的独到见解。例如，论文《走向智慧教育观的新境界：怀特海智慧教育观的审视与超越》[②]中，引言的第一句引用了怀特海教育观的原句，指出这一论述对教育哲学研究和教育实践的发展的重要意义；紧接着指出当前学界对怀特海智慧教育观的研究成果丰硕，但也存在盲目崇拜的现象，从而点明该论文写作的重要性和必要性；最后，作者从新的研究视角，揭示智慧教育观的新境界，针对现存问题阐述了自己独到的见解，使读者对研究目的清晰明了。

---

① 刘淑华，朱思晓. 苏联解体后俄罗斯高等教育结构体系变革[J]. 外国教育研究，2021，48（3）：87-103.

② 肖士英. 走向智慧教育观的新境界：怀特海智慧教育观的审视与超越[J]. 华东师范大学学报（教育科学版），2015，33（4）：7-14.

（四）写作规范问题

1. 任意发挥，论述感情色彩太强

学术论文有一套严格的规范，要求文字客观、严谨、平实，避免口语化，论述不应带有过浓的感情色彩，不能天马行空、任意延伸发挥。但是，部分投稿人为了强调研究的重要性，引起读者注意，在论述上加入了明显的主观色彩。

一篇关于语文经典诗文教学探讨的论文，在其引言部分的部分论述略显随意。例如，直接宣称语文经典诗文为世界级瑰宝，固然彰显了其极高的文化价值，但缺乏具体深入的阐释。同样，提到开学时开展语文经典诗文的教学工作有助于社会主义先进文化的传承以及对学生进行伦理道德教育，这一观点虽然强调了教学的重要性，但关于其具体如何促进社会主义先进文化的传承和进行伦理道德教育方面的作用，需要更加严谨的理论支撑和深入的调查研究。语文经典诗文确实是我国优秀传统文化的瑰宝，然而，在探讨其对学生伦理道德教育和社会主义先进文化传承的意义时，我们应当基于充分的事实和证据，而非简单地进行主观臆断。若无严格的论证和深入的分析，不应随意发挥，以免削弱论文的学术性和说服力。

2. 概念混淆，基本雷同摘要内容

学术论文的引言与摘要不同。从结构上看，摘要是一篇完整的短文，可以独立于论文之外而保持完整性；而引言则是论文重要组成部分，若缺少引言，直接叙述正文研究内容，则会让读者质疑课题研究的依据和必要性。因此，作者在学术论文引言写作过程中应注意认真分析二者各自的特点和功能，避免简单重复摘要内容，也不能写成摘要的注释。

学术论文的引言是说明论文研究的必要性，重点论述课题研究的背景意义、分析研究现状、归纳当前亟须解决的问题，目的是引导读者理解全文。有些研究者将引言与摘要的概念混淆，导致无法引起读者阅读兴趣。

例如，一篇关于人工智能时代教师中心观与学生中心观的论文，其引言仅简要提及了研究背景，即人工智能时代教育所面临的机遇和挑战，但这样的论述显得较为笼统，没有深入剖析人工智能如何具体影响教育领域的教师中心观与学生中心观。更为关键的是，引言部分对于以往或当前该课题研究的现状没有进行分析和概述。在学术研究中，了解并综述前人的研究成果，不仅能够体现作者的学术素养，还能为本文的研究提供理论支撑和对比参考。然而，当前引言的这部分

内容缺失，使得读者无法了解该领域的研究进展和本文的创新点。此外，引言中也没有提及本文的研究假设和研究的意义。这部分内容缺失使得读者难以对论文的重要性和价值有清晰的认识。更为遗憾的是，当前引言所述的内容基本等同于前文的摘要部分。在学术论文中，引言和摘要是两个不同的部分，引言应当更加深入地探讨研究背景、现状、假设和意义，而摘要则是对全文的简要概述。因此，当前的引言部分未能成功引起读者的关注，也没有达到引言应有的效果。在后续的修改中，作者应当针对以上问题进行相应的补充和完善。

3. 规范的"写作规范"示例及解析

针对第一点，规范的学术论文在语言表达上逻辑严密、举证翔实。例如，在论文《我国博士毕业生去向及就业特征分析——基于 2015—2020 年博士毕业生数据的分析》[①]中，引言从研究的背景谈起，接着呈现不同学者对博士毕业生就业情况研究的结果，最后指出论文是基于严格的就业数据分析对上述问题进行研究的，整个行文遵守严格的规范，逻辑顺畅，文字客观严谨，避免口语化，论述无过浓的感情色彩，用数据说话，没有任意延伸发挥。

针对第二点，学术论文的引言应与摘要严格区分，除合理地论述研究背景、问题和意义外，在述及他人的研究成果时应进行深入分析、认真梳理研究现状，对于研究内容和方法的叙述要准确、具体、言简意赅、紧抓主题。例如，论文《大学教学成为学问的可能及其现实局限》[②]中的引言，首先呈现高校教学研究长期被理论界有意或无意忽视的基本现状，之后进行中西对比以阐明该现状的基本原因，最后阐明自身研究将要解决的问题及其研究思路。与摘要中述及的"教学学问"这一议题探讨的价值及解决路径有相当明显的划分，让读者充分意识到研究问题的依据和必然性以及重要性，体现了引言在论文中发挥的重要作用。

总之，上述问题不仅困扰着许多"新手"，同样是一些"资深"研究者在精益求精地撰写学术论文时需要密切关注的方面。在查找和阅读相关文献时，研究者应特别留心文章引言的规范性和清晰度，仔细辨别文献引言中可能存在的问题，并将其作为借鉴。这样，在我们自己进行学位论文或期刊论文写作时，就能有效避免这些方面的问题，从而创作出结构清晰、内容明确、客观的学术论文引言。

---

① 罗洪川，向体燕，高玉建，等. 我国博士毕业生去向及就业特征分析——基于 2015—2020 年博士毕业生数据的分析[J]. 学位与研究生教育，2022（1）: 53-62.

② 阎光才. 大学教学成为学问的可能及其现实局限[J]. 北京大学教育评论，2017，15（4）: 155-166+189.

三、学术论文引言的六大特征

引言作为一篇论文的开场白，应讲清文章所研究的问题是什么，为什么选择这个题目来研究，即阐述该研究对学科发展的贡献、对国计民生的理论与现实意义等。除此之外，引言还要尽可能在研究范围内对文献进行详尽的综合述评，指出现有成果的不足，讲述改进思路，必要时，还应该阐述清楚论文研究所使用的科学研究方法以及论文的写作结构安排①。达到以上要求的论文引言往往可以起到良好的导读作用，并且具有以下特点。

（一）篇幅长度适当

引言的一大特点就是其长短与论文的整体内容信息有关。引言不能简单地以200—300字进行限制。一般5000字的论文，引言字数控制在500字左右，过短无法交代清楚写作目的，过长又会让人觉得乏味。如果论文的篇幅不长，引言的内容也往往短小精悍，但要做到"麻雀虽小，五脏俱全"，必须阐述的内容不可缺少。对于"内容单一的医学论文中的个案报告可以略去前言，而一般的医学论文引言字数在200—300字，约占全文篇幅的1/10为限"②，这对于3000—4000字的论文或许是恰当的，但万字以上的学术论文，200—300字的引言无疑太过简略，不足以将该呈现的内容表达完全。而对于1.0万—1.5万字的学术论文，引言在1000字左右都是合适的③。

对于较长的引言，例如，《网络探究学习社区理论与实证研究发展脉络》④论文的主体部分内容专业性较强，需要在论文研究内容展示之前对文章的研究背景以及研究现状进行阐述，这对于读者来说阅读效果更好。因此，该文章的引言有2000字，分为6段，分别从研究背景、研究现状、研究思路等方面进行了详细阐述，从第一段"网络探究学习社区"理论与实证研究发展脉络到第二、三段网络探究学习社区的国内外研究现状，并最终指明了本文的研究必要性和研究

① 正规期刊论文发表出版编辑社. 如何撰写优秀的论文引言？[EB/OL]. http://mp.weixin.qq.com/s/exDg40JehMWmTwurXJIwxQ，2022-12.

② 刘丽娟. 《生态学杂志》1988—2010年作者群分析[J]. 科技情报开发与经济，2011，21（29）：140-144.

③ 边书京，张志钰，陆文昌，等. 学术论文引言失当问题不容忽视[J]. 长江大学学报（自然科学版），2017，14（22）：81-84.

④ 马志强，刘亚琴，孔丽丽. 网络探究学习社区理论与实证研究发展脉络[J]. 现代远程教育研究，2018（3）：39-48.

方法。

短小精悍的引文，例如《测评大数据支持下的有效教学研究》[①]，引言 800 字左右，第一段指明了大数据环境下对有效教学研究的重要性，第二段指明了当前大数据在教育领域的使用现状、使用效果，以及在我国实践教学过程中应用的问题和不足，最后，在前两段的基础上引出研究方法。该文的引言内容不多，但是从 3 个步骤循序渐进引出了研究内容。

可见，引文的内容必须根据全文的研究内容以及研究性质来精心安排。引文作为论文的开头部分，其详略得当对于整篇论文的质量有着至关重要的影响。只有当引文能够发挥其应有的作用，即有效地激发读者的兴趣，引导他们进一步阅读论文的主体部分时，才达到了引文书写的真正目的。

（二）语言精练简洁

引言部分作为学术论文的开头，其语言需要精练简洁，以便快速吸引读者的注意力并明确论文的核心内容。例如，《"翻转课堂"教学模式的关键因素探析》[②]中的引言有两段。第一段简洁地介绍了文章的选题背景，第二段言简意赅地阐述了作者的研究问题和研究思路。这篇文章的引言部分虽只有 440 字，但结构完整，语言简洁，直击要点。这种写作风格值得借鉴。

引言部分的内容应当起到提纲挈领、概括与领起全文的作用。它应该包括研究的背景、目的、意义、文献综述、研究问题以及研究方法等关键信息。除了这些必须交代的重点问题之外，其余的内容应在正文中进行详细的叙述和讨论。同时，引言部分的语言文字需要精练简洁，避免冗长和复杂的句式。应使用直接、明确的语言来表达研究的核心内容，让读者能够快速理解论文的主旨和研究方向。另外，值得注意的是，引言部分不应包含列表、插图或过多的客套语言。这些元素可能分散读者的注意力，影响他们对论文内容的理解。因此，在撰写引言时，应专注于传达研究的核心信息，避免添加不必要的元素。

总之，引言部分是学术论文的重要组成部分，其语言需要精练简洁，内容需要提纲挈领、概括与引领全文。通过精心撰写引言，我们可以为读者提供一个清晰、明确的阅读指南，引导他们深入理解和探讨论文的主题和内容。

---

① 陈明选，耿楠. 测评大数据支持下的有效教学研究[J]. 远程教育杂志，2019，37（3）：95-102.
② 张金磊. "翻转课堂"教学模式的关键因素探析[J]. 中国远程教育，2013（10）：59-64.

（三）内容客观科学

引言的写作应严格尊重事实和科学，确保体现论文的科学性。应避免不适当的自我评价或未经科学证实的内容出现在引言中。如果引言中的信息违背客观事实或论据材料不充分，那么整篇论文的科学性将大打折扣。科学性应贯穿于研究思路和研究方法的始终，若思维逻辑不正确或研究方法不科学，则难以得出科学的结论和具有学术价值的成果。

引言应在结构上通过两个核心要素来彰显论文的科学性。首先，需要清晰阐明研究问题的思路。研究问题的思路是体现论文科学性的重要方面，作者可以受相关领域前人研究思路的启发，也可以从跨学科的研究或原理中找寻独特的研究思路。引言应准确阐述解决问题的关键思路，以展现思维路线的科学性和合理性。其次，需要简要说明研究问题的方法。科学、可行的研究方法是获取科学结论的基石，引言应明确说明研究问题所依托的基本理论和得出结论所采用的技术方法，这样有助于读者快速理解论文的科学价值和研究方法的合理性，从而体现论文的科学性。

（四）全文创新性体现

创新性是学术论文应具有的主要特征。引言作为学术论文的开场白，旨在向读者说明文章的研究目的，引导读者领会文章的核心内容。因此，在引言中凸显论文的创新性是非常重要的，如果表达不当，未能在引言中体现论文的独创性，很可能使读者对论文的内容失去兴趣，从而不愿去阅读全文，进而影响科研成果的推广和应用。

例如，论文《新加坡教师教育政策与实践的新发展》[1]的引言，既解释了当前在新加坡教师教育领域的研究现状，又指出了研究的不足和缺失，为下一步引出论文的创新点做铺垫，最后指出了论文的创新之处以及价值意蕴，使读者对论文内容产生阅读兴趣。

综上所述，在撰写学术论文的引言时，强调其创新性是至关重要的。要有效地凸显论文的创新性，作者需要同时从两个方面着手：一是对相关领域当前研究的现状进行深入的总结和分析，二是明确指出尚未被充分研究的领域或尚未解决的关键问题，并在此基础上进一步阐述论文的创新点。

---

[1] 林琳. 新加坡教师教育政策与实践的新发展[J]. 教育理论与实践，2021，41（36）：40-44.

（五）突出全文重点

学术论文的引言作为全文的开篇，确实需要开门见山，直截了当地阐述研究的核心问题和意义。这不仅有助于读者迅速理解论文的主题，还能为正文部分的深入论述做好铺垫。

以论文《论学校在新时期劳动教育中的地位和功能》[①]为例，其引言首先敏锐地指出了当前学校教育中劳动教育的缺失现象，即"饭来张口，衣来伸手"的儿童成长现状，这一描述直接揭示了研究的现实背景。

紧接着，引言进一步强调了学校应在劳动教育中发挥主导作用的观点，这不仅是论文的核心观点，也是研究的出发点和落脚点。通过这一观点的提出，引言成功地将读者的注意力引导到了论文的主要研究问题上，即"学校在新时期劳动教育中的地位和功能"。

最后，引言明确了研究的重要性和紧迫性，即"认识学校在劳动教育中的地位和功能"的重要任务。这不仅增强了论文的说服力，也激发了读者对正文内容的期待和兴趣。

综上所述，学术论文的引言应当简洁明了，突出重点，直接阐述研究问题和意义。通过明确的观点表述和逻辑清晰的论述，引言能够为全文的展开奠定坚实的基础，并引导读者深入理解论文的主题和内容。

（六）评价得当深刻

在引言部分，通常不宜以自评性语句或结论作为结尾。对于使用自评性语句，应当特别慎重，并确保其恰当呈现，同时要注意避免将其放在引言的结尾。

其一，引言重视对同行研究评价的全面性。有的引言虽列举了一些同行的研究，但仅凭参考的几篇文献就下定结论，认为自己的研究思路或方法是最好的，却未意识到已有其他研究者已采用类似的研究方法，有的甚至已取得辉煌成果。这种以点代面的引用方式，不能完全代表同类研究的现状水平。引言不仅要罗列同行研究者不同研究思路和方法，还要分析和总结归纳，将列举和总结同时呈现，并且分析和总结的同行研究现状与自己将要进行的研究要紧密联系，这样能更好地体现自己研究的价值和意义[②]。

其二，引言部分重视评判论文是否切中要点，是否具有深度。此外，还要评

---

① 陶青，卢俊勇. 论学校在新时期劳动教育中的地位和功能[J]. 教育科学研究，2020（10）：5-9.
② 宋如华. 帮助研究生突破学术论文"引言"写作关[J]. 学位与研究生教育，2009（10）：42-44.

判论文的实用性，即说明这些研究结果在现实中具体能解决什么问题。在综述文章中，引言切入点要新颖，内容要适当，评价要有深度，从而体现作者对所研究领域的熟悉程度。这样的引言罗列出作者了解到目前研究者公认的问题和方法，将作者发现的新问题、新方法在结论部分列出，适当评价，使引言与结论遥相呼应，避免了信息冗余、异位及结构性混乱，让引言内容丰富且有深度[①]。

四、论文引言撰写的七种方法

引言要求开门见山，简要说明正文主要内容，回答"为什么研究"这个问题，说明本研究要解决什么问题，以表明本研究的科学性、先进性及应用价值，给读者以引导、启迪。引言水平的高低不仅体现了论文可能具有的学术价值和作者对论文主题内容的认知程度，也关系到读者是否愿意或考虑是否有必要继续参阅全文[②]。其主要内容有：①介绍背景材料，并引用文献，说明相关领域前人的工作及缺陷或空白，阐明本研究的理论基础；②讲述本研究的目的、意义，并作恰当的自我评价；③简介本研究的设计、选题依据、研究过程、主要收获、预期结果和意义等；④研究过程所采用的方法、研究工作的新发现和意义；⑤注释性资料以定义说明，切忌空话大话，长篇大论，引用文献不宜过多，应略去详尽的文献综述段落。

（一）背景导入法

背景导入法是一种通过简要概括论文的研究背景和相关领域的前人研究历史与现状，来撰写引文的方法。在写作中，要点需要包括指出前人所做的工作，揭示尚未解决的问题，阐述研究进展的程度，探讨目前研究的热点和存在的问题等。此外，还要介绍文章的研究对象及其基本情况，明确希望解决的问题，以及解决该问题的作用和意义。

例如，在文章《图文声信息不同呈现方式对学生学习效果影响的实证研究》[③]

---

① 李胜. 科技期刊论文"引言"的编修[J]. 编辑学报，2015，27（6）：550-551.
② 边书京，张志钰，陆文昌，等. 学术论文引言失当问题不容忽视[J]. 长江大学学报（自然科学版），2017，14（22）：81-84.
③ 陈静，兰国帅，张一春. 图文声信息不同呈现方式对学生学习效果影响的实证研究[J]. 数字教育，2016，2（3）：47-54.

中，作者首先对研究背景进行简要说明，指出随着时代变化教学素材更加多样化，教学内容呈现更加生动，由此优化教学效果。接着作者对三篇具有代表性的文章进行简易的文献综述，描述了目前相关研究问题的研究现状。最后作者基于研究现状引出文章所要研究的问题，并对研究方法进行简要概述，指出该问题的解决或许对一线教师、教学资源开发者有一定的借鉴参考意义。

（二）结构模型法

结构模型法是指根据引言结构的层次和基本要素来撰写引言。在撰写引言时要满足两个层次，即引言在结构上要能反映出论文的创新性和科学性。引言需要具备五个基本要素，分别是总结和分析相关研究成果、找出研究中的未解问题、提出论文要解决的问题、阐明研究问题的思路、简述研究问题的方法。在这五个要素中，前三个要素体现了创新性，后两个体现科学性[①]。

例如，在《中国基础教育跨国吸引力研究：基于四国 PISA 媒体报道的分析》[②]中，作者首先论述了研究的时代背景，提出了牛津大学教授研究的"跨国吸引力"，并在此基础上提出了学者对该研究的认识，这很符合结构模型化法中的总结和分析相关研究成果，在该文章引言的撰写中提供了一个基本要素；其次提出的这些尚未解决的问题和要解决的问题，表明了论文的创新性，这是文章中引言撰写的一个非常重要的部分和环节，该文章撰写思路和研究方法都是围绕这些问题思考解决的方法；最后指出"跨国吸引力"现状对中国基础教育的政策改革与实践探索的重要意义，体现了论文的科学性。给出了研究问题的思路，并简述需要研究的问题，给引言进行了收尾，且清楚明了地展示了作者的研究目的和研究方法，使引言部分既不乏科学性，又具有完整性。

（三）内容概括法

运用内容概括法的基本思路是引言无须长篇大论，言简意赅即可。作者通过对论文的主要内容进行浓缩概括，简要地介绍论文针对某一研究问题做了什么，发现了什么，这个研究有什么意义和价值。论文的关键词往往能高度概括论文的主要内容，因此，在撰写引言时，可以从关键词入手，弄懂关键词的含义，对其

---

① 王小唯，吕雪梅，杨波，等. 学术论文引言的结构模型化研究[J]. 编辑学报，2003，15（4）：247-248.
② 何珊云，李玥忞. 中国基础教育跨国吸引力研究：基于四国 PISA 媒体报道的分析[J]. 全球教育展望，2022，51（11）：3-17.

稍加扩展充实，得到引言的主要内容。将一篇论文的几个关键词构思出最佳逻辑顺序后，对关键词逐一进行描写。

例如，在《"互联网+教育"背景下大学计算机课程混合式教学模式研究》[①]中，作者基于大学计算机课程教学现状，以提升课程教学质量为目标，从课程资源建设、实训平台搭建、教学环节设计和课程评价体系构建等方面对混合式教学模式进行了探索与研究。在写作引文介绍研究背景时，作者介绍"互联网+教育"的新形态应运而生的原因；之后再陈述混合式教学的定义；最后介绍"互联网+教育"背景下，"互联网+"技术的介入造成的教学情境。这种引文写作方法不仅提出研究问题，还简要介绍了论文的写作背景和目的、研究缘起和现实情况，引出文章的主题。

（四）文献综述法

文献综述法是在确定选题后，通过广泛阅读和理解涉及该选题的研究领域的文献，系统分析该领域的研究现状。这包括主要学术观点、前人研究成果和研究水平、争论焦点、存在的问题及可能的原因等，以及新水平、新动态、新技术和新发现、发展前景等内容。通过对这些信息的综合分析、归纳整理，形成一种引文，介绍自己的研究思路。它要求作者既要对所查阅资料的主要观点进行综合整理、陈述，还要根据自己的理解和认识，对综合整理后的文献进行比较专门的、全面的、深入的、系统的论述和相应的评价，而不仅仅是相关领域学术研究的"堆砌"。

例如，在《中国教育实证研究中的定量方法：五年应用述评》中[②]，作者阐述了定量研究方法的问题，随后作者详细梳理、分析定量研究方法在我国的实际应用情况，分别论述袁振国及刘建设等的观点。作者在分析完文献后又进行了评价，并借鉴相关研究，通过综合运用频率统计法、关系网络法、比较研究法、内容分析法，分析总结定量研究方法五年来在我国教育实证研究中的应用现状，并针对具体问题提出对策与建议；整理了一些常见的定量研究方法的误用情况，并针对这些误用给出有建设性的应用建议，更好地说明本研究与之前所做工作的关系，目前的研究热点、存在的问题及作者的工作意义，引出文章的主题。

① 王晓娟. "互联网+教育"背景下大学计算机课程混合式教学模式研究[J]. 产业与科技论坛，2022，21（8）：182-183.

② 吕晶. 中国教育实证研究中的定量方法：五年应用述评[J]. 华东师范大学学报（教育科学版），2020，38（9）：36-55.

（五）正反观点法

正反观点法就是在撰写引言时，通过引述关于议题的正反两方面的观点来表明自己关于议题的看法。一些学术论文主要是表达对学科领域内的某个观点或某项争议的看法；或者作者对该议题有新的思考，欲提出新的观点。此时在引言部分，则可能直截了当地呈现所要论证的学界观点或争议点，便于作者提出新的看法。实质上，引言呈现观点和争议也是文献综述的一种类型。此种情况较为突出，也有典型性，可将其单独作为引言的一种思路加以强调。具体的框架可总结为研究背景、观点介绍、研究思路。

例如，在《"贵族群体"还是"边缘群体"——"双一流"建设高校全职外籍教师的组织支持感研究》[①]一文中，从标题"贵族群体"还是"边缘群体"可知，作者对我国高校中的全职外籍教师群体的待遇问题进行了思考。针对有新思考、新观点的文章引言部分该如何呈现，此文便是一个较好的示例。首先，作者对高校外籍教师待遇问题的研究背景进行了简要概述。随后，作者指出在对研究背景进行调查时发现，关于大学外籍教师的待遇、管理等问题存在一定的争议，而后呈现了关于外籍教师角色的两种观点，一方面帮助读者了解到了学界关于"高校全职外籍教师的处境和待遇"的观点，另一方面作者也自然而然地引出了自己的"新思考"——从外籍教师自身的回应来分析这一群体在我国大学中的真实处境，也就以外籍教师的组织支持感为核心议题展开了探索。

（六）理论导入法

理论导入法是文献引言撰写的一种重要方法，是指在引言的撰写中，通过导入与研究主题相关的理论，引出论文研究的主要内容、主要目的、研究范围、研究结构等，或以介绍理论为中心，引言内容围绕理论展开，从而完成理论的导入。该理论的选取应起到启下的作用，不仅与后续的研究密切相关，而且与整篇文章的内外部逻辑和关联性相呼应，以确保整体呈现的流畅性。

例如，在《高等教育机构学术漂移趋向的理论探讨》[②]中，引言以"制度同形"理论、"社会流动"理论、"利益相关者"理论作为导入进一步引出了"学术漂移"这一概念，进而推动学术漂移作为该文章研究的主体地位，并起到了引出

① 李函颖，徐蕾. "贵族群体"还是"边缘群体"——"双一流"建设高校全职外籍教师的组织支持感研究[J]. 高等教育研究，2022，43（4）：66-77.

② 刘诚丽，夏焰. 高等教育机构学术漂移趋向的理论探讨[J]. 教育探索，2020（9）：5-9.

下文的作用，使这三类理论和"学术漂移"这一概念产生了关联性与内部逻辑。作者在下文的论文撰写中，进一步针对这三种理论进行详细描述，并以这三种理论为依托开展了相关论述。这一结构与引言中通过理论导入引出下文的结构相呼应，使全文结构具有完整性、层次性和逻辑性。

（七）三导向方法

三导向方法即在引言写作中注意问题导向、目标导向以及效果导向。写引言时要特别注意这三个导向。[①]问题导向，要说清某一研究领域存在什么问题，有针对性地指出问题。在某个研究领域里可能存在很多问题，引言部分所强调的是论文试图解决的问题。这样，在引言部分提出问题，在结果部分证明解决问题的过程，形成前后呼应。目标导向，就是在引言部分提出问题后，用简短的语句说明研究的目标，如在研究中提出新理论、设计新的实践方法、解决具体问题等。效果导向，即审稿人在意研究的效果。作者既然在引言中提到了文献中的缺漏，也提出了研究目标，那么审稿人就会核查目标是否达成，此时就需要在引言的最后简短说明研究效果。

例如，在《生命教育的实践困境与破解路径》[②]中，作者指出我国生命教育实践中存在着生命主体性地位和主体间关系匮乏、教师病理性教学用语及其对话意识的缺失、师生情感交流薄弱等问题。这体现了引言的问题导向，同时这篇论文的目的是解决生命教育实践存在的问题，并提出破解这一困境的可能路径是确保生命"在场"。接着，作者提出了突破生命教育困境的措施，这些措施能促使师生在理解的基础上相互分享、真诚合作，不断迸发批判性思维和创造活力，促进师生共同成长，可以有效解决生命教育实践中的问题，使引言更具说服力。

第二节　学会撰写文献综述：呈现缝隙、问题、假设

综述是在对选题（主题）相关研究领域文献广泛阅读理解后，进行的归纳整

---

① 马臻. 如何撰写科研论文的引言部分[J]. 中国研究生，2020（9）：48-51.
② 周桂. 生命教育的实践困境与破解路径[J]. 教学与管理，2020（6）：56-59.

理、综合分析和评论思考。具言之，就是对研究问题、一定时期内的研究成果（现状）、问题症结及新发展趋势等进行系统性的陈述和评论，最终在前人研究基础上，提出作者自己的研究思路。通过综述提出问题或研究假设，是量化文章的固定写法。接下来，笔者将对文献综述的内涵与分类、常见问题、特征和撰写方法进行详细论述。

一、论文文献综述内涵与分类

文献综述是学术研究不可逾越的一环，是学术著述立论的基础和依据[①]。对学术研究而言，文献综述是论文撰写前的必备工作。学术新手常常忽视文献综述的重要性，事实上，文献综述是一篇优秀论文的基础。好的文献综述通常为读者勾勒某一问题研究的发展历程，将研究的起源、发展和现状展现在读者面前，将当前研究置于一个相当大的研究背景之中。文献综述往往指出前期研究中存在的问题和不足，并建议新的研究方向，读者由此可能为自己的研究找到突破口。下面，我们首先了解一下文献综述的内涵与分类。

（一）论文文献综述的内涵

文献综述是确定研究选题后，在广泛阅读和理解相关研究领域的文献资料的基础上，进行归纳整理、综合分析和评论思考的重要步骤。它论述了该领域的研究历程、研究现状（主要学术观点、前人研究成果、研究水平、研究焦点、存在的问题及可能的原因等）、新水平、新动态、新技术、新发现等，以及个人思考、评论和研究思路，以综述议题发展脉络、说明知识体系关联、分析前人研究成果、指出当下研究误区及盲点和不足。通过撰写文献综述，研究者可以向其他研究者学习，从而激发新的思想和研究灵感。

文献综述具体解决什么问题呢？第一，应勾勒研究领域的全景图。该领域是如何发展演变至今的？是否存在某种发展趋势？是否存在争议？是否达成过某种共识？哪些书籍、文献被誉为经典？哪些书籍、文献有里程碑意义？第二，应说明以往研究与当下研究的关系。哪些研究尚空白？哪些研究尚待修正错误？某一研究领域的某些方面是否还缺少进一步的工作？第三，为自己的研究问题、研究

---

① 储丹丹. 学位论文文献综述的元文性分析[J]. 当代修辞学，2022（1）：62-76.

假设做铺垫和论证。前人的研究理论是否有矛盾之处？前人的研究方法、设计是否正确得当？前人的论证是否存在缺陷或局限？所谓"青取之于蓝而青于蓝，冰水为之而寒于水"（《荀子·劝学》），文献综述不仅仅是对现有研究成果的叙述、评论，确定研究出发点是文献综述的根本所在，是其最本质的作用。收集和阅读各种文献就成为把握前人研究工作及其结果的基本方式及途径[①]。

（二）论文文献综述的分类

1. 按文献综述形式划分

（1）独立式文献综述

独立式文献综述是指独立成篇的文献综述，旨在阐明某一主题的研究内容及不足，预测其未来发展趋势。其目的在于全面、系统地概括、提炼、呈现某一主题的内容及其发展脉络，为后续研究者提供参考与借鉴。因此，此类文献综述的撰写遵循某一研究主题自身的发展逻辑，全面、系统地呈现已有文献的内容是其价值所在。

（2）内嵌式文献综述

内嵌式文献综述是论文或专著的一部分，常见的是学位论文中的文献综述，其撰写要旨并非呈现已有文献自身发展的逻辑，而是彰显学位论文拟解决问题的逻辑，即根据学位论文拟解决的问题以及对问题的先行假设，看看已有文献在拟解决的问题上都解决了哪些问题，还有哪些问题有待解决或完善。因此，学位论文中的文献综述并非以全面、系统地呈现已有相关内容为主，而是通过综述前人已有成果进一步澄清拟研究问题的意义，对已有文献的选择、取舍皆以凸显本研究拟解决问题的意义和价值为准绳。

2. 按文献综述内容划分

（1）背景式文献综述

背景式文献综述是介绍某一研究问题的意义和背景情况，将该研究问题置于大的研究背景下，读者可以了解该研究在整个相关研究领域中所占的比重和位置，看到该研究问题与前期研究的相关性，并明晰前期研究中存在的问题和不足。

---

① 本刊编辑部. 重视文献综述在教育研究中的价值——访北京师范大学教授、长江学者张斌贤[J]. 教育科学研究，2015（4）：29-32.

（2）历史性文献综述

历史性文献综述是一种介绍性文献综述，主要用于追溯某一思想或理论形成和发展的来龙去脉。研究者往往对某一领域中最重要的问题做历史性综述，对介绍某一学科领域具有重要作用。历史性文献综述注重在一段时间内检查研究，通常从文献中首次出现的问题、概念、理论、现象开始，在学科的学术范围内追溯其演变。其目的是将研究置于历史背景下，显示最新技术的发展程度，并确定未来研究的可能方向。

（3）理论式文献综述

理论式文献综述是检查问题、概念、理论和现象积累成的理论语料库。它是对解释同一现象的不同理论进行综述，厘清相互关系，思考对现有理论进行何种程度的研究，从而建立新的假设，并对其进行检验。理论式文献综述通常用于帮助建立适当的理论，或揭示当前的理论不足，以解释新出现的研究问题。相关分析可以集中在理论概念、整个理论或框架上。

（4）方法式文献综述

方法式文献综述可提供不同层次的理解框架，包括理论实质性领域、研究方法以及数据收集和分析技术，研究人员如何利用从概念层面到实际文档的广泛知识，以支持实证和认识论考虑，实现定量与定性的整合，并有效应用于采样、访谈、数据收集和数据分析等现场工作中。方法式文献综述有助于突出研究者在学习过程中应注意并考虑的合理问题。

（5）整合式文献综述

整合式文献综述以集成的方式审阅文献，通过批判和综合该主题的代表性文献，生成有关该主题的新框架和观点。文献包括所有涉及相关、相同的假设或问题的研究，这是社会科学中最常见的文献综述形式。

总之，合格的综述既是学术研究中承前启后的重要一环，又可以避免学术研究的重复和"走弯路"。各种类型的综述之间并无明确界限，研究者需要根据问题、文献、作者以及刊物等灵活选择。好的文献综述需要周密构思、精心组织。文献综述要有综合性和评价性，研究者应具备敏锐的眼光，采用批判的态度，广泛阅读相关文献，梳理原始文献中大量的数据、资料以及不同的观点，有机地组织和整合前期的研究成果，指出前期研究中的优点，尤其要指出研究中存在的问题和不足。

二、论文文献综述的常见问题

文献综述一般要对研究现状进行客观的叙述和评论，以便预测发展、研究的趋势或寻求新的研究突破点。[①]然而现在大多数研究者在撰写文献综述的时候存在着许多问题，本书主要从综述内容与研究主题关系不密切、文献综述与研究背景相混淆、文献综述"综"而不"述"、文献综述"述"而不"综"、文献综述的逻辑脉络混乱、参考文献数量不充足、文献综述缺乏研究切入点、文献综述缺乏研究结论等方面阐述文献综述中常见的问题。

（一）综述内容与研究主题关系不密切

综述内容与研究主题关系不密切是指在写作过程中文献综述的范围与所要研究的主题不匹配，没有紧扣主题，两者出现脱节现象。

例如，在一篇关于大学生在线学习投入影响因素的研究的学位论文中，作者从分布式认知理论视角对其进行实证分析，其文献综述围绕"分布式认知内涵的国内外研究现状""学习投入基本内涵的国内外研究现状""学习投入影响因素的国内外研究现状"三个方面进行，最后对学习投入的研究进行了概括：我国学者对学习投入的研究步伐在借鉴他国与自我探索中稳步前行，在理论探讨与实证研究方面成果颇丰，其研究内容主要涉及学习投入的理论研究、影响因素的探析、测量工具的编制及核验、相关的提升策略及建议研究等方面。但它忽视了"在线学习"这个概念，显然文献综述的范围过大。恰当的文献综述应落脚在在线学习投入的概念、现状及影响因素相关研究上，而不仅仅是学习投入的基本内涵和对影响因素的研究。

（二）文献综述与研究背景相混淆

研究背景是梳理前人在相关研究领域内所做的工作和尚存的知识空白，以确定论文写作的理由。而文献综述是对某一领域、某一专业或某一方面的课题、问题或研究专题的相关资料进行综合性介绍和阐述，其目的是建立研究项目，确立研究论题，二者是两个不同的概念。

有些论文将"文献综述"和"背景描述"等同，如对存在主义文学的研究，

---

① 王琪. 撰写文献综述的意义、步骤与常见问题[J]. 学位与研究生教育，2010（11）：49-52.

需要收集整理"存在主义的发展历程""代表人物及作品"等资料，但这些内容属于"背景描述"①。又如研究中国军人工资制度时，需要收集整理"中国军人工资制度的发展历程""中国军人工资制度的政策和规定"等资料，但这些内容属于"背景描述"。

当研究关注的是现实层面的问题时，资料收集和分析的过程不仅仅是对已有信息的简单堆砌，而是需要深入理解和评估这些资料在学术领域中的意义和价值。真正的文献综述不仅仅是收集相关文献，更是对学术观点和理论方法的系统梳理、分析和评论。

（三）文献综述"综"而不"述"

所谓"'综'而不'述'"，是指把有关研究主题的文献罗列、编排，却不加以评述，缺乏个人观点和见解，缺乏批判性分析与评论，使得文献综述变成了文献汇编，成为学位论文中的败笔。

例如，一篇基于对话对主体性教育改善师生关系的论文中，作者进行了实践研究，其文献综述分为师生关系的研究综述、对话理论的研究综述、主体性教育的研究综述，每部分综述又分别列举了有代表性的观点，诸如"关于师生关系的观点主要有'教师中心论''学生中心论''教师和学生互为主客体说'以及'教育主体间性论'"，关于对话理论，哈贝马斯如何说，戴维·伯姆怎么讲，巴赫金说了什么，马丁·布伯讲了什么等。

这种文献综述看似完整、深刻，细究之，却只是把与该研究主题相关的内容罗列出来，并没有凸显个人研究的独特价值。综述的"述"应体现在与既有研究相比方面：本研究试图在哪些方面有所突破？是赞同还是反驳某种已有的观点？若是赞同，需要充实哪些新的事实材料？若是反驳，其原有观点有什么缺陷？个人观点如何超越已有见解？即使赞同，到底赞同哪种观点？为什么？其根据何在？对于这些问题，此文献综述却只字未提，从而使文献综述变成了文献汇编②。

---

① 本刊编辑部. 重视文献综述在教育研究中的价值——访北京师范大学教授、长江学者张斌贤[J]. 教育科学研究，2015（4）：29-32.

② 李润洲. "主题编织"抑或"问题先导"——对教育学科学位论文文献综述的思考[J]. 研究生教育研究，2014（3）：57-60.

（四）文献综述"述"而不"综"

"述"而不"综"是指对研究现状的梳理和介绍只是一笔带过，用大量篇幅评述个人观点并提出研究设想，结果将文献综述写成了评论或研究计划。文献综述主要是梳理相关学科领域的研究现状及动态，厘清研究现状进展与困境，为后续研究提供参考。另外，综述提炼的观点必须以原始文献为依据，不能把观点强加给原作者；如有不同观点，可对原作者的观点进行评议，但论据必须充分，并能使读者分清原作者的观点和综述者的观点，不能将二者混杂。综述的重点在于"综"，即其主要部分应是对前人观点的客观阐释和分析；个人观点，即适当"述"，以起到点睛式的评论或启示的作用。

例如，在一篇关于教育惩戒权立法必要性的论文中，其文献综述是关于国内研究现状，陈述了个别学者的观点，不过 300 字，总体未加点评；在个人评价中，一笔带过国内外的研究成果，前文综述里关于研究成果的介绍也很少，未提现存缺陷，随后即开始对现存缺陷进行大量罗列以证明自己的选题意义：立法的必要性。该文章的文献综述对研究现状的梳理和介绍只是一笔带过，重点评述了个人观点，未涉及该领域的研究现状及动态、进展与困境、前人观点的总括和分析。"述"应当是红花中的绿叶，必不可少，但又不夺其锋芒。

（五）文献综述的逻辑脉络混乱

文献综述的逻辑脉络混乱是指文献综述撰写得不伦不类、逻辑混乱，抑或犹如白话文。实际上，文献综述文字安排也需要"顺序"，无论按照理论发展的历史脉络娓娓道来，还是按照逻辑思路开展，抑或以某种观点分类来撰写，都需要有清晰的思路，以保持逻辑关系通顺，而不是随意地堆积文献资料。

例如，在一篇探讨语言新手教师和熟手教师对线上教师角色认知的论文中，其文献综述部分首先列举了三篇与"线上语言教师角色"紧密相关的文献。然而，经过深入分析和评估，我们发现这三篇文献在构建论文核心观点方面显得力不从心。它们更多的是在段落开头作为引子，向读者表明本段将讨论线上语言教师角色的研究，但并未形成支撑论文核心论点的有力论证。这样的论证过程显得较为松散，缺乏严密的逻辑链条，因此其结论的可靠性值得进一步商榷。

（六）参考文献引用数量不充足

参考文献数据不充足是指在研究中由于文献搜集范围或方法不当，未能将有代表性的文献完全纳入研究的范围，或仅仅根据喜好选择文献，未系统全面地把握研究现状，从而盲目地认为某问题或领域尚未被研究，使得自己的研究变成一种重复性的劳动。

例如，一篇关于中美义务教育科学课程标准对比分析的论文，其参考文献包括《义务教育科学课程标准：2022 年版》[①]《中美科学课程标准核心概念特点及知识层级结构的比较分析：以"生命科学领域"为例》[②]《新一代科学教育标准：学科核心概念序列和主题序列》[③]。该论文仅仅引用了三篇文献，说明研究者对学科或论题所涉及的学科发展状况和国内外的研究动态了解不够，无法全面评判该研究领域的研究现状，也无法准确把握论文研究的落脚点和创新点，致使论文存在低水平重复现象，缺乏应有的理论深度和高度。参考的文献数量不足不仅直接影响文献综述本身的质量，也制约着学位论文的学术水准[④]。

（七）文献综述缺乏研究切入点

"文献综述缺乏研究切入点"的产生，主要是由于部分研究者缺乏对文献的深度阅读和分析，难以对相关主题的已有研究状况进行深入分析和总结，因而不能清晰地说明自己的研究与前人已有研究之间的不同和联系。这就导致论文所表现的研究工作难以在前人已有研究的基础上推进，难以形成具有新意的成果。另外，部分研究者在引用相关文献时，并未精心考量文献本身的质量或来源，甚至"漫不经心"。[⑤]

例如，在有些博士学位论文的文献综述或正文当中，马克思、恩格斯的话都是转引，有些很重要的文献或数据也是转引。这不是简单的偷懒问题，而是高度的不严谨。还有一些作者图便利而使用并不重要的基本文献，却遗漏了反映同类研究最高水平的经典文献，等等。

---

① 中华人民共和国教育部. 义务教育科学课程标准：2022 年版[S]. 北京：北京师范大学出版社，2022.

② 杨青青. 中美科学课程标准核心概念特点及知识层级结构的比较分析：以"生命科学领域"为例[J]. 教育与装备研究，2021，37（9）：90-96.

③ 美国科学教育标准制定委员会. 新一代科学教育标准：学科核心概念序列和主题序列[M]. 叶兆宁，杨元魁，周建中译. 北京：中国科学技术出版社，2020：4.

④ 李润洲. "主题编织"抑或"问题先导"——对教育学科学位论文文献综述的思考[J]. 研究生教育研究，2014（3）：57-60.

⑤ 本刊编辑部. 重视文献综述在教育研究中的价值——访北京师范大学教授、长江学者张斌贤[J]. 教育科学研究，2015（4）：29-32.

（八）文献综述缺乏研究结论

现今，大多数文献综述虽然包括文献概述、研究内容分析、目前研究的不足等几个部分，但在总结和分析前人的成果及不足后，却没有形成自己的研究结论，仅仅停留在整理阶段，创新点不明确，并未发挥文献综述的真正价值。

例如，一篇关于青少年价值观教育研究的论文中，其作者在综述完"西方价值观教育的研究"和"我国价值观教育的研究"后，指出当前价值观研究还存在需要不断改进的地方。且不说这样的文献综述是否准确、全面概括了已有的研究成果，单就其对已有研究成果不足或疏漏的陈述而言，研究者并不是为了使其更加完善，而只是基于已有文献进行的总结和概括，至少从后续的论述中看不出研究者是如何改进、完善已有研究所存在的不足或疏漏的。文献综述缺乏研究结论，容易导致其成为一种形式，丧失自身存在的独特性和价值。

总之，文献综述的价值在于为研究者确定研究工作的起点，明确研究工作的方向和路径，获得研究工作所需的基本工具和手段，其对研究工作者的作用和科研事业的发展都有着不可替代的作用，所以我们在撰写文献综述时应本着批判、认真、全面的态度，提高文献综述的质量，规避文献综述中常见的问题。

三、论文文献综述的六大特征

论文文献综述在一定程度上可以传达两个隐藏信息：一是研究者对所要研究领域的文献的掌握程度，二是研究者自身的理论思维能力。撰写文献综述作为研究工作的准备环节，能够反映研究问题的历史和现状，以及展望有关问题的新水平、新原理、新动态等。文献综述具有综合性、评述性、客观性、前沿性、继承性和权威性等六大特征，以下将对这六大特征进行介绍，假如研究者的论文文献综述体现了这些特征，其质量可以称得上优良。

（一）综合性

1. 何为综合性

综合性表现为综述覆盖面宽、情报源广、信息量大。关于某一专题的研究，在内容方面，涵盖和总结了古今中外所有对该研究领域发展起着重要作用的文献；在论文收集方面，种类应比较繁多，且应有包括该专题不同学术观点、不同实验方法及不同结论的文献，只要对研究有利。

2. 缺乏综合性的论文示例

文献综述缺乏综合性主要表现为文献覆盖面窄、文献占有量少等，这使得读者难以全面了解该领域研究的基本情况和深度。例如，在一篇关于大学生网络心理健康教育的研究综述中，尽管作者试图对相关文献进行系统梳理，从大学生网络心理健康教育的特点、必要性、发展问题以及改进策略等多个维度进行了回顾与展望，但文献占有量不足且多次重复引用某一篇或少数几篇文献，使得综述的广度和深度受到限制。特别是在分析大学生网络心理健康教育的发展问题时，文章仅列举了一两位学者的观点，未能全面、客观地反映该领域的多元化问题和现状。从文献的数量和内容的丰富性两方面来看，这篇研究综述确实未能充分体现出文献综述应有的综合性特征。

（二）评述性

1. 何为评述性

评述性是指比较专门地、全面地、深入地、系统地论述和评价某一方面的问题，反映出作者的观点和见解，并与综述的内容构成整体。一般来说，综述应有作者的分析评价，否则就不成为综述[①]。评述性特征主要表现在如下三个方面。

首先，文献综述并非简单的文献罗列，而是对选取文献的观点进行评价。将文献简单罗列的文献综述只处于初级水平，不能被称为较成熟的文献综述。若没有总体性评价，可能让整个文献综述"有头无尾"，致使文章结构散乱，同时也难以表明作者对某个学术问题的中心立场，致使文章逻辑不清。其次，文献综述不能为了突出自己研究的前瞻性而对过往研究充满否定，因为在未提出可行的、合理的、科学的解决措施前，急于凸显自己的学术能力而否定前人研究成果的行为是不道德、不可取的。最后，文献综述在指出某个领域过往研究不足的同时，应为后续相关研究提出建议和指明方向或具体的解决措施，以促进该领域的发展。若给出的措施不够明确和具体，就无法引导后来的研究者对该领域的了解和发展，显得文章没有深度，难以体现文章的价值所在。

---

① 黄远辉. 基于综述文献和 CNKI "知网节" 的科技查新[J]. 情报科学，2011，29（2）：258-260+283.

2. 缺乏评述性的论文示例

文献综述缺乏评述性主要体现在以下三个方面。

首先，部分文献综述在撰写时仅罗列文献而未进行深入评价，仅仅对文献进行了简单的堆砌，没有给出深度点评。例如，在一篇探讨高中生数学抽象素养测评研究的论文中，作者只是列举了不同学者和政策文件中关于"数学素养"的概念界定，提取了"数字素养"的关键点进行描述，但缺乏总结性的评价，使得读者容易迷失在繁多的"概念海"中。

其次，部分文献综述虽对以往研究进行了否定，但并未提出科学、合理的解决方案。比如，在一篇关于高中生数据分析素养测评指标体系构建的论文中，作者为了凸显自己研究的前瞻性，在未对过往研究进行客观深入解读的情况下，对已有的分析素养测评指标体系研究对象进行了过度的批判和否定，且未能提出切实可行、科学有效的解决措施。

最后，部分文献综述虽指出了已有研究的不足，但提出的研究发展方向或建议显得较为空洞。例如，在一篇关于学生综合素质评价研究的综述论文中，作者在梳理已有文献的基础上，指出了综合素质评价的内涵、评价体系、困境及解决路径等方面仍有较大的提升空间，并提出了通过寻找新角度、新领域来推动综合素质评价的发展，以及借鉴国外先进经验实现与国际接轨的综合素质评价。然而，细究之下，这些解决措施和发展方向显得较为宽泛，缺乏具体的操作性和实施性。

（三）客观性

1. 何为客观性

文献综述的客观性是指要忠实于原始文献的观点、数据，结论等信息，简言之，就是实事求是。客观性主要体现在两个方面：一方面，研究者在叙述和列举各种理论、观点、方法、技术及数据时，要实事求是地表述原作者的观点及内容，不能随意篡改原作者的本意，同时避免引用他人对原始论文的分析和评价，论点和论据均要采用第一手文献资料；另一方面，在分析、比较、评论各种理论、观点、方法时，研究者要秉持客观的态度，不能出于个人的喜好、倾向进行评论，更不能出于个人的感情有意偏袒或攻击。

2. 缺乏客观性的论文示例

文献综述缺乏客观性主要表现在作者引用其他学者资料时未能秉持实事求是

的精神，缺乏一种客观中立的态度。

在一篇关于促进深度学习的大学某课程混合式教学设计的论文中，作者在辨析深度学习概念时采用了二次引用的方式。由于缺少直接关于某课程深度学习概念的原始资料，且在一定程度上受到主观因素的影响，这可能导致概念理解出现偏差。同时，在文献综述部分，作者提出教师需要借助某课程活动情境，引导学生深入体育知识的内在逻辑和意义领域进行学习，以及学生需要系统地理解某课程及其相关知识和意义，并有计划、有目的地参与多类型活动等观点时，这些观点并未以充分的过往文献研究作为支撑，而是过多地融入了作者个人的观点、喜好和倾向，这明显违背了文献综述应保持的客观性原则。

（四）前沿性

1. 何为前沿性

文献综述的前沿性强调综述能反映当前某一领域或某一研究主题的历史现状、当下进展，尤其是未来趋势和大概能达到的水平等，主要反映的是作者对所研究领域的认知程度和对将来发展的预测能力。

2. 缺乏前沿性的论文示例

文献综述缺乏前沿性的主要问题在于，它未能紧密追踪学术领域的最新发展动态，反而过度依赖于对过去研究的重复梳理，从而显得缺乏创新性和前瞻性。

在一篇关于高职教育产教融合研究综述的论文中，作者以高职教育产教融合为主题进行了综述。然而，考虑到我国高等职业教育在20世纪90年代中期正式确立地位，并在20世纪90年代末开始大规模发展，将产教融合作为高职教育发展的重要方向已经经过了多年的深入研究和探讨。因此，当前再次对这一领域进行综述，其学术价值可能会显得相对滞后。此外，作者在分析我国高职教育产教融合的起步、发展、多样化创新及深化发展阶段，并探讨其中存在的问题时，并未能反映出当前高职教育产教融合的新动态、新趋势，这进一步体现了文献综述在前沿性方面的不足。

（五）继承性

1. 何为继承性

文献综述的继承性主要体现在文献"综"的部分，即文献综述要在前人研究的基础上进行。同时，文献综述也要在继承中发展，在继承中批判，在继承中创新，不能陷入盲目崇拜前人研究的窠臼。真正意义上的继承暗含着学术论文的创新性，是在承续基础上的超越。文献综述的撰写体现了学术研究的"继承性和开放性"，其重要目的是"导出研究问题"[①]。

2. 缺乏继承性的论文示例

文献综述缺乏继承性主要体现在两个方面：一是仅"述"不"综"，即只是陈述自己的观点，而未能在前人研究的基础上进行总结和归纳；二是简单罗列前人研究，未能在继承的基础上进行创新。

在一篇关于国外教学策略研究的回顾与启示的论文中，作者列举了国外的几种教学策略，但在逐一介绍这些主流的教学策略后，作者既未对每种教学策略的优劣进行深入评判，也未明确表达自己的教学策略观点。这种仅仅停留在介绍层面而缺乏个人观点的文献综述，不仅缺乏批判性，也同样因为未能体现对前人研究的继承和创新而显得缺乏继承性。

（六）权威性

1. 何为权威性

权威性主要表现在文献和撰写作者两方面。正是作者的权威性赋予了文献综述具有学术研究的专业性，而非简单的资料汇总或对现状的笼统概述，体现出学术引领的地位。学术性文献综述强调，在内容大致相近的状况下，优先考虑级别较高刊物发表的论文[②]；在观点大致相同的状况下，优先考虑国内外知名学者的观点。

2. 缺乏权威性的论文示例

文献综述缺乏权威性主要体现在以下三个方面：一是该文献发表的期刊在相应领域内认可度较低；二是作者并非该领域的权威人士；三是文献中引用的观点鲜少来自权威人士。

以一篇关于阳关、玉门关研究文献综述的论文为例，首先，作者在该学术领域内的知名度不高；其次，该论文发表的期刊并非核心期刊，这进一步削弱了其

---

① 许营营. 澳大利亚"核心素养"的发展历程及培育路径[D]. 华东师范大学，2020.

② 王广虎，贺鑫森，王岗. 文献综述的归类划分与特征辨析——体育学硕士研究生能力培养和学术规范的反思[J]. 成都体育学院学报，2015，41（6）：1-8.

权威性。更重要的是，该论文主要由古代关城综合性研究，阳关、玉门关关城研究，阳关、玉门关文学研究三部分构成，但整体而言，这篇综述主要是对以往研究成果的简单汇总，缺乏深入的学术分析和学术引领作用，这也间接体现了其权威性的不足。

综上，论文文献综述主要具备六大核心特征，即综合性、评述性、客观性、前沿性、继承性和权威性。此外，它还具有经典性、学理性、批判性①、覆盖性、相关性和连贯性②等重要特征。这些特征共同使得论文文献综述更加完善、内容更加丰富，从而赋予了它一定的学术价值。因此，无论是著名学者还是刚刚踏入研究领域的新手，都应在撰写文献综述时充分展现这些特征，以期撰写出高质量、具有深度的文献综述。

四、文献综述撰写的五种方法

在学术论文写作过程中，文献综述是至关重要的一部分。通过对研究对象相关文献的回顾反思和整理研判，可以发现当下存在的问题，并展望未来发展趋势。但是，一些文献综述因"罗列""堆砌"成果文献而未能充分展现其价值、意义与目的。文献综述有益于科研创新，因此不容小觑。那么究竟应该如何撰写文献综述呢？笔者通过查阅资料，总结和整理了文献综述撰写的五种方法，它们分别是纵式撰写法、国际横览法、观点比较法、现状对策法和纵横结合法。

（一）纵式撰写法

无论是期刊论文还是学位论文，均可以采用纵式撰写法（即历史发展纵式撰写法）来撰写文献综述。纵式撰写法指的是围绕某一专题，按时间先后顺序或专题本身发展的层次，对其历史演变、目前状况、趋向预测进行纵向描述，从而勾勒出某一专题的"前世今生"动态发展图。

纵式撰写法需要注意两个方面。

第一，注意脉络分明，即对某一专题在各个阶段的发展动态做扼要描述，譬

---

① 高桂珍，刘芳，于风军. 中国应用语言学专业英语硕士学位论文文献综述体裁特征[J]. 大连理工大学学报（社会科学版），2011，32（4）：74-78.

② 彭玉生. "洋八股"与社会科学规范[J]. 社会学研究，2010，25（2）：180-210+246.

如已经解决了哪些问题、取得了什么成果、还存在哪些问题、今后发展趋向如何等，对这些内容的表述要把发展层次交代清楚，文字描述要紧密衔接。撰写综述切忌孤立地按时间顺序罗列事实，把它写成"大事记"或"编年体"。

第二，突出"创"字。有些专题时间跨度大，科研成果多，在描述时就要抓住具有阶段性、突破性的成果进行详细介绍，而对一般性、重复性资料的介绍从简从略。

纵式撰写法主要适用于动态性综述，要全面收集资料并对其进行整理和筛选，把握论文主题，按照时间的发展脉络进行延展，重点运用有创造性的、典型性的资料，避免平铺直叙地将其写成"大事记""编年体"。

例如，在期刊论文《改革开放 40 年教师教育改革与未来展望》[①]中，作者将第一段明确划分了历史阶段，将各个阶段教师教育发展改革现状按照时间顺序阐述，介绍了教师教育的发展历史、理论成果及其实践影响。这些论述符合纵式撰写法的第一个要求，即脉络分明。同时，这些论述符合纵式撰写法的第二个要求，即突出"创"字。改革开放 40 年来，我国教师教育改革的发展历程时间跨度大，科研成果多。作者在论述时抓住兼具创造性和里程碑意义的成果进行详细介绍，而对其他资料一带而过。值得一提的是，作者不仅总结了教师教育发展阶段中存在的问题，并且指出了教师教育的未来发展动向，为下一时期的教师教育阶段的阐述做好了衔接与铺垫。

（二）国际横览法

国际横览法是指通过不同国家的学者在同一时间跨度内对同一个研究主题的分析，将其研究结果进行分类论述。该方法主要适用于不同国家在同时期内对该主题研究成果都比较丰富的情况，即分别对我国和其他国家在某个研究主题上取得的研究成果进行罗列与归纳总结，从而了解国内和国际相关研究的水平，找出二者之间的差距和异同点，为我国在相关主题的研究提供一定的借鉴。

例如，期刊论文《协同共生：我国创业型大学建设的困境纾解》[②]的文献综述部分，作者首先借助同时期国际上在创业型大学这一主题上的研究成果，为国内该主题研究提供了借鉴意义；其次从比较、规范、实践三个角度分别阐述了国内外在创业型大学研究上取得的成就和研究水平；最后得出我国学界关于创业型

① 曲铁华，于萍. 改革开放 40 年教师教育改革与未来展望[J]. 教育研究，2018，39（9）：36-44.
② 李翔宇. 协同共生：我国创业型大学建设的困境纾解[J]. 当代教育论坛，2022（3）：19-28.

大学的研究更加丰富、视角更加多样的结论，并从国外研究经典理论出发，考察了创业型大学建设与转型过程中遇到的阻力，提出相应的发展对策。

综上，采用国际横览法撰写文献综述，既可以清晰、直观地了解国内外在同一主题研究上的异同、研究的数量与研究程度，从而找出国内外研究之间存在的差距，还能够积极利用国外研究成果为我国的研究提供方向和建议，最后以国外研究成果为借鉴进而探索同一主题研究的优化途径。

（三）观点比较法

观点比较法是指在文献综述的撰写中按不同观点进行比较综述，通过对不同学者的观点进行比较和分析，得到某些结论并进行反思，以引出自己的研究问题。这种写法有两个目的：其一，对纯文献综述类文章而言，若所研究的主题恰好在概念上存有较多分歧，甚至是争议的焦点、争议的本质，对其进行相关的文献回顾，通过梳理各种观点，厘清古今中外学者们对该概念在理解上的发展变化，对更好地理解概念以及围绕此概念进行深入研究有较大的益处。其二，对普通论文的文献综述部分而言，若所研究主题的概念恰好是饱受争议的存在，而作者未对此进行澄清就开始分析研究问题，那么，即便得出较为创新有价值的观点，也会因对研究主题的界定模糊，导致"地基不稳"，使得最终观点可能大打折扣。

例如，在期刊论文《轮岗交流政策能促进教师专业发展吗？——基于东中西部六省市的实证调查》[1]中的文献综述部分，作者首先概括了目前学界评价轮岗交流政策效果存在两种截然不同的观点，接着分别对其进行阐述，最后，作者论述了研究目的是回应上述争议，以更加全面、准确地评估政策效果。

从这篇论文当中的文献综述我们可以得出，采用观点比较法撰写文献综述过程中，首先要对多种观点进行总述；其次对文献资料中不同的观点或结论进行评价和分析，比较它们的优劣性；最后阐释个人观点。

（四）现状对策法

现状对策法是指研究者在整合关于某一研究问题的论文或研究报告时，为读者展现该问题现状并提出对策的一种文献综述写作方法。其主要特点是对某一发

---

① 陈婧，范勇. 轮岗交流政策能促进教师专业发展吗？——基于东中西部六省市的实证调查[J]. 教师教育研究，2022（3）：91-99+128.

展领域的新知识迅速予以评述，让读者快速了解该领域的研究成果及不足之处。现状对策类的文献综述在教育教学研究中是十分常见的，是教育学学生在研究生阶段就需要熟练掌握的一种文献综述撰写方法。

例如，在期刊论文《教育公平与和谐社会流动人口受教育权——城市流动儿童义务教育问题研究的文献综述》①中，作者先概括了阻碍城市流动儿童受教育的几大困境，接着归纳总结了相应的解决路径，最后汇总了已有研究成果对于解决城市流动儿童受教育问题的贡献，并指出当前研究未涉及的方面和研究展望。

从这篇文献综述中可以发现，在撰写现状对策类文献综述时，第一，要广泛地阅读与研究问题有关的高质量文献与资料，并对这些文献进行整理归类，从多个视角分析研究问题；第二，可以概括对该问题提出解决对策的文献；第三，对上述文献进行评价并提出改进建议。因此，在使用现状对策法撰写文献综述时，我们可以先对研究主题的研究现状、存在问题和改进建议进行综述，然后提出自己的见解，或者只综述主题的研究现状和问题，然后针对研究的不足提出自己的建议。

（五）纵横结合法

纵横结合法就是将纵、横两种撰写法同时应用于文献综述之中②。该法综合横、纵两个视角，有利于更好地对文献进行全面梳理和评述。由于国际横览法本身下设多种方式，在其与纵式撰写法结合中，自然而然地产生了更多的呈现方法，具有较高的自由度，研究者可根据自己综述内容进行选择。本部分重点梳理两种纵横式结合法的情况，具体某些方法的写作方式可参考下文案例。

例如，在书籍《教学论研究二十年（1979—1999）》的每一章节中，都会谈到主要分析对象的发展历程。以"教育设计"这章为例，作者将综述对象分为"教学设计研究的基本历程""教学设计研究的主要内容及其评析""教学设计研究的反思和展望"三个部分。其中，第一部分完全采用纵式撰写法，作者通过对不同时期文献的整理，将其历程分为"介绍与引进阶段（1979—1988 年）""理论研究与实验阶段（1989—1999 年）"。通过第二、三部分的一些标题及关键内容可以发现，作者同时使用了国际横览法、观点比较法、现状对策法三种方法。

① 张慧洁，姜晓. 教育公平与和谐社会流动人口受教育权——城市流动儿童义务教育问题研究的文献综述[J]. 现代教育科学，2008（12）：6-8+15.

② 张肇丰. 撰写文献综述的几个要点[J]. 当代教育科学，2012（22）：55-57.

如在介绍"学习任务"时，从文中一系列的"有学者认为……"以及作者最后的分析总结，可以判定其运用了典型的"观点比较法"。在阐述"教学策略设计"时，作者在对这 20 年国内、国外的策略类型进行分类讨论时，同样使用了"观点比较法"[①]。这意味着国际横览法下设的方法在具体写作中也并不是完全对立的。因此，国际横览法更多的是从理论层面来讲的，目的是使初学者可以更好地理解常用的撰写方法。

综上，我们可以发现，文献综述撰写方法的选用往往依据研究者对文献综述内容的划分，这意味着我们不可忽视内容和方法选择之间存在的对应关系，如一位研究者在撰写"反思和展望"部分时，更有可能使用现状对策法。但这种对应关系也并不绝对，如国际横览法的适用范围受内容的限制较少。因此，随着研究者写作能力的提高，应当逐渐突破和超越这种简单划分，根据自己的研究目的更加灵活地采取不同方式展开文献综述。

---

① 李定仁，徐继存. 教学论研究二十年（1979—1999）[M]. 北京：人民教育出版社，2001：234-257.

第二篇　学术论文写作：本论

本论是论文的主体部分，是分析问题、解决问题或论证观点、解说作者主张的重要内容。本篇围绕怎样规划研究设计、怎么撰写不同类论文两个方面来布置篇章内容。研究设计是科学研究的核心，它关乎到研究结果的可靠性和科学性。选择合适的研究设计并规范撰写学术论文对研究至关重要。论文可分为文献综述论文、元分析类论文、量化研究论文、质性研究论文以及混合研究论文。针对不同类别的论文，研究者需根据论文性质和要求，灵活运用适当的工具和技巧，以确保论文的高质量和学术价值。

第 三 章

怎样规划研究设计

研究设计是指在开始正式研究之前，事先确定具体选题、理论模型和方法、数据收集和分析方法等重要步骤。学术论文写作的研究设计必须具有创新性和可行性。本章针对规范撰写研究设计、选择适切的研究方法、学会使用研究工具进行阐述。

第一节　规范撰写研究设计：呈现样本、方法、工具

在研究设计开始之前，许多学生和青年教师经常遇到如下问题：研究设计是什么？不同类型的研究所对应的研究设计是什么？研究设计怎么写？什么时候写研究设计？这些都是学术论文研究设计撰写过程中的"常见问题"，接下来，本节针对研究设计的内涵和分类、论文研究设计的常见问题、论文研究设计的七大特征、论文研究设计撰写的三种方法展开论述。

一、研究设计的内涵与分类

教育研究设计是教育科研的初始环节，它关系到教育科研能否顺利有效开展，也是从事教育科研实践和提高教育科研质量的必要条件。教育科研课题如果没有经过充分的设计和论证，就容易产生教育研究盲目性、随意性或研究半途而废或重复研究等问题，从而导致研究的失败和人力、精力、财力的浪费。教育研究设计水平的高低是教育科研质量的重要反映，对教育研究者及课题管理者具有极其重要的意义。

（一）研究设计的内涵

研究设计通常是指研究者在研究开始之前对研究项目的"一个初步设想或筹划"，包括问题的提出、具体的方法和手段、研究的步骤和进程、所期待的研究结果以及研究结果的方式等。研究设计以简要的方式集中提炼出研究的具体思路、步骤和实施方案，为今后的研究实践提供纲领性指南。研究设计的基本环节包括确定研究范围、选择研究类型、提出研究假设、分析研究变量、确定研究对象、选择研究方法、形成研究计划。国内学者陈向明提出，教育研究设计是研究

问题与方法的具体化、程序化的过程，包括提出明确的研究假设、提出具体的研究对象、选择恰当的研究方法等，最终形成完整的可行的研究方案①。

（二）研究设计的分类

1. 定量研究设计

（1）实验研究设计

1）实验研究设计的内涵。实验研究设计是为验证假设所做的一种控制实验条件和安排实验程序的计划。这一计划包括抽样和安排被试的方法、自变量数目和自变量水平。实验设计最少有两组被试，其中一组接受自变量的实验处理，另一组作为实验的对照组，根据实验对变量操纵与控制的程度和水平，一般将其分为真实验、准实验和前实验②。总之，实验设计是指研究者准备着手探讨所提出的假设前所制定的实验计划，是教育实验能否达到目标的重要保证。

2）实验研究设计实例分析。根据上述对实验研究设计的理解，下面对《基于反思的深度学习实验研究》③一文中的实验研究设计进行分析。

第一，确定实验研究课题，明确实验研究目的。要研究什么，试图达到哪些目的，是进行实验之前必须明确的。此研究的研究课题为"反思对于深度学习的促进效果如何"，基于反思的深度学习是以反思为策略、以反思性学习为途径的深度学习，其关键任务是通过发展反思性学习能力以促进深度学习目标的达成。此研究的目的是通过具体实验操作步骤以及相应数据分析来探明二者之间确切的因果关系。

第二，明确实验理论基础，确定研究理论假设。理论基础是提出假设的依据，也是实验过程的指导性理论，对实验研究的方向、范围乃至实验资料的搜集都会产生影响。该研究的理论基础是深度学习理论。如作者认为深度学习可以解构为高阶学习、整合性学习、反思性学习这三个相互关联的部分，其中反思性学习是促进深度学习的重要途径。基于反思的深度学习研究则是探讨如何通过反思来促进深度学习。这一理论基础决定了该研究可以提出以下实验假设：反思能促进深度学习知识性目标的达成，特别是能有效促进学生对深层知识、复杂概念的高水平认知。

---

① 陈向明. 教育研究方法[M]. 北京：教育科学出版社，2013：30.

② 王唯. 教育实验与实验设计[J]. 教育科学研究，1990（5）：34-38.

③ 吴秀娟，张浩. 基于反思的深度学习实验研究[J]. 远程教育杂志，2015，33（4）：67-74.

第三，选择实验研究对象，分解实验研究变量。实验课题、理论假设提出后，就要明确和分解实验变量。实验的自变量是什么？有多少个自变量？因变量是哪些？有哪些无关变量？由实验假设可知，该实验的自变量是反思活动，分为有反思活动的深度学习模式和无反思活动的常规学习模式两种。因变量是深度学习目标的实现，包括深度学习知识性目标的达成、高阶思维能力的发展。无关变量包括班级的任课教师、教学进度、学习环境、学生的人数、原有的信息技术水平等，在实验过程中要严格控制这些无关变量。该实验采用准实验研究设计的基本模式——不相等实验组对照组前后测设计。在实验处理前，先对所选取的研究总体进行前测，从中选出两个水平接近的整班作为实验对象，并随机选定任一班级为实验班，另一班级为对照班。

第四，选择或编制合适的统计测量工具和手段。统计、测量工具和手段应根据实验课题的要求选择已有的合适量表，或者重新编制有关量表。如调查问卷、观测指标、考试，从而准确地描述和评价因变量的状况。在该实验研究中，研究者使用了调查问卷、书面测验试题以及作品评价量表作为检测、搜集信息的工具和手段。

第五，实施实验研究设计。首先进行实验前测，为了避免实验班和对照班出现过大的异质性，在选定实验对象前要先对研究总体的深度学习能力进行问卷调查和差异分析。其次进行实验处理，该实验选定高中信息技术课程的"图像信息的采集与加工"章节为实验教学的内容，设计了具体的教学实践方案，阐述了在课前、课中、课后如何引导学生进行深度学习和反思。最后，进行实验后测。在实验处理后，要求实验班和对照班按时提交所设计的作品并进行书面测验，再对作为后测成绩的书面测验成绩及作品创作成绩进行差异显著性检验，以判断两个班在深度学习知识性目标达成、高阶思维能力发展达成上是否存在差异，以验证所提出的实验假设。

第六，进行数据统计分析，获取实验研究结论。对实验数据和有关资料进行统计分析，在统计分析的基础上，对变量作相关分析、因果分析，得出实验结论。在此实验研究中，在对书面测验试卷进行赋值计分后，通过对实验班和对照班的书面测验成绩进行独立样本 t 检验，发现在书面测验总分及各项得分上，实验班都高于对照班，且两个班之间存在显著差异。可以说在进行教学干预后，实验班的学习效果明显好于对照班，这说明基于反思的深度学习模式能够显著提高学生对知识的掌握水平。其不仅能促进学生对浅层知识的理解记忆，还能促进学生对深层知识的高水平认知，特别是能加深学生对问题的理解。

（2）调查研究设计

1）调查研究设计的内涵。在教育研究中，调查作为一种收集、处理教育信息的基本方法，发挥着越来越重要的作用。教育研究人员必须学会和掌握教育调查研究的方法，以提高自己的研究能力。教育调查研究是在定量研究和定性研究中都被广泛运用的一种研究方法，它是通过对教育事实的考察、现状的了解、材料的收集来认识教育问题或探讨教育现象之间联系而采取的有目的、有计划、有系统的研究方法[①]。

2）调查研究设计实例分析。根据上述对调查研究的理解，下面对《高职院校思想政治工作学生满意度调查研究》[②]一文中的调查研究设计进行分析。

第一，确定调查课题。一般情况下，关于"为什么"的问题不是很适合调查研究，关于"是什么""怎么样"的问题则比较适合调查研究。该文中选取的调查课题是高职院校思想政治工作学生满意度调查研究，作者从学生的角度了解高职院校思想政治工作的开展情况，属于现状问题，因此比较适合采用调查研究。

第二，选择调查对象。调查对象就是被调查的单位或个人。有的课题调查对象会有很多，如果无法逐一进行调查，就要用抽样的方法去选择调查对象。选择被试样本，要注意到样本的代表性，如果所选择的样本不能很好地代表整体，将使研究的结果失去真实性。考虑到代表性，此研究中作者选取了常州市 6 所高职院校，并且除了学生之外还选取了一定数量的教师作为调查对象，尽可能地保证调查结果的真实性。

第三，编制和选用调查工具。确定好教育调查研究课题、调查对象后，研究者就应该编制和选用研究工具。作者采用了问卷调查和访谈法作为调查工具。调查表分两个模块：学生基本信息和调查内容。基本信息设置了 9 项内容；调查内容包括 35 项调查内容，每个调查内容设定了 5 个选项。6 个维度的设计密切关联《教育部等八部门关于加快构建高校思想政治工作体系的意见》中的六大体系建设要求。

第四，制定调查计划并实施调查。调查计划是调查工作的程序安排，一般包括调查课题和目的、调查对象及范围、调查地点及时间、调查的方式方法等。制定调查计划要切合实际，尽可能详细、周密，上文中已经对文中的调查课题、调查对象以及调查工具进行了介绍，这里就不再赘述。此研究中作者在实施调查过

① 陈向明. 教育研究方法[M]. 北京：教育科学出版社，2013：77-78.

② 束建华，李斌. 高职院校思想政治工作学生满意度调查研究[J]. 职教论坛，2021，37（10）：137-144.

程中采取纸质问卷和线上问卷相结合的方式。

第五，整理和分析调查资料。整理材料是指及时地将收集来的资料加以提炼、归类、系统化。分析材料是指对材料的去伪存真、去粗取精、分析比较、抽象概括的过程。此研究中作者采取纸质问卷和线上问卷相结合的方式，对常州市 6 所高职院校的全日制在校生发放问卷调查，另外还采取线上一对一的方式对 6 所学校 12 名教师和 12 名学生进行了访谈。作者对所得数据用 Excel 进行梳理统计，采用总结归纳法得出调查结果，并对数据进行分析。

第六，撰写调查报告。调查材料整理结束后，应当对调查事实进行分析和讨论，并在此基础上得出结论，提出建议。结论要准确，突出概括性；建议要从实际出发，中肯可行，并写成文字报告。此研究中作者调查了学生对高职院校思想政治工作的满意度，对样本的数据进行处理，综合 6 个维度和 4 个角度对满意度数据的分析，得出了 4 条结论，并根据这几条结论进一步提出了启示与建议，最终形成了一篇完整的文字报告。

2. 定性研究设计

（1）扎根理论研究设计

1）扎根理论研究设计的内涵。扎根理论（Grounded Theory）是由两位美国学者格拉斯和施特劳斯在 1967 年出版的合著《扎根理论的发现》（*The Discovery of Grounded Theory*）中首次提出的。扎根理论是一种研究路径，而不是一种实体"理论"。其要义可总结为：研究目的是生成理论，理论必须来自经验资料；研究是一个针对现象系统地收集和分析资料，从资料中发现、发展和检验理论的过程；研究结果是对现实的理论呈现；通过系统的资料搜集和分析程序而被发现的理论称为扎根理论[①]。

2）扎根理论研究设计实例分析。根据上述对扎根理论的理解，下面提供一个将其运用到中国教育研究的实例：《幼儿教育本质的规定性及其意义》[②]。

第一，确定研究对象。对于质性研究的样本，一般不要求随机性，抽样方法与量化研究也有区别，可以采用机遇式抽样、滚雪球抽样、方便抽样等方式[③]。这个研究采用方便抽样，即研究者根据实际情况，以自己方便的方式抽取研究对

---

① Glaser B，Strauss A. The Discovery of Grounded Theory: Strategies for Qualitative Research. Chicago: Aldine Publishing Company，1967：1-6.

② 程秀兰. 幼儿教育本质的规定性及其意义[J]. 学前教育研究，2014（9）：3-13.

③ 陈向明. 教育研究方法[M]. 北京：教育科学出版社，2013：35.

象，或者仅仅选择那些离自己最近的、最容易找到的人作为研究对象。

第二，确定研究方法。研究方法的选择至少要遵循两个要求：一是根据不同的研究目的和要求选择适宜的研究方法；二是根据研究课题内容的性质确定研究方法。这个研究的目的是超越前人对幼儿教育本质问题进行理性思辨的研究范式，从事物发生、发展、变化的过程中把握事物的本质。因此，作者基于扎根理论，运用 NVivo8.0 软件定性分析的方法，到幼儿真实的生活情境中收集能够反映幼儿生活游戏学习活动的真实材料并进行定性分析，以此揭示幼儿教育内在要素之间的根本联系以及幼儿教育区别于其他教育阶段的根本特征，展现幼儿教育的本质。

第三，资料收集。扎根理论强调从资料中提升理论，认为只有通过对资料的逐步分析才能逐步形成理论框架，这是一个归纳的过程，自下而上地将资料不断地进行浓缩，所以进行研究时需要从大量的具体资料入手[①]。此研究根据研究问题的需要以及 NVivo8.0 软件的功能展开，这个研究采集的资料包括文本、音频、视频和图片资料四大类。

第四，资料编码。编码需要将所有访谈、视频、图片资料转化成 Word 格式文本资料，再将所有文本资料导入定性分析软件 NVivo8.0 中。其基本原理是依据扎根理论对全部文本进行分析，对文本所表达的含义进行编码。同时，为了保证本研究的信、效度，研究者需要对不同编码者进行编码的一致性考察。

（2）叙事研究设计

1）叙事研究设计的内涵。教育叙事研究是指以叙事的方式开展的教育研究。它是研究者通过对教育教学生活事件的描述与分析，或揭示这些事件背后所隐含的教育思想、观点、原理等，从而促进教育教学行为改变的过程。教育叙事研究以质的研究作为方法论基础，质的研究重在对教育行为的"意义"的探寻，以对被研究者的行为进行"意义解释"。它以在教育中发生、进行的活动为叙事研究的前提，通过叙事研究，激发教育者对自己所从事教育活动的自豪感和使命感，使其获得理性升华和精神愉悦，从而提高教育行为的自觉性和"师范性"[②]。叙事研究设计是指选用叙事研究为研究方法从而形成研究计划的研究设计。

2）叙事研究设计实例分析。根据以上对叙事研究设计的理解，下面对《乡

① 陈向明. 扎根理论的思路和方法[J]. 教育研究与实验，1999（4）：58-63+73.
② 全国硕士研究生招生考试教育学专业基础综合考试大纲解析[M]. 北京：高等教育出版社，2021：365.

村教师缘何"留不住"——基于一位农村小学教师的叙事研究》①一文中的叙事研究设计进行分析。虽然这个案例存在一定的局限性，但对我们深入了解叙事研究设计方面具有一定的借鉴意义。

第一，确定研究问题。确定问题需要考虑三个因素：一是所探究的教育现象与内隐的研究问题要有价值；二是所探究的教育现象及内隐的研究问题要有新意；三是具有可行性，即具备主观条件、客观条件和时机条件。在这篇文章中，在乡村教师"留不住"这一现象不断涌现的背景下，作者选择"乡村教师离职"这一问题进行研究，既具有新意，其研究成果也具有一定的可行性。

第二，选择研究对象。教育叙事研究的特点决定了其需要以目的抽样方式为主，兼顾就近和方便的原则选择研究个体。教育叙事研究的对象应该是研究对象总体中有代表性的样本。此外，被研究的教师不是简单的研究对象，而是研究的合作者，他们应该具有一定的研究者素质。在这篇文章中，作者选取河北省 W 县某乡村小学为研究对象，采用目的性抽样的方法，选择该小学一位 29 岁男教师作为研究对象。

第三，设计研究工具。叙事研究方法的研究工具主要有以下几种：一是观察记录表。一般采用参与式观察，设计观察记录表。二是访谈提纲。访谈需要围绕研究目的有针对性地展开谈话。在这篇文章中，作者采用叙事研究方法，在思考和阅读大量相关文献的基础上制定对研究对象的访谈的提纲，主要包括任职初心、到职感受、离职前期心理变化、离职中期促使因素、离职后期的导火索以及离职后的现状等。

第四，进入研究现场。研究现场是研究者观察、了解研究对象的真实环境。"现场"往往代表"未经加工的原始状态下的时间面貌"。因此，教育叙事研究者进入研究现场就意味着要走进学校，只有与研究对象一同工作、生活，才能观察、把握教师的行为，观察行为产生的深层原因，收集和获得事件资料，构建起一个相对完整的教育故事。在这篇文章中，作者在支教期间与研究对象同住于教职工宿舍，对研究对象的工作状态、生活环境、心理变化等各方面了解较为深入，见证了一位农村教师离职的全过程。

第五，资料搜集整理。进入现场后，叙事研究者紧接着要发现、收集现场的相关资料。叙事研究者一般把这些资料或"田野笔记"叫作现场文本。现场文本

---

① 陶夏，段文静. 乡村教师缘何"留不住"——基于一位农村小学教师的叙事研究[J]. 教育学术月刊，2021（8）：65-71.

是研究者和参与者共同创建的代表事件各方面面貌的文本，包括访谈笔记、观察记录、口述史以及诸如日记、照片、作业、书信之类的实证材料等。在这篇文章中，作者主要运用观察法和访谈法来收集资料。

（3）民族志研究设计

1）民族志研究设计的内涵。民族志既是一种研究方法，也是一种文化展示的过程与结果。它运用田野工作来提供对人类社会的描述研究。美国学者威廉·维尔斯曼将民族志的定义引入教育研究，指出教育民族志研究就是为特定情境中教育系统、教育过程以及教育现象提供完整和科学的描述[1]。民族志研究设计是指选用民族志为研究方法从而形成研究计划的研究设计。

2）民族志研究设计实例分析。根据以上对民族志研究设计的理解，下面提供一个对裕固族学校教育的民族志设计的实例：《社区发展与裕固族学校教育的文化选择》[2]。作者以田野调查法为主，对裕固族的乡村学校教育展开研究。

第一，确定研究主题。确定主题是进行研究的前提。作者根据个人的经历，确定"社区发展与学校教育的文化选择"为主题，探讨裕固族如何实现既在求得社区生态、经济等方面的"可持续性发展"的前提下积极主动地参与现代主流社会生活，又保留本民族优秀文化传统的"双赢"目标。

第二，选择研究地点。选择的研究地点需契合研究主题。作者以自己的家乡明花乡作为研究场景。作者在 1996 年于明花乡完成第一次"准田野调查"，2003年底开始拟定第一个规范的教育民族志研究计划。

第三，确定调查方法。民族志的具体方法没有独特的一套体系。自然场景下的观察、访谈、实物收集、不断地记录笔记和加以整理，最重要的方法可以被概括为两个字：田野。民族志是教育人类学的看家本领，田野调查则是民族志的生命所系[3]。

田野调查法主要采用：①访谈调查法，了解裕固族文化优秀人才、群众、行政官员、教师这四个主要社会群体对社区发展和裕固族文化的现状所持的主要态度、意见和建议；②参与性观察法，深度社区生活，观察裕固人应对生活的现实行为方式和教育子女的方式方法等；③小型问卷调查法，主要用于精通汉语的社区成员对社区发展的态度、观点和学校教育价值与功能的态度、观点的调

---

① 威廉·维尔斯曼. 教育研究方法导论[M]. 6 版. 袁振国主译. 北京：教育科学出版社，1997：333-334.

② 巴战龙. 社区发展与裕固族学校教育的文化选择：人口较少民族乡村学校教育的民族志研究[D]. 中央民族大学，2005.

③ 杨帆，陈向明. 论我国教育质性研究的本土发展及理论自觉[J]. 南京社会科学，2019（5）：142-149.

查；④作品分析法，主要收集和分析社区学校裕固族学生的作品。

第四，根据成果进行分析。成果可以是田野观察记录、访谈文本、线下讨论文本、论坛发帖或学生习作等。这是作者作为一个裕固族知识分子对裕固族地区一个乡村社区"前世今生"的一种描述、理解和叙事，是在文献资料和田野资料的基础上描述、分析和解释家乡的历史与现实，表达自己关怀、经验与信念的一种尝试。

3. 混合研究设计

（1）一致性平行设计

1）一致性平行设计的内涵。一致性平行设计（也叫收敛平行设计）指研究者在研究的某一个阶段中，同时进行定量和定性部分的研究，赋予定量、定性两种方法同等的重要性，并分别独立进行定量、定性部分的分析，而后在整体阐释阶段混合定量、定性结果。

2）一致性平行设计实例分析。一致性设计包括：在同一个阶段收集、分析定量和定性两个独立研究部分的数据，合并两个研究部分的结果，寻找两个数据集的共性、差异、矛盾之处或关系。以《"拔尖计划"学生的学习有何不同——基于生命科学学生调查和科学家访谈的混合研究》[①]一文中的研究设计为例，对一致性平行设计进行分析。

第一，研究目的及问题。针对正处于实践进程中的教育试验，该研究试图探索一种定量调查与质性研究相结合的混合研究模式，兼取"教"与"学"双方在教改试验中的反馈，使教育者认为应该如何与学生实际构成映照，获得有价值的讨论。

第二，研究方法及逻辑。该研究的混合研究方法采用一致性平行设计，设计使相对独立的定量研究和质性研究同步收集数据，在结论分析中整合两种研究途径各自的结果，相互补充和印证。

第三，开展研究。定量研究为对学生的问卷调查，样本分两组，一是分布在16 所大学的全国生命科学拔尖计划学生，作为教改试验组；二是来自教育部生物学一级学科排名前三的大学该专业非拔尖计划的二至四年级本科生，作为对照组。质性研究实施策略是一对一的半结构化访谈。

该研究设计兼取"教"与"学"双方在教改试验中的反馈，使教育者认识到

---

① 陆一，于海琴. "拔尖计划"学生的学习有何不同——基于生命科学学生调查和科学家访谈的混合研究[J]. 高等教育研究，2016，37（5）：57-67.

应该如何与学生实际构成映照。在研究结论部分，研究者简要讨论了在学习时间、学习态度、专业学习等方面两组数据的比较，以探究拔尖学生和专家对教改试验的相似和差异反馈，并以此作为全文的总结。

（2）解释性顺序设计

1）解释性顺序设计的内涵。解释性顺序设计是一种混合方法设计类型，此设计按顺序使用研究方法，有两个彼此独立又相互作用的阶段，在第一阶段先收集、分析定量数据，接着在第一阶段的基础上进行第二阶段的定性数据收集与分析，旨在更深入地解释第一阶段的结果。解释性顺序设计的总目标就是用定性研究来解释之前的定量结果。

2）解释性顺序设计实例分析。以《高水平大学通识课程教师教学质量评价——基于混合研究方法的实证分析》①一文中的研究设计为例，对解释性顺序设计进行分析。

研究者进行了两个阶段的研究。

第一，收集、分析定量数据。首先，研究者借助网络调查平台对江苏某高水平大学的大一、大二学生展开调查，有 623 个同学参与研究。研究者使用《通识教师教学质量评价问卷》展开调查。

第二，收集、分析定性数据。根据定量研究结果，研究者又联系了 20 名学生和 3 名教师进行了深度访谈，进一步解释和补充定量研究结果。这个阶段的访谈提纲也是从教师教学目标、教学态度、教学内容、教学方式、考核方式以及教学结果这 6 个方面来设计访谈问题，接着根据访谈提纲进行一对一访谈，搜集数据资料，最后对访谈资料进行了开放式编码，探索定量阶段发现的显著结果。作者也意识到，仅仅使用一种方法不足以捕捉复杂情况的趋势和细节，比如，此项目中通识课程教师教学质量的评价。接着作者表明：解释性设计的特点和优势就在于首先使用定量数据来呈现基本情况，然后使用定性数据对定量结果进行深度挖掘。

（3）探索性顺序设计

1）探索性顺序设计的内涵。探索性顺序设计（也称作探索性时序设计）是利用量化方法来验证、修改或精炼前期的质性结果的一种研究设计，采用的是有序式设计。其具体操作分两个阶段进行：第一阶段是广泛收集质性资料，初步建

---

① 汪雅霜，汪霞. 高水平大学通识课程教师教学质量评价——基于混合研究方法的实证分析[J]. 国家教育行政学院学报，2018（2）：68-75.

构理论模型或建构类别、编制相应的项目；第二阶段是根据质性分析、归类的结果进行量化研究，进而对质性结果进行修改、充实或印证。探索性设计的第一阶段更强调定性数据的收集和分析，研究者根据第一阶段的探索成果，进行第二阶段——定量阶段的工作，即总结或检验第一阶段的发现，然后研究者将阐释研究是如何根据定性结果建构得到定量结果的。

2）探索性顺序设计实例分析。根据上述对探索性顺序设计的理解，下面以"Exploring the dimensions of organizational assimilation：Creating and validating a measure"①（《探索组织同化的维度：创建并验证一个衡量工具》）一文中的研究设计为例，对探索性顺序设计进行分析。

第一，明确研究目的。研究的目的是阐述要解决什么样的问题，即为什么选这样一个题目进行研究，要研究出什么内容，以达到什么样的目的。此研究旨在提出并验证一种测量组织同化指标的方法。

第二，确定研究对象。研究对象是研究的分析单位和内容。确定研究对象并进行相应的分析，是研究的开端和支撑点，也是解决问题的关键。该研究的研究对象主要来自广告业、银行业、酒店管理业、大学、非营利机构和出版业 6 个行业。

第三，确定研究工具。研究工具是研究的重要抓手，为研究的顺利开展提供保障。此研究中，选取了定性研究工具和定量研究工具。定性研究工具采用了半结构式深度访谈，制定访谈提纲。定量研究工具采用了 3 个量表，分别是布雷菲尔德和罗斯的工作满意度量表、莱昂斯的离职倾向量表以及切尼的组织认同量表。

第四，收集研究数据。收集研究数据是指在确定研究对象和研究工具的基础上，使用研究工具收集研究所需资料。在该研究中，质性数据收集通过访谈让受访者描述经历或见证的组织同化过程，从而收集研究数据。量化数据收集则通过随机抽取样本，用指标评估他们的同化经历。

第五，分析研究数据。对于研究所收集的数据需要进行进一步分析与处理，此研究中，探索性顺序设计的数据分析分为质性数据分析和量化数据分析两个阶段。最终，通过质性数据分析以及量化数据分析，建构并验证组织同化的测量手段。

---

① Myers K K, Oetzel J G. Exploring the dimensions of organizational assimilation：Creating and validating a measure. Communication Quarterly，2003，51（4）：438-457.

（4）嵌入式设计

1）嵌入式设计的内涵。嵌入式设计是指研究者在一个传统的定量研究设计或定性研究设计中，整合进行定量、定性两种数据的收集与分析。在原本与更大设计有关的数据收集、分析过程之前、之间或之后，可能出现第二种数据集的收集与分析。在某些嵌入式设计中，两种数据集之一会在研究中起支持性的次要作用。这种设计方法是在量化和质性研究中以一种研究方法为主，以另一种研究方法为辅。在主要的研究方法中，没有优先次序，另一种研究方法是插入其中的。采用这种方法的前提是一种研究方法提供的数据信息不充分，需要用不同的数据来回答不同的问题。在一个结合量化和质性方法的研究中，当需要采用量化和质性材料一起来回答研究的问题时，就可以采用嵌入式设计。当研究者要在量化研究中使用质性材料时，这种设计方法也特别合适。在数据收集时，这种设计方法也有一定优势，不需要花太多的时间和资源，因为其中一种数据的采集是辅助性的，这种数据的量要比另一种小很多[①]。

2）嵌入式设计实例分析。根据上述对嵌入式设计的理解，以《荣誉何以提升农村教师的地位认同？——基于混合研究设计的分析》[②]一文中的研究设计为例，对嵌入式设计进行分析。

在文章中，作者采用了混合研究方法，在考察荣誉称号对农村教师地位认同影响的基础上，探究荣誉背后的深层意义及作用机制。该研究采用嵌入式设计，以量化和质性材料共同回答研究问题。研究包括定量分析和定性分析两个部分：定量部分旨在运用大规模调查数据得出荣誉对农村教师地位认同影响的一般性结论；定性部分旨在运用丰富的访谈文本进一步挖掘荣誉的深层次意义，扩展定量分析的研究结论。该研究关注的是荣誉对农村教师地位认同的影响，定量部分得出的是一般性结论——定量方法有效估计了荣誉称号对农村教师地位认同影响的"净效应"。定性部分旨在运用丰富的访谈文本进一步挖掘荣誉的深层次意义，扩展定量分析的研究结论——定性方法分析了荣誉对农村教师地位认同的影响机理。基于定性数据的分析表明，受访农村教师赋予荣誉综合奖励、获专业认可和受社会尊重的象征意义，这为进一步阐释定量研究结果提供了合理路径。

综上所述，研究者在定量设计中嵌入"次要"的定性部分，可以加深研究结

---

① 张绘. 混合研究方法的形成、研究设计与应用价值——对"第三种教育研究范式"的探析[J]. 复旦教育论坛，2012，10（5）：51-57.

② 王爽，刘善槐. 荣誉何以提升农村教师的地位认同？——基于混合研究设计的分析[J]. 复旦教育论坛，2021，19（5）：65-72.

论的意义。

（5）变革性设计

1）变革性设计的内涵。当研究者采用以理论为基础的框架，比如变革性世界观来进行混合方法研究时，所用的研究设计便超出了上述四种基本的混合方法设计。基于变革性的理论框架是一种旨在支持代表受到不公待遇群体或边缘群体需求的框架，采用这种设计的研究者会采取一定的立场，能够敏锐地发现研究对象群体的需求，并得出具体的改变措施，以增强被研究群体的社会公正性。

2）变革性设计实例分析。如果研究者从变革性理论视角出发进行混合方法研究，旨在帮助被忽视群体或边缘群体解决不公正问题或带来改变，就使用了变革性设计。在变革性设计中，定量和定性部分的研究可以并行进行、顺序进行或二者兼有。由于未能找到教育领域的相关例子，故接下来以"Telling it all—A story of women's social capital using a mixed methods approach"[①]（《倾诉心声——采用混合方法研究女性社会资本的故事》）一文中的研究设计为例，对变革性设计进行分析。

第一，研究问题。在该文章中研究者讨论了她的研究如何采取变革性研究范式，具体而言就是如何以女权主义作为其理论视角。

第二，研究过程。作者首先进行了定量研究，采用截面问卷调查来识别男女之间是否存在社会资本图景差异。接着，研究者进行了定性部分的研究，解释为何女性的社会资本图景不同于男性。由于问卷数据需要保密，她采取随机整群抽样，从完成定量问卷的女性中抽取子样本。此后，研究者对根据定性数据得到的参与者故事进行叙事分析，由此生成了3个与母亲身份紧密相关的主题，用来解释参与的不同原因。

（6）多阶段设计

1）多阶段设计的内涵。多阶段设计是一种超越基本混合方法（一致性、解释性、探索性和嵌入式）设计的混合方法设计。如果单个研究者或研究团队先后进行彼此相关、佐证的定量和定性研究来研究某个问题或主题，并且为了达成核心研究目的，每个新的研究阶段都以此前获得的研究结果为基础，多阶段设计中的每个独立研究都旨在回答一组具体的研究问题，从而整合起来实现更大的项目目标。一个研究阶段或几个研究序列中的研究程序，往往近似于一个或多个基本

---

① Hodgkin S. Telling it all—A story of women's social capital using a mixed methods approach[J]. Journal of Mixed Methods Research，2008，2（4）：296-316.

混合方法设计的实施程序。

2）多阶段设计实例分析。在多阶段设计中，研究项目在某段时间内结合使用时序、并行研究部分。这些研究部分通常会在一个更大的研究项目中，作为多个项目来实施。由于未能找到教育领域的相关例子，故接下来以"Mixed methods in intervention research：Theory to adaptation"[1]（《干预研究中的混合方法：从理论到适应》）一文中的研究设计为例，对多阶段设计进行分析。

这项研究的总目标是：针对斯里兰卡的学龄人口，形成契合当地文化的精神健康实证实践。为了实现这一目标，作者提出了大量研究目标，为此要求进行下述工作。

第一，实施开发性研究。混合方法在干预研究开发性阶段的应用，以时序式或并行式的定性与定量数据收集为主要特征。在斯里兰卡心理健康促进项目中，采用的是时序式研究设计，初始的定性数据收集可以帮助研究者进行理论发展与心理测量工具的设计。这些测量方式则可以用于收集更大规模和更具代表性样本的定量数据，故而也可以扩展和验证开发性研究的发现。定性数据提供了主要心理健康构念的文化特性定义，同时也为详细阐述这些概念框架打下了基础。

第二，发展、检验文化特性理论。理论发展与检验阶段可以描述为这样一个过程：首先进行定性数据收集以为理论发展提供足够的信息；其次进行定量的理论检验以及定性数据收集，从而修正理论；最后建构定量模型，以检验修正后的理论。混合方法在不同文化、环境与群体间的重复运用，可以极大地发展那些既反映普适性又反映文化特性的建构性概念。

第三，发展、建构文化特性测量工具。定性研究方法被用来收集发展工具的必要信息，接下来的定量方法则用来进行工具建构。开发性的民族志工作，则提供了对于与文化相关概念的初步识别；反过来，这些概念又可以产生可用于大样本的具体测量名目。研究中发展的第二套测量工具，则可以评估斯里兰卡青少年可能如何回应这些文化特性上的压力。

第四，发展、评估一项文化特性干预项目。应用于项目发展与评估的混合方法，具有时序式或并行式、重复使用定性与定量方法的特征，其目的在于设计、修正与评估该项目。该研究主要说明了多阶段设计的应用过程，该混合方法主要是针对文化特性心理评估测量，以及干预性项目的发展与评价。在这一工作中，

---

[1] Nastasi B K，Hitchcock J，Sarkar S，et al. Mixed methods in intervention research：Theory to adaptation[J]. Journal of Mixed Methods Research，2007，1（2）：164-182.

开发性定性数据收集被用于识别与文化相关联的构念，并发展一个有关心理健康的文化特性模型。这一模型与相关的定性数据，被用于发展与评估一项干预研究项目。混合方法则用于检验关于评估的测量，以及评估可接受性、完整性、社会有效性以及试点干预的结果等。

总之，教育研究设计是对研究活动开展的全过程的设计，是确保教育研究质量的关键环节，是保证教育研究顺利进行的必要措施。在研究过程中，研究者一定要谨慎预设研究设计，并根据研究中的情况变化不断修正，以保证研究的顺利开展。

二、论文研究设计的常见问题

研究设计是论文前的构想，也是研究思路，是开展研究的准备工作。研究设计即对研究活动开展的全过程的设计，包括叙述研究背景、选定研究主题、选取研究对象、选择研究方法、收集研究资料以及规划研究步骤等。好的研究设计是整个论文写作的坚实框架，是关键和核心所在。这里讨论了在进行研究设计时常出现的六大方面的问题，供研究者参考。

（一）研究背景叙述的两大问题

研究背景是指研究内容的发展脉络及发展状况，重在说明关于该研究其他研究者开展过哪些研究、获得了什么研究成果，哪些是现阶段已有研究中没有或较少涉及的，为后续的研究主题圈定大方向和范围。研究背景一般需要包含与待研究主题相关的社会环境、学科研究背景、欲解决的问题。下面将进行详细的讨论。

1. 背景设定不科学

设定研究背景时，需要注意背景内容的真实性和科学性，要有一定的理论或实践依据作为支撑。注意所设定的研究背景需要与设想研究的主题相符合，才能为后续研究圈定范围，显示研究意义所在。通常，完整科学的研究背景需要有明确的社会环境和学科研究背景，以政府文件和已有研究成果展示，能体现整个研究设计的科学性。

假设我们做化学研究中塑料降解主题，这个题目一定是扎根在环境保护和塑料排放等实际背景下的。如果我们脱离了这个背景，那么这个研究就体现不出它应有的价值。又如我们研究人口政策时，其大方向可以是当前中国人口老龄化等问题，因为如果脱离了大背景，人口政策研究就没有意义了。

2. 问题描述不明确

在叙述研究背景时，同样重要的一点是明确描述研究问题，类似于一个"几句话的文献综述"，只有清晰地表述研究问题，才能让读者认识到该研究的真正目的和意义价值。

（二）研究主题选定的三大问题

研究主题选定即选题，是为了确定所要研究的中心问题，包括两方面含义，一是确定科学研究的方向，二是选择进行研究的问题[①]。研究者应注意选定有价值、有科学性、现实性、独创性、可行性、具体性的问题作为研究主题。若忽略或盲目追求以上特点，就容易在选题阶段出现"假""大""空"的问题，下面将进行详细的讨论。

1. "假"选题，缺失可行性

选题时通常强调问题的独创性，即把所选主题放在总结和发展过去有关学科领域的实践成果和理论思想基础上，解决前人未曾解决或未曾完全解决的问题。但过度追求选题的"新"而不顾实际，机械地生搬硬套，就有些牵强附会了。如果研究者不考虑客观的研究条件、自身的科研素养、研究的时机等问题，仅仅追随热点进行研究，那么选题就是一个"假"选题，看似有意义，实际上并不具备研究的可行性。

研究者在进行选题时需要有所创新，但不可盲从，应该从当下社会和自身工作学习实践出发，才能选定"真"选题，才有研究的科学性、可行性。

2. "大"选题，缺失具体性

选题的一个含义即确定研究需要解决的问题。明确的研究问题能够使读者轻易地识别此项研究的意义。因此，研究问题要突出，尽可能地"小题大做"。黄甫全教授认为，所谓"小题大做"就是深入教育的某一方面的某个因素或某个点，发现一个具体而特殊的问题域，从特殊的角度深入挖掘问题背后的问题，直

---

① 裴娣娜. 教育研究方法导论[M]. 合肥：安徽教育出版社，1995：71.

至触及实质层面，提出一个有深度的"小问题"，并对其进行全面研究，提出有新意的解决问题的新命题或新观点，再对这个新命题或新观点进行突出重点的、全面的和深入的论述，写出一篇有重大价值的"大"作品来[①]。研究问题的提出要有"层次感"，不仅要对所用的术语进行界定，还需要用明确的逻辑来表述。如果论文中主题过大，缺乏层次感，不仅会使读者不理解该论文的研究内容和关键信息为何，还会使文章的结论没有代表性。

对于真正的研究者来说，要有对"真"选题进行抽丝剥茧的分析的能力，挖掘出真正有研究价值的"小问题"，才能使得研究有意义、有价值。

3. "空"选题，缺失现实性

一个好的选题需要有科学的现实性，表现为指导思想及目的明确，立论根据充实、合理。选题要有一定的事实依据，这是实践基础；要以学科的基本原理为依据，这是理论基础。没有一定的实践和科学理论依据，选题必然起点低、盲目性强[②]。如若没有坚实的实践和理论依据，那么这个选题以及它的相应研究成果就不具备说服力和科学性。选题要建立在实践和理论的基础之上，才能够确保研究的说服力和科学性。

（三）研究对象选取的两大问题

为了揭示研究主题的现象和发展规律，选取的研究对象必须是有典型代表意义的，这样才能保证研究结果的可靠性。因此研究对象的选取是研究设计的重要一环，善于进行科学的选取，也是开展研究的基本要求[③]。这里的"研究对象的选取"即为"取样"，在选取时，要遵循基本要求：确定研究对象的范围；保证选取研究对象的随机性和代表性；研究对象选取的数量要科学合理。若在选取的过程中忽略了上述基本要求，则容易出现偏移研究主题的需要、缺乏随机性和代表性的问题。

1. 偏移研究主题的需要

研究主题决定了研究对象总体的内涵。譬如，"大学生学习现状调查与学习指导的研究"，总体就是全国的所有大学生；"初中学习困难学生教育的研究"，

---

① 黄甫全. 关于教育研究中的问题意识[J]. 华南师范大学学报（社会科学版），2003（4）：119-124+151.
② 裴娣娜. 教育研究方法导论[M]. 合肥：安徽教育出版社，1995：75.
③ 裴娣娜. 教育研究方法导论[M]. 合肥：安徽教育出版社，1995：116.

总体是初中阶段学习困难的学生，同时还要对"学习困难"加以明确界定。研究对象的选取需要符合研究主题的需要，可以理解为研究者准备将研究成果推广到什么样的范围，这个范围就是研究对象总体的范围，在选取研究对象时，就需要在这个总体内进行选择。

2. 缺乏随机性和代表性

在研究对象的总体内，每个个体都是独立的且都有均等的机会被研究者选取，不应存在任何选择的标准，同时要保证选取的研究对象和总体有相同的结构，并且需选取合适数量的、有代表性的研究对象。只有这样，研究的开展才有意义，成果和结论才能够在研究对象总体内进行推广与使用。

（四）研究方法选择的两大问题

研究方法是按照某种途径，有组织、有计划、系统地进行研究和构建理论的方式[①]。研究方法的选择是研究设计的一部分，主要指研究中所需资料的收集和处理的方法。只有采用准确的且具有针对性的研究方法，才能够顺利达成研究目标、顺利完成既定研究内容以及得出科学的研究结果。以下原则有助于研究者科学地表述所使用的研究方法，并选择合适的研究方法：①根据研究目的选择研究方法；②注意各种方法的特点及相互联系；③注意研究方法在表述上的准确性和科学性。若未根据以上原则选择合适的研究方法，就容易出现研究方法的表述缺失准确性、研究方法的选用缺失针对性等问题。下面就研究方法的选用中容易出现的两类问题进行讨论。

1. 表述缺失准确性

表述缺失准确性是指在研究过程中，对研究方法的描述和陈述未能达到清晰、明确和准确的标准。这种不准确性具体体现在以下几个方面：①未明确所使用的研究方法。在描述研究方法时，未能清晰地指出具体采用了哪些研究方法。例如，可能只是笼统地提到"采用了定量研究方法"或"进行了实证研究"，而没有具体说明是使用了问卷调查、深度访谈、实验法等哪种具体的定量或定性研究方法。②使用"自己创造"的研究方法名称。在描述研究方法时，研究者可能使用了自己创造或命名的研究方法名称，而这些名称在学术界并没有被广泛接受

---

① 裴娣娜. 教育研究方法导论[M]. 合肥：安徽教育出版社，1995：4.

或定义。这样做容易导致读者对研究方法的理解产生困惑，不清楚研究者所指的具体是什么。③将基本研究范式当作研究方法。基本的研究范式，如实证研究、理论研究、混合研究等，是指导研究设计的总体框架或原则，而不是具体的研究方法。然而，有些研究者在描述研究方法时，可能将基本研究范式错误地当作具体的研究方法来进行陈述。例如，将"实证研究"简单地等同于"问卷调查法"或"实验法"，而忽略了实证研究可以包含多种具体的研究方法。

2. 选用缺失针对性

选用缺失针对性是指在进行研究时，研究者未能根据研究内容的性质和研究目的来选择准确而合适的研究方法。这种现象在研究中较为常见，导致所选方法与研究内容和研究目的之间存在不匹配的情况。

当选用缺失针对性时，研究者可能采用与研究内容不相符的研究方法，从而无法有效地回答研究问题或验证研究假设。例如，对于需要深入探究参与者主观体验和感受的研究内容，如果研究者仅仅采用量化方法（如问卷调查）进行数据分析，而忽略了质性方法（如深度访谈或观察法）的应用，就可能导致研究结果的片面性和不完整性。

（五）研究资料收集的两大问题

资料收集是研究设计工作的一个重要内容，贯穿研究的全过程，这是在继承前人研究成果基础上进行创新的起点，关系到研究的速度、质量以及成果，具体体现在"文献综述"的撰写上。研究者要确保所收集资料的准确性、权威性、科学性，因此在研究设计时就需要着重计划研究资料收集的内容和来源的选定。在此过程中，研究者容易出现收集泛化、求多不精，不问本源、缺失权威性的问题。

1. 收集泛化、求多不精

"收集泛化、求多不精"这一现象在研究设计中尤为突出，意指在收集资料时，过于追求数量而忽视质量。这具体表现为检索资料时选取的关键词与研究主题存在偏差，以及错误地将丰富的实践和理论基础等同于越多越好、但可能并不相关的资料。这种做法往往导致收集到的资料缺乏准确性和针对性，无法为研究的深入进行提供有效支撑。因此，在收集研究资料时，我们不应仅仅满足于简单地搜集，而应当深入分析和梳理资料的内容，以确保所收集的材料能够真正服务于研究主题，并有助于后续研究工作的顺利开展。

2. 不问本源、缺失权威性

收集的研究资料是进行研究时必不可少的组成部分，是作者对他人研究成果中的理论、观点、资料和方法的引用和借鉴，对研究起着支持、佐证和揭示其信息来源的作用[1]。在研究设计的过程中收集资料时，研究者容易忽略资料的来源等信息，比如，资料年代久远、出处不够权威、非第一手资料等。

研究资料的来源多样，包括官方文件、著作、期刊等。其中，期刊是资料来源的"主阵地"。建议选用核心期刊，因其能够确保资料的权威性和科学性。若不考虑期刊类型，选择普刊，甚至已停刊多年的刊物，会造成资料陈旧、质量偏低的问题，难以形成高质量的研究。同时，收集资料时要做到"追根问底"，查找到第一手资源，即该资料的"首产地"，以确保资料的正确性和权威性。

（六）研究步骤规划的两大问题

研究步骤规划，是在进行研究设计时对整个研究过程进行全貌规划，对研究各项主要工作进行合理安排，研究步骤规划好后就生成研究计划，这也标志着研究设计阶段的基本结束[2]。规划研究步骤是对整个研究设计过程工作的综合阐述和合理安排，要符合逻辑，并对正式开展研究的过程起决定性作用。在对研究步骤进行规划安排时，研究者容易忽略对研究范围的准确控制、对研究条件的客观把握以及对研究内容的清晰认知，致使出现研究缺失逻辑性、可行性。

1. 缺失逻辑性，随意变换研究范围

研究设计时对研究步骤的规划应以发现问题、分析问题、解决问题的逻辑推进，其中研究主题是研究步骤规划的中心点，它的内在逻辑同样为首先要发现问题并说明其内涵，其次要进行分析和拆解问题，最后要形成结论或建议。所规划的研究步骤的逻辑应与研究主题的逻辑具有一致性，即"步骤跟着主题走"，发现什么问题、如何进行分析、怎样解决问题都需要与研究主题环环相扣。

在规划研究步骤时，一些研究者容易忽略对研究主题的考量，这在研究范围的控制上尤为明显。如果研究范围过于宽泛或偏离了研究主题，就可能导致研究失去焦点和方向，无法深入分析和解决问题。因此，在规划研究步骤时，应始终

---

① 彭桃英. 学术论文参考文献的隐性错误分析[J]. 中国科技期刊研究，2010，21（3）：368-371.

② 裴娣娜. 教育研究方法导论[M]. 合肥：安徽教育出版社，1995：129.

保持对研究主题的关注和聚焦，确保研究步骤与研究主题的逻辑具有一致性。

2. 缺失可行性，研究条件思考不足

研究步骤规划的可行性弱，一方面表现为研究者容易忽略研究的主客观条件的支持力度，导致研究步骤如同"空中楼阁，不着实地"；另一方面表现为研究步骤的泛化，即未针对研究主题而开展研究和规划。

例如，在一篇我国基础教育高质量发展进程中存在的问题和对策的论文中，作者列出了基础教育高质量发展存在的六个方面的问题，但对于这六大问题，并没有充实的实践或理论作为支撑。在研究步骤规划时，直接略过这一部分，简单地使用"分析"一概而过，并未对具体的问题开展合适详细的研究安排，使得研究可行性大打折扣，结论的可信度降低。

三、论文研究设计的七大特征

（一）学术性特征

学术性是学术论文的主要特征，它以学术成果为表述对象，以学术见解为论文核心，在客观科学的前提下阐述学术成果和学术见解，揭示事物发展、变化的客观规律，探索专业领域中的客观真理，推动该领域的发展与前进。

以论文《回望与沉思：近代中国大学教授群体研究（1895—1949）》[①]为例，首先，作者在选题上突出了教育史专业的学术性和创新性；其次，作者参考了大量的优秀教育史学、历史学专家学者的著作，以这些文献为基础进行分析论述，体现了内容的专业性与学术性；最后，作者除了采用文献分析法和集体传记法以外，还采用了社会学方法和数量统计法等，文章逻辑清晰明了，具有较高的学术意义和价值。

（二）科学性特征

论文研究设计的科学性是指整个流程有一定的依据，即以一定的理论或一定的经验和观察事实为前提，因而具有一定的科学性和探讨价值，而不是毫无根据的臆测和猜想，主要包括信息全面、预测科学、目标明确、步骤清晰、方法合理

---

① 陈媛. 回望与沉思：近代中国大学教授群体研究（1895—1949）[D]. 华东师范大学，2009.

和态度客观等。

以论文《科学课程中的科学史：超越辉格主义》[①]为例，在已有研究评述部分，作者分别从国内研究现状与国外研究现状两部分对学者的观点进行了分类和归纳，观点罗列完整，全面客观，并且基于前人的研究现状，提出了这次研究的重要价值。可见作者基于前人研究提出了具体研究路径，信息来源全面、清晰且作者态度客观、真实，不虚构不删减，充分体现了研究的科学性与严谨性。

（三）规范性特征

规范性是论文研究设计的重要特征，指用清晰、准确的学术语言描述研究的整体设计过程。论文研究设计的规范性主要包括三个方面：语言规范、结构规范与格式规范。语言规范主要体现在学术语言的运用上，即学术词汇使用的精准性、权威性和专业性。结构规范体现在研究设计是否具有完整性，即研究思路、研究内容、研究方法等要素是否说明。格式规范性是确保论文在形式上的统一性和易读性，如页面设置、标题与层级结构、字体与字号、段落格式、引用与参考文献、图表与公式等。

以论文《少年儿童组织与思想意识教育学科逻辑范畴研究》[②]为例，从语言规范方面来看，此论文的研究设计严格遵守学术语言使用规范，文中与学科直接相关的抽象概念，如"组织认同感"等词汇，和一般性的学术用语，如"学科逻辑范畴"等词汇均具有精准性、权威性和专业性。在结构方面，此论文的研究设计包含研究背景、研究思路、研究路径与研究方法，逻辑清晰，各部分阐述十分完整。此外，在格式上，该研究设计配图清晰、准确，段落安排合理，标点符号运用得当，格式较为规范。综上所述，这篇论文的研究设计规范性较强，体现了论文的科学性与严谨性。

（四）完整性特征

论文研究设计还需要具有完整性，其主要内容一般包括阐述课题研究背景、研究对象和内容、研究必要性和可行性、研究目的和意义、研究假设、研究原则、方法和手段、评价、实施步骤和措施等。依据研究主题和方法的不同，以上内容有所取舍，一般来说，研究背景、研究对象和内容、研究必要性和可行性、

① 肖磊. 科学课程中的科学史：超越辉格主义[D]. 西南大学，2011.
② 王春华. 少年儿童组织与思想意识教育学科逻辑范畴研究[D]. 西南大学，2021.

研究目的和意义、研究方法必不可少，这也是研究设计的完整性的重要体现。少了任何一部分，都会使整个研究设计不清晰，结构混乱。接下来我们看一下研究设计的完整性在论文中如何体现。

以论文《高中生命教育支持系统研究：以上海市示范性高中为例》[①]为例，该研究从背景、问题和意义的提出，到研究内容和对象的描述，再到研究目的和可行性的论述，最后到研究思路的说明和研究方法的选用，整个研究设计严谨、完整，是研究设计完整性的一个典型例子。

（五）可行性特征

论文研究设计的可行性指研究者具备进行和完成某一研究所需要的主客观条件。简单来说，就是研究者在现有的环境条件下进行这项研究是行得通的。因此，研究者在撰写研究报告前要考虑研究设计的可行性。

以论文《澳大利亚职前教师教学表现评价研究》[②]为例，作者指出各国都在积极探索对职前教师教学实践能力进行评价，表明了职前教师的教学实践能力评价成为职前教师教育领域关注的重点。我国在此理论认识和操作实践上存在困惑，因此从理论价值和现实意义上交代了对澳大利亚职前教师教学表现性评价研究的可行性。

（六）创新性特征

创新性是学术论文的本质特征，也是学术论文的核心价值所在。论文的创新性特征指论文所揭示的事物特征属性，以及对这些特征、属性、规律的运用所取得的结论必须是首创的，而不是对基础知识的推导，更不是对他人成果的重复和解释。学术论文的创新性表现在研究和写作的选题、取材、立意、谋篇、布局等各个方面。论文研究设计从新的角度进行论证，得出了新的研究结论；在理论上提出新的假说，反驳了某一现有理论，或者对某一现有理论进行了补充和完善，比前人有了新的进展等，这些方面都体现了论文研究设计创新性特征，为后来的研究者提供重要借鉴。

以《民国时期教育立法研究（1912—1949 年)》[③]为例，作者在研究方法和

---

① 杨振峰. 高中生命教育支持系统研究：以上海市示范性高中为例[D]. 华东师范大学，2018.
② 王雨. 澳大利亚职前教师教学表现性评价研究[D]. 东北师范大学，2020.
③ 秦凌. 民国时期教育立法研究（1912—1949 年）[D]. 湖南师范大学，2014.

研究视角方面具有创新之处：首先，在研究方法上，该论文在立足历史学科基本研究方法即文献研究法的基础上，以历史唯物主义的观点和方法作为指导，运用历史分析法和阶级分析方法，综合吸收了法律学、教育学等学科的理论并加以运用；其次，该论文的研究视角也有一定的新意，即不仅研究了民国时期的教育法律法规，还对立法的主体、程序、权限等进行了探究。

（七）针对性特征

论文研究设计的针对性是指研究者针对研究问题或研究假设，采取适当的方法策略，回答研究问题或检验假说。它能够确保研究设计始终围绕研究问题和研究假设来展开，避免研究设计与研究问题和研究假设的不对称。论文研究设计的针对性主要体现在研究方法的适切性以及研究内容、框架与研究问题的一致性。

以论文《基于关联主义的幼儿园教师学习共同体的构建研究》[1]为例，首先，在研究方法方面，研究者采用的是文献法、问卷调查法以及访谈法。其次，在研究内容方面，包括理论分析和实证研究两部分内容。理论分析是基于文献法收集的文献。实证研究主要是基于问卷调查法和访谈法。最后，从整篇论文的框架来看，文章的五个部分与研究者所要探究的问题保持一致。

概言之，研究设计的针对性不仅要保证研究方法与研究问题相适应，也要确保研究内容、框架与研究问题一致。

总之，论文研究设计就好比画一幅蓝图，它不仅要体现论文的学术性、科学性、规范性和完整性，还要体现论文的可行性、创新性和针对性。好的研究设计，就是让人看到它就知道这个方向值得做，而且知道怎么做。把握好研究设计的内涵和特点，对完成高质量的研究设计意义重大。

四、论文研究设计的三种方法

在论文写作过程中，研究设计撰写是必不可少的一部分。研究设计撰写时，研究者需要采用一定的方法与技巧，以尽可能向读者呈现整个研究设计。因此，为帮助研究者更好地理解研究设计的撰写，笔者总结了三种研究设计，即定量研究设计、定性研究设计和混合研究设计的撰写方法。

---

① 盛文君. 基于关联主义的幼儿园教师学习共同体的构建研究[D]. 华中师范大学，2019.

（一）定量研究设计的撰写方法

1. 定量研究的类别和特征介绍

定量研究，又被称为定量分析、量化研究、量化分析、量的研究、量的分析、实证研究、实证分析等。定量研究是指从量的方面分析研究事物，运用数学方法研究和考察事物之间的相互联系及相互作用的方法。任何事物都是质和量的统一。量变到了一定程度，就会引起质变，所以对事物的基本数量分析是十分必要的。定量研究就是通过对事物量的规定性的分析来把握事物质的规定性。[①]

定量研究的特征归纳起来可表述为：定量研究具有抽象性和演绎性，定量描述具有客观性和精确性，研究方法具有简约性和模拟性，分析过程注重事物发展的条件和结果[②]。

2. 定量研究设计的抽样方法

（1）简单随机取样

简单随机取样是常用的随机取样法。在简单随机取样中，取样总体中的所有个体的被选概率是独立且均等的。研究者可以使用随机数、计算机的随机取样程序或机械装置完成取样过程。准确地说，简单随机取样在理论上是严格的，在实际应用中却是无法完全按照理论进行操作的。

（2）分层随机取样

分层随机取样有时也被称为比例或配额随机取样，其取样过程一共包括两个阶段。首先，研究者需要根据个体的某些性质进行分组，将同质的个体划分到相同的子群体中；然后，研究者在划分好的子群体中分别使用简单随机取样抽取样本。相对于简单随机取样，研究者通常更倾向于使用分层随机取样。

（3）系统随机取样

系统随机取样的过程为将取样总体中的所有个体从 1—N 进行编号；决定所需样本大小 n；计算组数：$k=N/n$；在 1—k 之间任意挑选一个整数；抽取每个小组的第 k 个个体进入研究样本。系统随机取样程序的有效性在很大程度上是建立在取样总体中的个体的随机排序上的，保证所有的取样个体在所要测量的特征上是随机排序的。

---

① 廖盖隆. 马克思主义百科要览（下）[M]. 北京：人民日报出版社，1993：1669-1670.

② 冯建军. 教育研究范式：从二元对立到多元整合[J]. 教育理论与实践，2003，23（19）：9-12.

（4）聚类随机取样

聚类随机取样是将取样总体划分成不同的区域（通常是根据地理边界来划分的）；从所有区域中进行随机选择，确定取样区域；测量选定区域中的所有个体。一旦确定了取样地区，研究者就可以直接到确定的地区进行调查研究。很明显，聚类随机取样可以使研究更加经济、有效。当取样分布范围比较广时，聚类或区域取样是十分有用的，也具有管理上的高效性。

（5）多阶段取样

上述四种取样方法都是最简单的随机取样程序。但在许多实际的教育研究中，研究者可能用到的取样方法远比这些简单方法复杂得多。采用复杂取样的实质就是通过各种不同的方法，结合使用多种简单的取样程序，从而尽可能在效率和效益上满足研究者的取样需求。如果研究者在一次取样中同时使用了多种取样方法，那么这种取样方法就被称为多阶段取样法。

（6）偶然或方便取样

偶然或方便取样是最常见的非概率取样的方法之一。以下这种传统的取样方法就属于方便取样的范畴：在电视新闻节目中，为了快速了解公众的观点，通常对路上的行人进行访谈。同样，大量的心理学研究以大学生作为研究被试，这也是方便取样。

（7）目的性取样

目的性取样也属于非概率取样。任何一个目的性取样都有具体的取样目标，研究者通常确定对一个或多个目标群体进行取样。例如，你是否曾经在商场里或街上遇到过这样的人：他们带着文件夹或书写板，不时地拦住路过的行人，并且询问他们是否愿意接受采访？这样的人很可能在有目的地选择样本。常见的目的性取样方法有众数实例取样、专家取样、定额取样、异质性取样、滚雪球式取样等。

3. 定量研究设计的撰写方法

（1）教育调查研究设计的撰写方法

教育调查研究是在教育理论的指导下，围绕一定的教育问题，通过观察、列表、问卷、访谈、个案研究、测验等科学方式，搜集教育研究资料，从而对教育的现状做出科学的分析和认识，并提出具体工作建议的一整套实践活动。

教育调查研究具有以下特点：在研究对象上，它以活动形态或现实存在形态的教育问题、教育现状为研究对象；在研究目的上，它不是以操纵改变研究对象的状态来获得关于教育问题的认识，而是就事论事，通过问卷、访谈和测量等方式，获得关于研究对象的教育科学事实；在研究方法的性质上，它是一种通过语言直接与研究对象打交道的研究方法。[①]

教育调查研究的设计并无严格的、不可变更的固定格式，但应包括以下内容。

1）撰写调查研究的书面计划书。书面计划书的内容主要是调查内容提纲和调查内容的操作性说明，也就是明确调查目的、调查内容和范围、调查的地点、调查的对象、调查经费预算和调查工作的时间安排等。

2）确定调查方法和手段，编制和选用调查工具。调查研究可分为问卷调查、访谈调查、测量调查、调查表法等。问卷调查是通过事先设计好的问题来搜集有关资料和信息的研究方法，研究者以书面形式给出一系列与研究有关的问题，由被调查者作答；访谈调查是研究者与被研究者交谈，获得客观的资料，与问卷调查具有互补性；测量调查是用一组测试题测定某种教育现象的实际情境，从而搜集资料的一种调查方法；调查表法是通过给相关调查对象发放设计好的各种调查表格，来搜集有关数据和事实资料的调查。

3）制定抽取样本的方案，明确调查对象的总体、合理的样本数量和抽样方法。在确定抽样类型和方法之前，研究者需要根据自己的研究目的选择最适合的调查研究类型。按照调查对象选择范围的不同，可将调查研究分为普遍调查、抽样调查、个案调查三类。普遍调查适用于小规模总体的调查；抽样调查是使用频率最高的抽样方法，它是从总体中抽取有代表性的一部分观察单位组成样本，依据样本的调查结果对目标总体做出估计和推断；个案调查是经过对总体的分析后有意识地从中选择某一个教育现象或者对象进行调查。在明确调查类型后，研究者需要选择样本的抽样方法。需要注意的是，研究者确定抽样方法时，既要根据调查研究目标的内在要求，又要结合自身具备的现实条件，以获取到最具代表性的样本。

4）实施调查。实施调查阶段也称作资料收集阶段或调查方案的执行阶段，按照调查设计中所确定的方式、方法和技术进行资料的搜集。在这个阶段中，调查者往往要深入实地接触被调查者，通常需要投入巨大的人力、物力、财力和时间。因此，研究者需要对调查进行组织和管理。另外，由于现实社会的复杂性和多变性，需要调查人员灵活地调整调查方案[②]。

---

① 裴娣娜. 教育研究方法导论[M]. 合肥：安徽教育出版社，1995：158-162.

② 崔壮，胡良平. 调查研究设计概述[J]. 四川精神卫生，2017，30（5）：393-400.

5）整理、分析调查资料，撰写调查报告。整理资料包括以下三个步骤，审核资料的真实性、可靠性和有效性，分类，汇总。资料的分析有定量分析和定性分析两大类：定量分析是对社会现象的数量特征、数量关系与数量变化的分析，功能在于揭示、描述社会现象的相互作用和发展趋势；定性分析对资料的质的规定性进行整体分析，运用归纳与演绎、分析与综合等思维加工方法，达到认识事物本质和揭示内在规律的目的。

（2）教育实验研究设计的撰写方法

教育实验研究是为了解决某一类或某一个教育问题，根据一定的教育理论或假设，进行有组织、有计划的教育实践，经过一定时间，就实践效果进行比较分析，从而得出有关实验因素的科学结论。[①]实验研究设计是一种控制实验条件和安排实验程序的工作计划，最核心的问题是如何合理地安排各种变量和控制实验条件，即有计划地创造适当的验证情境，以便所研究的事物得以出现或发生变化。

教育实验设计并无严格的、不可变更的固定格式，但应包括以下基本内容。

1）明确实验的目的和意义。教育实验总是发端于教育实践或教育理论中的某一问题。研究者提出问题后，通过对"问题"进行思索，使其明确化和清晰化，这是进行实验设计的前提。在进行实验设计时，为了使自己的思想更加严密，研究者有必要用书面的形式对"问题"进行整理，并以假设的形式提出问题，因为明确了实验假设，才容易明确实验目的。在实验设计时，研究者需要阐明实验课题的目的与意义，主要是阐明为什么要进行该项实验研究、该项实验研究产生的背景，说明问题提出的道理以及该项研究的价值。如果前人提出过同样的假设并进行了实验研究，应简单介绍一下前人研究的结果，已解决了哪些问题，还有哪些问题尚未解决，阐明研究者对前人所进行的研究所持的态度以及自己所要解决的主要问题。

2）界定主要概念。任何一项教育实验都会涉及一个或几个重要的、关键性概念，研究者必须明确界定这些概念的内涵和外延。例如，进行中学教育的整体改革实验，首先必须明确什么是"整体改革"，它同"单科教改"等有什么区别，否则研究者就无法进行实验操作。由于人们对许多概念的理解不同，在认识上亦会产生歧义。在这种情况下，为了避免非实验研究者由于在概念理解上与实验研究者具有分歧，而对研究本身或研究结果产生怀疑，研究者应阐明自己是在

---

① 杨小微. 教育研究的原理与方法[M]. 2 版. 上海：华东师范大学出版社，2010：139.

何种意义上使用有关概念的。

3）操纵实验变量和控制无关变量。进行实验设计的核心内容之一是明确和阐述实验因子，并规定实验变量的控制程序和对实验因子进行全面而合理的安排。为了明确实验变量的性质，使实验变量便于操作，研究者要给实验变量下操作定义，以规定实验变量在操作上的特点，并避免与其他操作因子混淆。在教育实验领域中，不同的研究者对同一问题的实验结果往往分歧很大，一个重要的原因就是他们对概念的含义理解不一，因而在实验中进行了不同的操作。[1]为了保证对实验进行因果推论得合乎逻辑，在操纵实验变量的同时，研究者必须对实验变量以外的一切可能影响实验结果的无关变量进行有效控制。在实验设计时，研究者要控制无关变量的方法和措施，注意保证实验的自然性，避免过分人工化，否则会对实验结果产生不利影响。

4）选择研究对象。任何科学研究都有研究对象。在教育实验研究中，被试对象的选择直接影响到研究结果的可靠性。研究对象的选择方式有总体研究和抽样研究两种。总体研究是对研究范围的全体进行研究；抽样研究是从一个确定的整体中抽取研究的样本，通过对样本的直接研究来推断整体。整体研究一般只适用于调查研究，进行教育实验则用抽样研究，以保证研究质量，因此就有个选择实验研究对象的问题。

5）确定分组方式。在实验设计时，要说明分组方式，即说明是单组实验，等组实验，还是轮组实验。单组实验是指对同一组被试前后施加不同的实验因子，然后对反应变量的前后测试结果进行比较，从而判断因果关系；等组实验是对两个或两个以上的条件相同的组，施以不同的实验因子，然后测量不同的实验因子所产生的影响，以得出研究结论；轮组实验是指将两组被试轮流施加两种不同的实验因子，然后对每一实验因子所引起的结果进行比较，以得出实验结论。

6）实验报告的撰写。实验报告是对实验工作的总结，是实验研究的最后环节。撰写实验报告主要有两个目的，一是科学地总结自己的实验研究工作，通过对实验课题、内容、方法的科学表述，阐明实验的结论和价值，并向社会提供教育科研信息，有益于丰富教育理论和推动教育实际工作；另外，研究者将自己的实验工作进行总结，写出实验报告，有助于向同行提供验证材料，因而也有利于学术交流和推动教育科研的发展。[2]

① 陈秀荣，汤家骏，张晖，等. 研究型教学模式教育实验设计方案[J]. 教育与现代化，2007（2）：34-39.
② 刘明. 教育实验的设计和实验报告的撰写[J]. 山东教育科研，1992（2）：23.

一般而言，一个实验报告要包括以下几个部分：①题目。实验报告的题目必须明确，反映实验研究的内容。实验报告的题目还应简明，不要用字过多，以使人一目了然。②署名。署名是在实验报告题目后署上作者的姓名。特别是要公开发表的实验报告，不仅必须署上作者的姓名，还应署上作者的工作单位。③前言。前言可简要说明实验产生的背景、实验的来龙去脉，还要说明实验的目的、理论或实践意义，以及是否进行过同样的实验研究。④方法。要具体说明实验设计的情况，以使人们了解研究结果是怎样获得的，主要包括被试、主要概念内涵和外延的界定、实验操作程序，交代实验中所用的测量工具和对实验结果进行测量的观测指标以及处理所得资料的方法。⑤结果，即介绍和分析研究结果。⑥讨论。讨论什么可由研究者酌情而定。⑦结论。要简短，即根据实验结果对实验进行简单小结。⑧参考文献，即在实验报告的结尾，将撰写实验报告时引用他人的材料、数据、论点注明出处。

（二）定性研究设计的撰写方法

1. 定性研究类别和特征介绍

定性研究是与定量研究相对的概念，也称质化研究，是社会科学领域的一种基本研究范式，也是科学研究的重要步骤和方法之一。定性研究是指通过发掘问题、理解事件现象、分析人类的行为与观点以及回答提问来获取敏锐的洞察力。定性研究通过分析无序信息探寻某个主题的"为什么"，而不是"怎么办"，这些信息包括各类信息，如历史记录、会谈记录脚本和录音、注释、反馈表、照片以及视频等。与定量研究不同，它并不仅仅依靠统计数据或数字来得出结论。它也有像基于"扎根理论""人种学"等的正式研究方法。它是确定事物本质属性的科学研究，是科学研究的基本步骤和基本方法之一。它是通过观测、实验和分析等，来考察研究对象是否具有这种或那种属性或特征，以及它们之间是否有关系等。由于它只要求对研究对象的性质做出回答，故称定性研究。定性研究更强调意义、经验（通常是口头描述）、描述等。

2. 定性研究设计的撰写方法

（1）访谈法

访谈法是一种广泛使用的方法，用于深入探究个体或群体的观点、经验和情感。这种方法可以是半结构化的，其中研究者提出一些开放性问题，但也允许参与者自由表达，这有助于深入挖掘他们的想法。访谈通常通过面对面、电话或在线方式进行，使研究者能够建立信任关系，深入了解参与者的观点。数据分析包括整理、编码和主题分析，以发现关键模式和主题。

（2）参与式观察

参与式观察是一种深入研究社会和文化现象的方法。研究者积极参与研究对象的活动和社区生活，通常通过长期观察和参与来收集数据。这种方法有助于理解参与者的日常行为、文化价值观和社交互动。研究者通常以参与者的角色来获得更深入的理解和信任。数据收集包括观察记录、采访和文本分析等多种方法。

（3）文本分析

文本分析涵盖了对书面文本、图像、音频或视频材料进行系统性分析的方法。这种方法通常用于研究书籍、文章、广告、社交媒体帖子等文本来源。文本分析可以采用定性内容分析、主题分析、语境分析和话语分析等不同技术，以揭示关键信息、模式和主题。通过文本分析，研究者可以深入了解文本的内涵、作者的意图以及与文化和社会相关的因素。

（4）话语分析

话语分析关注语言和文本中的话语结构、权力关系、社会构建和意义的制定。通过分析文本中的措辞、句法结构和话语模式，研究者可以揭示背后的社会和文化因素。这种方法常用于研究话语权力、身份、性别、文化、政治等问题。话语分析有助于理解言语和文本如何反映与塑造社会现实。

（5）投影技法

投影技法是一种心理学研究方法，通过要求参与者对模糊或开放性刺激做出回应，来揭示他们的心理过程、态度和情感。这些技术允许研究者探索潜意识和非结构化信息，例如罗夏墨迹测试可用于研究个体的情感和自我认知。

（6）民族志

民族志是一种深入研究社会和文化群体的方法，通常通过长期参与式观察、访谈和文本分析来实施。研究者通常生活在研究对象的社区，以理解其文化、价值观、习惯和社会结构。民族志研究强调文化相对主义，试图以参与者的视角来理解他们的经验。

（7）个案研究法

个案研究法涉及深入研究一个或少数个案，以提供深刻的案例描述和理解特定情境或问题。这种方法通常用于探索复杂的现象，提供深入的案例研究，有助于揭示特定情境的内涵和影响因素。个案研究法强调深度而非广度，通常包括多种数据收集方法，如访谈、观察和文献研究。

（8）扎根理论

扎根理论是一种定性研究方式，是从下至上建立实质理论的方法，强调数据的收集应与资料分析同步进行。其主要宗旨是在经验资料的基础上建立理论，即在系统性收集资料的基础上寻找反映事物现象本质的核心概念，通过这些概念之间的联系建立相关的社会理论。

（三）混合研究设计的撰写方法

1. 混合研究类别和特征介绍

混合研究作为"第三种教育研究范式"，诞生于定性研究与定量研究的激烈争论之中。顾名思义，混合研究就是在一项研究中，综合使用了多种研究方法，多数情况下是将定性研究与定量研究结合在一起。混合研究利用定性和定量研究，最大限度地减弱这两种方法的局限性。同时，混合研究也面临设计方面的挑战，包括数据收集的广泛性、分析定性和定量数据的时间密集性，以及研究人员熟悉定量和定性研究形式，同时需要构建清晰、可视化的模型来理解设计中研究活动的细节和流程。它与定性研究、定量研究一样，拥有各自的特点与优势，因而在研究中起着不可替代的重要作用。

总体来说，混合研究设计可以分为四种基本设计，分别是收敛并行设计、解释性顺序设计、探索性顺序设计、嵌入式设计，以及两种复杂设计，即变革性设计和多相设计。

2. 混合研究设计的撰写方法

本书介绍了六种混合方法设计，即四种基本设计和两种越来越流行的复杂设计。

（1）收敛并行设计

收敛并行设计是混合方法设计的一种形式，研究者将定量和定性数据进行收敛或合并，以便对研究问题进行综合分析。这种设计的基本原理是，用一种数据收集形式的优点来弥补另一种数据收集形式的弱点，并且通过收集定量和定性数据，研究者能够更全面地了解研究问题。其程序为研究者收集定量和定性数据，分别分析两个数据集，比较两个数据集的分析结果，并对结果是否相互支持或相互矛盾做出解释。研究者对两个数据集的直接比较提供了数据源的"收敛"。

收敛并行设计实施程序如下。

1）研究者在研究过程中同时收集定量和定性数据。此设计的关键思想是研究者通常对定量和定性数据给予同等的优先权，即研究者需要同等重视定量和定性数据，并将其视为研究中大致相等的信息来源。

2）进行数据分析和整合。收敛并行设计中的数据分析包括三个阶段：①对数据进行编码，并将代码分解为广泛的主题来分析定性数据库；②根据统计结果对定量数据库进行分析；③利用混合方法进行数据分析。

3）讨论研究结果。研究者需要比较定量和定性分析的结果，以确定两个数据库产生的结果是相似的还是差异较大的。结果部分报告了对定量和定性数据库的分析结果，讨论部分则探讨和比较这两个数据库的结果，并注意到这两个信息来源之间是否存在趋同或分歧。

收敛并行设计的优势在于它结合了定量和定性两种数据的优势，也就是说，定量数据提供了可推广性，定性数据提供了关于背景或环境的信息。这种设计使研究者能够利用定量和定性数据收集的最佳特征来收集信息。这种设计的一个难点是如何合并两种形式的数据，以及在合并后确定如何评估出现分歧的结果。

（2）解释性顺序设计

解释性顺序设计的目的是用质性材料来帮助解释初步的量化结果。这种方法的基本原理是，定量数据和结果仅提供了研究问题的总体情况，研究者需要通过收集定性数据获得更多的分析，以重新定义、扩展或解释总体情况。研究者可以分两个阶段依次收集定量和定性数据，一种形式的数据收集紧随另一种形式的数据收集，而不是同时收集数据并合并结果。解释性顺序设计比较简洁明了，两种研究方法相对独立，且易于实施，并且便于对结果进行描述和报告。

解释性顺序设计实施程序如下。

1）进行数据收集。数据收集分两个不同的阶段进行，第一阶段是严格的定量抽样，第二阶段是有目的的定性抽样。其关键思想是，定性数据收集直接建立在定量结果的基础上。在这个设计中，研究者优先重视定量数据的收集和分析。

2）进行数据分析和整合。该方法分别对定量数据库和定性数据库进行分析，然后将定量结果与定性数据收集联系起来。重要的是，定量结果不仅可以为抽样程序提供信息，还可以指出在第二阶段为参与者提出的定性问题的类型。研究者使用定性数据来辅助解释或丰富定量数据的结果。这种结果可以帮助研究者更详细地探索关键结果，或跟进异常或极端案例。

3）进行解释。在解释部分，研究者提出一般的定量和定性结果之后，应该进行讨论，具体说明定性结果如何有助于扩展或解释定量结果。由于定性数据库问题缩小了定量问题的范围，因此不建议直接比较两个数据库的总体结果。

解释性顺序设计的优点是定量和定性部分清晰可辨。研究人员不必收敛两种不同形式的数据。该设计还充分利用了定量和定性数据——在第一阶段从总体中获得定量结果，然后在第二阶段通过深入的定性探索来完善或阐述这些发现。然而，使用这种设计的困难在于，研究者需要确定跟进定量结果的哪些方面。这种后续行动决定参与者在第二个定性阶段进行抽样以及后续阶段提出的问题。此外，这种设计需要研究者具备专业知识及时间来收集定量和定性数据。

（3）探索性顺序设计

探索性顺序设计是与解释性顺序设计相反的序列。在探索性顺序设计方法中，研究者首先收集定性数据来探索现象，然后收集定量数据来解释定性数据中发现的关系。

探索性顺序设计实施程序如下。

1）研究者强调定性数据多于定量数据。这种强调可以通过将总体问题作为一个开放式问题提出，或者比定量结果更详细地讨论定性结果来实现。研究人员通常分两个阶段进行研究，第一阶段对少数人进行定性数据收集（如访谈、观察），第二阶段对大量随机选择的参与者进行定量数据收集（例如调查）。

2）在定量数据的基础上建立或解释最初的定性结果。

探索性顺序设计的优点是，它允许研究人员根据从研究参与者获得的数据来确定实际衡量标准。研究人员最初可以通过倾听参与者的意见来探索观点，而不是用一组预先确定的变量来处理某个主题。它的缺点是需要大量的数据收集，并且该过程所需时间较长。

（4）嵌入式设计

嵌入式设计的目的是同时或顺序收集定量和定性数据，但使一种形式的数据对另一种形式的数据起到支持作用，即收集第二种形式的数据是为了增强或支持第一种形式的信息。支持性数据可以是定性的，也可以是定量的，文献中的多数例子支持将定性数据添加到定量设计中。

嵌入式设计实施程序如下。

1）收集数据。在进行混合方法研究时，研究者首先会优先考虑主要形式的数据收集，随后是支持形式的数据收集。他们利用次要形式的数据来增强主要形式的数据，为后者提供有价值的额外信息。这些数据的收集可以是同时进行的，也可以按照一定的顺序进行，包括定量数据和定性数据。无论采取何种方式，这两种形式的数据都在研究期间大致相同的时间或按相近的顺序被收集，以确保研究的连贯性和全面性。

2）理解和描述收集二次数据的目的至关重要。研究者借助这些次要形式的数据，旨在增加或补充主要数据源所未涵盖的信息，从而获取更多维度的洞察。这种扩充旨在收集的信息，往往能够解答与主要数据形式所关注的核心问题不同但又与之相关联的疑问。

嵌入式设计的显著优势在于其能够将定量和定性数据的优点融合为一体。具体而言，在精准记录实验结果方面，定量数据通常比定性数据更为有效，因为定量数据能够提供具体、可量化的指标。然而，嵌入式设计也允许研究人员收集定性数据，以深入了解个体如何经历实验过程或研究现象，尽管整体设计仍主要强调定量方法。

不过，采用这种设计也面临一些挑战。其中一个难点在于明确辅助数据库的意图，即如何有效利用这些数据库来支持主要的研究目标。另一个挑战在于，由于这两个数据库可能涉及不同的研究问题，它们之间的比较可能变得复杂和困难。

此外，在实验或相关研究中引入定性数据收集可能对结果产生影响。这种影响可能是正面的，也可能带来偏差。因此，研究者需要制定明确的策略，以最大限度地减少这种影响，确保研究结果的准确性和可靠性。

（5）变革性设计

变革性设计相较于之前的四种设计（收敛、解释、探索和嵌入）而言，处于一个更为复杂且高层次的维度。其核心目标在于采用前述四种设计中的一种，但将其嵌入到一个更广阔的变革性框架之中。这一框架不仅为混合方法设计提供了研究的总体目标、核心问题、数据收集方案以及研究结果解读的基准，更主要的是，它致力于解决那些边缘化或代表性不足的群体所面临的社会问题，并积极参与推动社会变革的研究工作。因此，变革性设计的独特优势在于其深厚的价值观和意识形态基础。在混合方法研究中，我们常常可以见到的变革性设计框架包括女权主义、种族、民族、残疾人等多元视角。

变革性设计实施程序如下。

1）研究者在实施研究时，选择采用一种整体定向的策略，即首先进行定量数据的收集，随后再进行定性数据的收集，以此构建其变革性框架。这个框架可能基于女权主义视角、种族或民族视角，或是其他特定的社会观点。这一框架在多个层面上塑造着混合方法设计的核心要素，包括研究标题的确定、研究问题的设定、研究方法的选取以及最终结论的推导。该框架的核心目标是关注并解决代表性不足群体所面临的问题，同时推动旨在改善这些群体境遇的变革性研究。

2）研究者强烈呼吁进行深刻的变革，以应对所研究群体所遭遇的紧迫社会问题。在变革性设计研究中，一个关键考量点在于研究结束时是否需要推动实质性的改革或改变。这种呼吁可能直接表现为对具体变革的明确需求，也可能表现为实现这些变革所需的一系列具体步骤和行动计划。

变革性设计的优势在于，它不仅基于基本设计的稳固基石，而且能够超越这些基础框架，通过引入变革性视角和策略，为解决社会问题提供更为全面和深入的方案。

（6）多相设计

与变革性设计一样，多相设计（又称多阶段设计）是一种复杂的设计，它建立在基本的收敛、解释、探索和嵌入设计的基础上。当研究人员或研究团队通过多个阶段或单独的研究来研究一个问题或主题时，就会出现多相混合方法设计。该设计的目的是解决一组递增的研究问题，这些问题都推进形成了一个程序性研究目标。这种设计的优势在于使用多个项目能更好地理解总体计划目标。其难点在于难以组建一个能够在各方面轻松合作的研究团队，也难以确保各个阶段或研究相互联系。

多相设计（又称多阶段设计）同样具备复杂性，它建立在收敛、解释、探索和嵌入等基础设计方法之上。当研究者或团队选择通过多个阶段或独立的研究来深入探讨某一问题或主题时，多相设计应运而生。其核心目标是通过逐步解决一系列递增的研究问题，最终达成一个程序性的研究目标。

多相设计实施程序如下。

1）研究者需识别出那些能够促进整体研究计划目标达成的具体项目或阶段，并具备在大规模研究项目中的丰富经验。

2）研究者需确保这些不同的阶段或项目之间能够相互衔接，形成一个连贯的体系，从而共同解决核心研究目标。

多相设计的显著优势在于，它能够通过累积多个项目的成果，为研究者提供更为全面和深入的视角，从而更准确地理解和实现总体研究目标。该设计不仅建立在基本的混合方法之上，而且通过引入随时间进行的多个阶段或项目，为其增添了动态性和复杂性。这种设计允许研究者在任何一个阶段采用并行或顺序的混合方法设计，以满足不同研究需求。

然而，这一设计也面临着挑战，主要是如何构建一个能够高效协作的研究团队，并确保各阶段或研究之间能够无缝衔接、相互补充。此外，值得注意的是，其研究形式通常更容易受到大规模资助调查的影响，这为其提供了更广阔的研究空间和资源支持。

以上简要概述了几种研究设计的撰写策略。由于每种研究设计方法都有其独特的撰写要求和技巧，本书所举的例子旨在引导研究者更有效地进行论文撰写。然而，研究者应避免机械地照搬，而应灵活变通，根据具体的研究设计调整撰写方法。要提升写作水平，理论知识固然重要，但更为关键的是通过不断的实践、反思和修正，积累丰富的经验，从而逐步使自己的写作能力"更上一层楼"。

第二节　选择适切研究方法：完整收集和分析研究数据

选择论文的研究方法时，许多学生和青年教师经常遇到如下问题：研究方法究竟是什么？论文写作过程中常用的研究方法有什么？在使用研究方法时需要注意哪些问题？不同类型的研究方法都具备哪些特征？应该掌握何种技巧去使用它们？接下来，笔者将对上述问题进行详细论述。

一、研究方法的内涵及其类型

研究方法是一种哲学术语，是指在研究中发现新现象、新事物，或提出新理论、新观点，揭示事物内在规律的工具和手段。它是运用智慧进行科学思维的技巧，一般包括文献调查法、观察法、思辨法、行为研究法、历史研究法、概念分析法、比较研究法等。研究方法是人们在从事科学研究过程中不断总结、提炼出来的。由于人们认识问题的角度、研究对象的复杂性等因素，而且研究方法本身处于一个在不断地相互影响、相互结合、相互转化的动态发展过程中，所以对于研究方法的分类很难有一个完全统一的认识。

为了让读者对研究方法有一个清晰、全方位的认识，接下来将根据三个不同的角度对研究方法进行分类：按使用范围和概括程度划分，按研究目的和功能划分，按所答问题不同划分。

（一）按使用范围和概括程度划分

按照研究方法的使用范围和概括程度，研究方法可被分为三个层次：第一层次是适用于某一科学研究领域的特殊方法,是具体的科学方法论;第二层次是适用于各门科学的一般的研究方法,如社会科学、自然科学、教育科学的一般方法。这是有一定普遍意义、适用于许多有关领域的方法理论;第三层次是关于认识世界、改造世界、探索实现主客观世界相一致的最一般的方法理论,这就是更具有概括性、适用于一切科学领域的哲学方法论,即唯物论和辩证法。教育科学研究方法论是属于哲学方法论指导下的具体分科方法论,必须自觉遵守哲学方法论的基本原则,同时又接受一般科学方法论的支配。

(二)按研究目的和功能划分

1. 基础研究

基础研究的核心目标在于深入探索并不断完善理论体系。它通过研究发掘新的事实,旨在阐明新的理论或是对既有理论进行再评价,主要回答的是"为什么"这一根本性问题,与构建教育科学的一般原理紧密相连。举例来说,针对教育本质、教学过程规律、德育过程以及教育目的论等方面的研究,其根本宗旨在于构建并发展具有中国特色的现代教育科学理论体系,从而为教育实践提供坚实的理论支撑。

2. 应用研究

应用研究旨在将理论应用于实际问题的解决中,并评估其在教育领域内的实际效果。这类研究不仅具有直接的实用价值,能够针对特定问题提供切实可行的解决方案或有用知识,还能回答"是什么"的具体问题。目前,教育领域中的绝大多数研究都属于应用性研究范畴。举例来说,如我国当前对教育体制改革的探索、中小学生流失情况的深入剖析、独生子女家庭教育的现状研究,以及中小学生道德认知、情感、意志发展等方面的调研等,都是应用研究的具体体现。

总而言之,应用研究通过提供丰富的事实材料来支持并完善现有理论,甚至促进新理论的诞生。然而,在应用研究的过程中,我们也应意识到它与基础研究的紧密联系。应用研究在解决当前问题的同时,往往需要借助基础理论的指导来弥补现有知识的不足。如果应用研究仅仅满足于解决眼前的具体问题,而不从基础理论的角度去探究其背后的原理,那么所得出的结论很可能只适用于局部情况,难以在更广泛的领域得到应用和推广。因此,在应用研究的过程中,我们需要与基础研究相结合,以确保研究的深度和广度。

3. 发展研究

发展研究的主要目标在于开发适用于学校的有效策略，致力于解答"如何改进"的核心问题。它涵盖了多个关键领域，如教育法改革、教育发展战略规划、教育经费的合理分配、教师培训机制的创新、教材建设的完善、教学管理的优化、社会力量办学的促进，以及贫困地区义务教育实施策略的制定等。这些研究旨在通过系统的分析和策略设计，为学校的持续发展提供切实可行的指导。

4. 评价研究

评价研究是一个系统过程，它通过精心收集和分析资料数据，对特定的教育目标和教育活动的价值进行客观判断，旨在回答"效果如何"或"质量怎样"的问题。例如，在进行中小学课程改革实验成效的评价时，评价研究会评估改革的实际效果；在对比新的实验教材与传统教材时，会分析它们各自的优势与不足；在对比两种教学方法时，会探讨它们的教学效果和适用性；在对一项具体计划进行价值判断时，会衡量其潜在价值和预期效果。这些评价研究有助于研究者更好地理解教育活动的质量，为教育决策和改进提供科学依据。

5. 预测研究

预测研究的核心在于深入剖析事物未来发展的可能前景和趋势，致力于解答"将会呈现何种态势"的问题。例如，我们可能探讨面向 21 世纪教育的宏观思考，预测学习化社会的演进对师范教育改革的影响，设定 21 世纪的教育目标，或者展望未来十年教育教学改革政策的方向等。值得注意的是，预测研究通常不是孤立存在的，它往往作为研究论文的收尾部分，与其他类型的研究相辅相成。正因如此，预测研究并非空穴来风的想象，而是建立在坚实的内容基础和严谨的逻辑推理之上的。

（三）按所答问题不同划分

1. 历史研究

历史研究聚焦于对过去发生事件的深入了解和准确解释。举例来说，我们可以研究我国古代教育家的教育思想，评估它们对当代教育观产生的影响；探讨传统文化的消极因素如何影响当前的教育思想；分析健康人格教育思想与中国文化精神的重建之间的关联；考察杜威的教育思想如何影响了我国 20 世纪 20 年代的教育改革[①]；或是通过回顾我国古代科举考试制度，研究教育评价的历史演变等。历史研究的目标是通过深入剖析过去事件的原因、结果或发展趋势，为理解当前教育现象提供历史背景，并有助于预测未来教育的发展方向。

2. 描述研究

描述研究利用问卷、调查、访谈、观察及测验等多种方法，系统地搜集资料，旨在验证假设或解答关于当前研究的问题。例如，在探讨二年级教师如何分配其教学时间时，通过细致的观察和调查，我们可能发现：大约 60%的时间用于讲授，20%用于回答学生问题，15%留给学生进行练习，而剩下的 5%则用于课堂管理。又如：家庭教育现状及影响分析[②]：大学生英语学习兴趣与动机的调查分析[③]；城市市区中小学生源高峰对策问题，等等。这类研究不仅展示了调查分析的详细过程和结果，更重要的是，它们能够基于这些发现来回答研究问题，并为解决问题提供切实可行的对策和策略。

3. 比较研究

比较研究旨在深入探究两个或更多变量之间的相关性及其程度，其研究目标在于建立变量间的关联或进行预测。比较研究通过设定一定的标准，对相互关联的事物进行细致对照与分析，旨在揭示它们之间的共同点、差异点、共同规律及特殊本质，从而得出贴近客观实际的结论。例如，我们可以进行集中识字与分散识字的比较研究，探究学习与接受学习的比较研究，高中化学三套必修材料概念的比较，自学辅导教学与常规教学在解应用题中的分析能力的比较研究，以及不同国家或东西方教育制度、社区文化等的比较研究等。在教育科学研究中，比较研究因其广泛的应用和深远的价值，具有极高的价值和意义。

4. 实验研究

实验研究的核心目的是基于特定假设，在教育活动中构建可验证该假设的系统和环境，通过主动控制研究对象并排除无关因素的干扰，以揭示事物间的因果

---

① 雷云，吴美林. 重返经典之路——杜威教育思想研究 70 年论略[J]. 四川师范大学学报（社会科学版），2019，46（5）：48-57.

② 苏敏，曾长进. 家庭教育：现状及影响因素的分析——对湖北省五城镇的家长调查[J]. 当代青年研究，2002（3）：36-40.

③ 曾嵘. 大学生英语学习兴趣与动机的调查分析[J]. 新疆大学学报（哲学社会科学版），2003，31（S1）：123-125.

联系。例如，兰国帅等的"显性、隐性注释超链接对大学生英语阅读理解及词汇长短时记忆影响的实证研究"[①]采用了实验法，探究了目标词的显性和隐性注释超链接对我国非英语专业学生在超媒体环境中阅读英文文本及词汇长短时记忆效果的影响。

5. 理论研究

理论研究侧重于对复杂教育问题的性质和相互关系进行理论上的深入分析和综合，通过抽象和概括来揭示其内在规律或得出一般性结论。关于教育研究方法的分类问题，有两点必须明确：一是如何对方法进行分类，标准在于要有助于研究者理解和应用研究方法。分类本身并非最终目的，其真正的目的在于揭示每一类方法的基本特点、适用条件及其适用范围。二是随着教育科学和方法论的发展，很难制定出一个能够全面涵盖所有方法的单一分类方案。因为研究通常是多方面、综合性的，可能同时涉及多种方法。

二、论文研究方法的常见问题

研究方法的合理使用是论文质量达标的一项关键因素。在学习与运用研究方法时，研究者首先需要了解如何正确认识并恰当运用这些方法。研究方法的选择如果不当，将会影响研究结论的准确性和可信度，从而影响论文的整体质量。因此，探讨研究论文中常见的研究方法问题是非常必要的，这有助于我们更好地理解研究方法，避免使用不当，从而更好地完成论文写作。

（一）研究方法单一

数据显示，42.3%的被试在写论文时，会使用两种研究方法，甚至有 8.8%的被试使用一种研究方法。[②]众所周知，没有一种研究方法能适用于所有情况，每种方法都有其优势和局限性。因此，研究者必须根据具体的研究课题，选择并交叉使用多种研究方法，以弥补各自的不足，从而实现研究方法使用的最优效果。

---

① 兰国帅，辜向东，肖巍，等. 显性、隐性注释超链接对大学生英语阅读理解及词汇长短时记忆影响的实证研究[J]. 中国远程教育，2014（8）：65-69+75+96.
② 姚雯雯，马莉，梁晶. 师范生本科毕业论文研究方法存在问题与对策研究[J]. 中国多媒体与网络教学学报（上旬刊），2018（11）：55-56.

（二）研究方法缺失

科学严谨的学术研究必然依赖研究方法的支持，缺乏研究方法的研究难以在科学知识领域长久立足。同时，恰当地、科学地、有效地运用研究方法对学术论文的质量至关重要。然而，有些论文仅停留于说理性文本，缺乏适切性高的研究方法和实证分析，导致结论缺乏与选题相契合的关键性研究方法支持，进而影响论文的完善性和说服力。因此，面对不同类型的研究，研究者应选择最适合的研究方法，以完善论文并提高说服力。多维度数据分析是增强论文说服力的重要手段，它能为研究结论提供更为充实的支持。

（三）研究方法不明

研究方法是科学活动中用于认识自然、社会及人文世界的程序或过程，它涵盖了认识方法和活动方法。在论文撰写过程中，研究方法的运用是关键环节，直接影响研究的质量。正确选择和恰当使用研究方法，是确保研究成果科学性和有效性的基石。然而，有些研究者对研究方法的基本概念、层次结构、各层次间的联系，以及如何判定独立研究方法和规范使用各种方法等基础知识缺乏深入理解。这意味着他们尚未形成研究方法的思想基础，以及研究方法、具体方法与技术之间的整体配套意识，因而导致在认识和运用研究方法过程中出现理解不到位的现象。[1]这种缺乏会导致在运用研究方法时出现理解偏差，进而影响研究过程的质量，最终削弱研究结论的可信度。

1. 将研究思路等同于研究方法

将研究思路等同于研究方法是一个常见的误解。研究思路指的是研究者进行研究的整体框架、方向和步骤，它描述了研究从何处开始、经过哪些阶段、最终要达到什么目的。研究方法则是指完成研究所需的具体技术、工具或手段，如实验、问卷调查、文献分析等。将两者等同起来意味着忽略了研究方法的独特性和重要性，可能导致研究缺乏科学性和系统性。因此，明确区分研究思路和研究方法对于确保研究的严谨性和有效性至关重要。

以文章《研究性学习引领高中××学科教学策略研究》为例，作者详细阐述了研究对象、研究设计以及研究目的，但这部分内容主要反映了作者的研究思路，用以说明研究过程和论文的撰写路径。然而，作者并未明确提及具体的研究

---

[1] 田虎伟. 高等教育研究博士学位论文中研究方法的调查分析[J]. 学位与研究生教育，2007（8）：31-37.

方法，这可能导致读者将研究思路与研究方法混淆。为了准确传达研究过程中采用的具体手段，建议作者在摘要中明确列举所使用的具体研究方法，以确保读者能够清晰理解并评估作者在研究中所采用的方法论依据。

2. 将研究类型等同于研究方法

通常，研究可以根据其目的分为基础研究和应用研究，也可以根据研究层次分为描述性、解释性、预测性和控制性研究，或者根据研究取向分为规范研究和实证研究。然而，有些研究者错误地将研究类型与具体的研究方法混为一谈。

在文章《市场经济下××教育经费走势分析》中，作者主要依赖政策列举和简单描述来探讨该主题，实际上将描述性论文的写作方式误认为自己的研究方法。这种做法往往导致研究结果不够深入，分析不够透彻。为了避免这种情况，作者应明确指出其所采用的实证分析方法，以确保研究的科学性和深度。

3. 将研究视角等同于研究方法

将研究视角等同于研究方法是一个常见的误区。将研究视角等同于研究方法忽略了两者在科学研究中的不同作用。研究视角更多地涉及理论层面和认知层面，它影响研究者如何理解、解释和构建理论。研究方法则更加侧重于实践层面，它关注如何通过科学的方法来获取数据、验证假设和得出结论。

在《大学教师××行为的结构与特点探析——基于学生评价的视角》这篇论文中，作者以学生评价为研究视角，主要运用内容分析法提炼和归纳了大学教师对学生的组织公民行为。通过开放式问卷调查，让大学生列举了一系列大学教师组织公民行为的关键事件。基于被试提供的关键行为描述，作者采用多重判断的一致性对这些描述进行了分类，并经过信度检验。最终，论文得出了大学教师组织公民行为包含课外学习指导、提供学习资源、科研促进、职业生涯规划、就业帮助、升学指导与帮助、提升教学效果和促进学生全面发展这八个维度的结论，这一结论更具说服力。

（四）研究方法不细

在一些论文中，对于研究方法部分的阐述往往不够详尽。具体存在三种情况：第一，部分论文在全文中并未提及任何研究方法；第二，有些论文对研究方法的描述过于简略，仅在前言或绪论中一带而过，未设置专门的研究方法部分；第三，即便是在设有专门研究方法部分的论文中，也往往只是简单列举了方法，而未能从方法论的角度深入描述论证过程（包括研究主体、论证框架与步骤、数据分析等内容[①]），也未充分分析所选方法的合理性与局限性，更未探讨这些方法对研究结果可能产生的潜在影响及不足，同时也缺乏对这几种研究方法实际意义的详细阐述。

（五）研究方法失范

在论文写作中，研究方法写作不规范的问题尤为显著。许多研究者未能从研究的基本假设、逻辑、原则、规则等方法论视角进行全面阐述，导致研究结果的客观性、科学性、准确性、可靠性难以得到保障。此外，研究方法的选择、表述和操作也存在不符合科学规范的情况。例如，有的论文在行文中提及了图表法、统计法、理论研究法、合作研究法、网站调研法、哲学审思法等多种方法，但未能妥善地分类和阐述它们之间的逻辑关系。同样地，有些论文在论述具体研究方法时出现了错位现象，如将问卷调查法和访谈法这两种同属于调查法的方法分开表述，或者错误地将实证研究法和文献调研法等不同类别的研究方法并列使用。这些不规范的做法都可能对研究结果的严谨性和可靠性产生不良影响。

1. 研究方法名称混乱

研究方法名称混乱通常指的是在学术研究和论文写作中，研究者使用的各种研究方法名称繁杂、不统一，有时甚至出现同名异义或异名同义的情况。这可能导致读者在阅读和理解研究论文时产生困惑，难以准确把握研究者所使用的具体研究方法。

通过检索可以发现，虽然不同作者使用的是同一种研究方法，但是在不同的学术论文当中对研究方法的名称表述却不一致。以文献研究法为例，不同的学者在文章当中对这一方法的描述却不一致。例如，冯红红[②]将这一方法界定为"文献分析法"；张晓慧[③]将这一方法界定为"文献法"；杨亚超[④]将其描述为"历史文献法"。此外，还有学者在自己的文章当中将这种方法界定为"文献资料法""历

---

① 高岩，陈晓端. 教育学硕士学位论文的研究方法分析[J]. 当代教育科学，2012（1）：29-31.

② 冯红红. 高等教育发展对区域产业结构升级的影响分析[D]. 兰州财经大学，2022.

③ 张晓慧. 中国大学学科建设的世界坐标与未来抉择：基于软科 2017—2021 年世界一流学科排名数据的分析[D]. 大连理工大学，2022

④ 杨亚超. 大学与国家、地方的互动：以贵州国立院校的探讨为中心（1937—1949）[D]. 华中师范大学，2021.

史文献研究法""文献（作品）分析法"，等等。

2. 研究方法命名混乱

研究方法命名混乱则更侧重于对研究方法命名本身的讨论，即研究者在命名研究方法时可能存在的混乱现象。例如，有些研究者可能根据自己的理解或习惯，给同一种研究方法赋予不同的名称，或者将不同的研究方法命名为相似的名称，从而导致命名上的混乱。这种混乱同样会给读者带来阅读和理解上的困难。

比如，在论文中，作者可能会运用到特定的资料分析和处理的方式技巧，然而将这些技巧简单地归类为研究方法，并纳入研究方法的范畴，这种做法确实显得不够严谨。特别是当这些方式技巧属于论文作者的独创时，如果学术界尚未有相应的称谓，那么这种轻率的命名方式就更显不妥。

3. 研究方法结构混乱

教育研究方法是一个多层次的系统，包括方法论、研究范式和具体方法三个层次[1]。最高层次是方法论，它主要探讨研究的基本假设、逻辑、原则和规则；中间层次是研究范式，教育领域常采用思辨研究范式与实证研究范式这两种划分方式。其中，思辨研究范式主要由文献研究法、历史研究法、比较研究法等组成；实证研究范式则涵盖定量研究、定性研究和混合研究三个亚类。然而，在研究方法的使用过程中，有时会出现方法体系混乱的现象，具体表现为方法论、研究范式和具体方法被随意堆叠，缺乏明确的区分。因此，在论文的撰写过程中，应更加注重研究方法的选择和运用，既要体现对知识的深入学习，也要体现对研究方法系统的专业训练与熟练掌握。这不仅要求加大对研究方法写作规范的学习力度，同时也应加强对研究方法本身系统的深入研究，以探索适合且规范的研究方法。

（六）研究工具不熟

研究者在研究中对数理统计工具使用能力存在不足。例如，SPSS 等统计工具在问卷调查等类型的研究中扮演着重要角色，然而，在论文写作中，我们发现部分论文的问卷收集是直接通过问卷星等流行统计软件生成的，这些问卷往往缺乏与研究主题紧密相关的高质量设计。因此，研究者难以从这样的问卷中得出高质量的调研结果，问卷的信度以及内部和外部效度都较低。[2]

---

① 韩双淼，谢静. 国外教育研究方法的应用特征——基于 2000—2019 年 34 本教育学 SSCI 收录期刊的文献计量分析[J]. 高等教育研究，2021，42（1）：68-76.
② 高岩，陈晓端. 教育学硕士学位论文的研究方法分析[J]. 当代教育科学，2012（1）：29-31.

三、论文研究方法的主要特征

在教育学领域的研究中，学者经常采用的研究方法包括历史研究法、调查研究法、比较研究法和实验研究法。这些研究方法各有其独特的内涵、特征和局限性。因此，为了给自己的研究选择最契合的方法，对每一种研究方法的特征进行深入了解就显得尤为重要。

（一）历史研究法

1. 历史研究法的特征

（1）历史性

这一特征首先表现在研究对象上，历史研究法主要聚焦于过去发生的教育事件。其研究目的在于通过考察这些教育事件的历史发展实际过程及具体内容，进而探寻教育发生、发展、演变的历史规律，并对教育未来的基本发展趋势提出科学的预测。其次，在研究过程上，历史研究法遵循历史的时间顺序和空间范围，力求全面、准确地再现历史的全过程，包括其每一个发展阶段。

（2）具体性

历史研究是在丰富而具体的文献资料基础上，揭示研究对象发展过程中的一切历史形式、详尽的内容以及与之相关的各种因素。为了探寻基本规律，研究者必须精准把握那些最能说明问题的史料。

（3）逻辑性

历史研究是以逻辑分析方法为主。逻辑分析法从抽象的理论形态出发，深入揭示研究对象的本质。它借助概念、判断、推理等思维形式，研究事物发展过程的矛盾运动，从而揭示历史规律，并构建科学的理论体系。

2. 历史研究法的案例

比如学位论文《美国幼儿教育协会发展历程研究（20世纪20年代—21世纪初）》[①]，就是一篇典型的运用历史研究法的论文。该论文主要研究了20世纪20年代至21世纪初美国幼儿教育协会的发展历程，并按组织发展情况进行历史分期，将其近百年的发展划分为四个阶段：成立阶段（1925—1931年）、初步发展阶段（20世纪30—50年代）、转型与快速发展阶段（20世纪60—70年代）、成

---

① 刘芳. 美国幼儿教育协会发展历程研究（20世纪20年代—21世纪初）[D]. 南京师范大学，2020.

熟阶段（20世纪80年代—21世纪初），并分为四章节进行详细论述。

3. 历史研究法的局限性

1）历史的发展是按年代顺序展开的，其过程在时间、空间上错综复杂。然而，历史文献的记载往往滞后，且史料零散，缺乏系统性。这种搜集和考证分析史料的困难，会对历史研究的可靠性造成影响。

2）历史文献的理论内容通常是经过"加工"的抽象形态，其中不可避免地融入了加工者的主观认识。此外，历史研究过程中对史料的分析和取舍也受到研究者主观因素的影响，如学识、能力、价值观、对史料的掌握程度以及方法论水平等，这些都可能导致研究失误。

3）历史研究在量的分析方面难以做到精准。

（二）调查研究法

1. 调查研究法的特征

（1）调查对象的广泛性

教育调查研究的对象具有广泛的涵盖性，它可以针对某一个人、某一个班级、某一所学校，甚至扩大到某一个市、某一省或某一国家的教育情况进行研究。这种广泛性不仅体现在对象的多样性上，还体现在研究内容上，即教育调查研究以活动形态或现实存在形态的教育问题、教育现状为研究内容，这些问题和现状广泛分布于教育的各个领域。因此，从理论角度来看，一切教育现象都可以成为教育调查研究的对象。

（2）调查手段的多样性

在进行教育调查研究时，研究者可以采用多种多样的调查手段和方法，包括但不限于问卷、访谈、测量等。这些调查手段各自具有不同的特点和应用场景，并且在不同的情况下可以展现出灵活多变的方式。因此，在具体的研究过程中，研究者可以根据实际需要和研究目的选择最适合的调查方法。

（3）调查方法的可操作性和实用性

在进行教育调查研究时，研究者需要设计详尽且具体的调查方案。这个方案应包含各种研究变量的操作指示，以及根据不同调查方法设计的调查工具，还有用于分析资料的信息整理和统计方法。此外，教育调查研究法在设备条件和环境控制方面的要求并不高。特别是针对数据资料的收集，可以在较广泛的范围内进行，从而在较短时间内积累大量数据资料，因此展现出较强的实用性。

（4）调查结果的延时性

通过采用教育调查手段和方法所获得的结果，通常是以书面报告或口头汇报的形式呈现出来，用以详尽阐述调查过程中所发现的事实。由于教育调查往往涉及数据的收集、整理、分析和解读等多个环节，这些过程都需要花一定的时间，因此，教育调查的结果相较于实时数据或即时反馈，具有一定的延时性特点。这意味着在获取和利用调查结果时，研究者需要考虑到时间上的滞后效应，并据此做出相应的决策或调整。

2. 调查研究法的案例

比如论文《家庭社会经济地位与幼儿学习品质的关系：家庭学习环境的中介作用》[①]，就是一篇典型的运用调查研究法的论文。为考察家庭社会经济地位、家庭学习环境与幼儿学习品质的关系，该研究随机抽取了来自宁波 50 所幼儿园的 1131 名幼儿作为样本，由幼儿父母报告家庭社会经济地位和家庭学习环境，由教师报告幼儿学习品质。描述性分析、验证性因素分析和中介模型检验的结果显示，年龄较大幼儿的学习品质整体及各维度表现较好；女孩的学习品质整体表现较好，特别是在注意/坚持和学习策略维度上；家庭社会经济地位对幼儿学习品质的总效应显著；家庭学习环境显著正向预测幼儿学习品质；家庭学习环境在家庭社会经济地位与幼儿学习品质之间具有完全中介作用。

3. 调查研究法的局限性

1）难以解释调查结果。由于教育调查是在自然状态下进行的，同一时间内可能存在多种不同的事实现象同时发生，这使得研究者难以辨别这些现象发生的先后顺序。此外，由于调查过程中无法对所有与调查主题相关的因素进行全面控制，调查结果往往受到多种错综复杂的因素影响，从而增加了对调查结果进行准确解释的难度。

2）调查结果的可靠性在很大程度上取决于被调查对象的合作态度。在进行教育调查时，研究者通常需要通过问卷、访谈等形式从被调查者那里获取资料和信息。然而，被调查者所反映的现象和事实的客观性和真实性直接决定了调查结果的可靠性。由于各种原因，被调查者可能在一定程度上渗透自己的主观意向或偏见，或者故意隐瞒某些事实。由于研究者往往难以完全控制这种主观介入的程

---

① 冯丽娜. 家庭社会经济地位与幼儿学习品质的关系：家庭学习环境的中介作用[J]. 学前教育研究，2020（4）：62-72.

度，因此调查结果的可靠性可能受到一定程度的影响。

（三）比较研究法

1. 比较研究法的特征

（1）对比性

教育比较研究法以比较作为主要的研究手段，对事物之间的相同点和不同点进行比较是整个研究过程中的核心环节。这一环节不仅决定了研究者对研究内容和研究对象的选择，还奠定了研究的基本思路和模式，是最终得出研究结论的重要依据。在进行比较研究时，通常要求所比较的对象属于同一范畴，且具备共同的评判标准，以确保比较的准确性和有效性。

（2）合作性

尽管比较法在教育比较研究中占有重要地位，但它本身并不能独立地完成研究活动，因为比较法本身并不涉及信息资料的直接收集。因此，比较研究法通常需要与其他研究方法结合使用，如观察法、实验法、调查法等，以获取必要的研究资料。研究者需要依赖这些辅助方法提供的数据和信息，才能对资料进行比较分析，并最终得出研究结论。

（3）深刻性

教育比较研究有助于更深刻地揭示教育发展的客观规律。当比较研究法与历史研究法、文献研究法相结合时，它能够跨越时空的界限，追溯中外教育的发展历程，将历史上的教育现象与现实中的某些教育现象进行比较研究，从而分析各级各类教育发展的趋势与规律。此外，比较研究法与实验法、统计测量法、调查法相结合时，不仅能够揭示事物间数量上的差别，更能透过现象深入发现本质上的异同，进而探讨事物间的因果关系。作为一种重要的思维方法，比较研究贯穿于教育研究的整个过程，无论是选定研究课题、搜集情报与资料，还是进行调查研究或教育实验，都需要运用比较分析。

2. 比较研究法的案例

比如论文《中德〈职业教育法〉重大修订的比较研究》[1]，就是一篇典型的运用比较研究法的论文。该论文主要聚焦中德两国《职业教育法》的适用范围及其在具体制度设计上的差异，深入比较了两国在推进职业教育方面的相似点与不

---

[1] 陈正，巫锐. 中德《职业教育法》重大修订的比较研究[J]. 中国职业技术教育，2022（24）：15-22+96.

同点，以期从中吸收和借鉴有益的经验。在论文中，作者首先明确了职业教育的定义，然后详细对比了中德两国在《职业教育法》修订过程中所展现的不同特色。总体来看，两国新《职业教育法》的颁布实施，都有效地回应了职业教育发展的关键问题，同时兼顾了教育、职业和经济社会发展的多元逻辑。这些法律制度的更新和完善，对于理解现代职业教育法律制度的演进路径及其在现实中的作用与功能，提供了重要的参考和启示。

3. 比较研究法的局限性

1）由于研究对象必须具有可比较性，这在一定程度上限定了研究的内容和范围。

2）比较研究的结论是通过比较分析得出的推论，其客观性程度需要通过实践来进一步修正。

3）比较研究法通常需要与其他研究方法，如观察法、调查法等结合使用。这些辅助方法提供必要的研究资料，作为比较研究的基础，从而能够进行比较深入的分析并得出研究结论。

（四）实验研究法

1. 实验研究法的特征

（1）科学实验活动

实验研究首先是一种科学实验，这种"科学实验"旨在实现特定的研究目标，通过人为控制条件来深入探究某一对象。它不仅是人类获取新知的重要途径，更是检验知识可靠性的实践形式。教育实验本质上与科学实验相契合，它要求研究者依据既定的研究目的，巧妙地操控或设置条件，人为地改变研究对象的状态，进而验证假设并揭示教育现象之间的因果关系。在教育实验中，研究者可能改变某个单一变量而保持其他条件不变，或者同时调整多个条件，以便分析这些条件各自的影响以及它们之间的相互作用。

这种研究方法具有三个显著特征。

1）因果关系的推论。因果关系的推论是科学研究的核心之一。通过实验研究，研究者可以系统地改变条件，并观察由此引发的事物相应变化，从而揭示事物发展过程中各种变量之间的因果关系。除了实验研究，理论研究也是探索因果关系的重要手段。与实验研究不同，理论研究基于实际材料，通过逻辑分析和抽象概括，得出符合客观实际的科学结论。它更多地依赖纯思辨的研究方法。相比之下，实验研究则是将抽象的思维活动转化为感性的具体操作，通过实验手段来验证和论证理论假设。

2）自变量的操作。科学实验需要在人工控制的条件下精确地复制或模拟研究对象，并在实验进程中主动介入，干预对象的发展过程。实验的核心在于通过改变研究对象的性质或状态，来深入探究事物发展的因果联系。因此，这就要求我们对实验过程中涉及的各种变量进行细致的分析和严格的控制，将复杂的条件拆解（简化）成若干个关键因素。这样，自变量与因变量之间的关系就能以相对纯净、清晰且可定量分析的方式呈现出来，从而辅助我们更好地认识和研究这些关系。而操作自变量，则是指研究者主动地介入，通过人为的方式去干预、控制现象发生的条件和进程，有意识地改变研究对象的某一方面条件，以便更精确地观察和测量实验结果。

3）控制无关变量。控制无关变量，也称为控制变量，是教育实验中至关重要的环节。为了深入探索因果关系，并确信是自变量 X 引发了因变量 Y 的变化，我们必须严格排除其他无关因素的干扰。只有这样，研究者才能在一定程度上确保实验结果的准确性和可靠性。在教育实验中，控制变量主要包含以下三层含义：首先，研究者要对外部因素和实验情境进行有效控制，包括对各种无关变量的严格把控；其次，研究者要精准掌握对实验所操纵的自变量的控制程度；最后，研究者还要关注实验设计过程中的控制成分，即研究如何通过巧妙的实验设计来有效控制无关变量，从而确保实验结果的客观性和有效性。

（2）特殊的实验活动

教育实验，尽管其起源之一是从自然科学实验通过心理学逐渐引入教育领域，但由于教育现象及其研究对象的独特性质，教育实验展现出与自然科学实验截然不同的特征。总体而言，教育实验基本上隶属社会科学实验的范畴。这样的定位既体现了教育实验的历史渊源，又凸显了其在研究方法上的独特性。

教育实验研究作为一种特殊的实验活动具有以下特征。

1）探讨人与人以及人与社会的关系。在研究对象方面，自然科学实验主要聚焦于物质世界，探讨人与自然之间的关系；教育实验则以人为核心，关注人所参与的教育活动，致力于研究社会中人与人、人与社会之间的复杂联系。由于研究对象的特殊性，教育实验研究具有如下显著特点：首先，实验往往在一定的社会关系和具体情境中展开，因此具有较强的社会性；其次，实验涉及的是富有个性的人的积极参与和互动；最后，鉴于教育现象的模糊性，研究者通常将研究对象视作一个整体，运用整体性观点和综合性方法来处理实验中的变量。这样的研究方法不仅符合教育实验的特点，也有助于研究者更深入地理解和分析教育现象。

2）实验环境主要是自然环境的状态。作为连接主客体的媒介，实验物质手段（如实验设备等）在自然科学实验与教育实验中扮演着不同的角色。自然科学实验通常远离生产实践，主要在实验室中通过严格控制条件来进行；教育实验则主要在教育和教学的自然、真实环境中进行。这是因为教育实验所研究的现象往往依赖于特定的教育情境这一社会环境，一旦脱离了这一环境，相应的教育现象便难以发生。因此，教育实验与教育教学的实践活动密不可分，它是在实践中进行、服务于实践的一种研究方法。

3）方法上强调定量和定性研究结合。在研究方法上，自然科学实验注重随机性和精确性，力求通过严格的操作和数据分析得出客观、准确的结论。然而，教育实验由于其固有的复杂性和不确定性，往往难以达到自然科学实验那样的精确量化分析。这主要体现在因变量的多义性、自变量的相互交织、设置控制组的困难以及伦理性和社会性因素等多个方面。因此，教育实验在研究过程中更强调定量分析与定性分析的结合，以全面、深入地理解和解释教育现象。

2. 实验研究法的案例

比如论文《中小学心理教育实验研究》[①]就是一篇典型的运用实验研究法的论文。该研究旨在提升中小学心理教育水平，并深入探索影响心理教育水平的各项因素。实验在中小学学段进行，包括小学和中学各三所实验学校，所有实验学校均处于自然的教育环境中，未进行任何人为的环境改变。实验过程中，研究者严格控制了一些无关变量，以凸显自变量对因变量的影响。

整个实验流程包括确定实验学校、开展开题培训、进行心理前测、提供反馈指导、制定行动方案、按计划推进实验、实施实验后测以及进行总结等八个步骤。在实验步骤中，研究者特别强调了定量与定性研究方法的结合，以确保研究结果的准确性和全面性。

实验结果表明，通过对自变量的有效控制，无论是从总体层面还是个体层面，都基本实现了提高中小学生心理健康水平的实验目标。由此可见，该研究不仅体现了教育实验研究的特性，还完整地呈现了教育实验研究的整个过程，包括科学设计研究步骤和相关变量。因此，它既是一项科学实验活动，又是一种具有

① 刘如平，梁朝阳，许春芳，等. 中小学心理教育实验研究[J]. 教育研究与实验，2008（1）：67-72.

特殊性的实验活动。

3. 实验研究法的局限性

1）通常情况下，实验研究更适用于自变量数量较少、关系清晰且能够被分解和操作的问题。然而，由于教育研究的对象通常包含众多变量和复杂的相互作用，且这些变量往往处于特定的教育情境中，因此，解决教育中的某些问题还需要结合其他研究方法，以获取更全面和准确的研究结果。

2）教育研究往往涉及大量的价值判断，这使得研究者和被研究者之间容易产生相互影响。同时，研究者的个人偏好和价值观也会不自觉地渗透到观察和资料收集的过程中，甚至在最终的结论形成阶段也会受到研究者价值判断的影响。这种价值判断的存在，既可能促进实验的客观性，也可能对其产生消极影响。

3）在实验设计过程中，必须充分考虑现有分析手段的水平。如果现有的测量工具无法准确测量教育情境下的复杂行为，那么对实验结果的分析就会受到很大的限制。因此，描述的准确性、分析的深度、研究者的主观感受以及理论的合理性等问题，都成为教育实验研究中需要特别关注的特殊问题。

四、研究方法撰写的四大技巧

研究方法作为哲学术语，是指那些用于探索新现象、新事物，提出新理论、新观点，进而揭示事物内在规律的工具和手段。它在推动社会进步、促进学科建设和维护学术规范方面扮演着至关重要的角色。研究方法的分类多样，主要包括质性研究、量化研究、混合研究以及思辨研究等四大类型。在撰写关于研究方法的内容时，研究者应根据所选方法的特性，灵活采用不同的技巧，以确保研究的准确性和有效性。

（一）质性研究方法

陈向明在 20 世纪 90 年代中期开始系统性地向国内引进质性研究[①]。质性研究是一种以研究者自身为研究工具的研究活动，它通常在自然情境下进行，采用多样化的资料收集手段（如访谈、观察、实物分析等），旨在对研究现象进行深

---

① 杨帆，陈向明. 论我国教育质性研究的本土发展及理论自觉[J]. 南京社会科学，2019（5）：142-149.

入且整体性的探究。研究者通过分析原始资料形成结论和理论，并通过与研究对象的互动，对其行为和意义建构获得解释性的理解。质性研究的方法多种多样，主要包括文本分析、扎根理论、叙事研究、行动研究、民族志研究、个案研究、批判话语分析以及历史研究等。接下来重点介绍扎根理论、叙事研究、个案研究、对话分析和内容分析研究的撰写技巧。

1. 扎根理论

扎根理论是一种重要的定性研究方式，它采取从下至上的方法，基于经验资料来构建实质理论。其主要目标是利用实践经验中的资料作为基石，进而构建出具有深度和解释力的理论。

在撰写关于扎根理论类型的研究方法时，通常需要详细阐述其编码技术。这一技术主要涉及到从原始资料中自下而上地寻找类属，并据此形成理论。编码过程通常分为三个层级：一级编码，即通过贴标签、发现类属以及分析类属的属性与维度，来形成初步的类属框架；二级编码，则侧重于理清研究内容的故事线，从中寻找出核心类属；三级编码，则是关联各个类属，形成完整的理论体系，并通过持续的对话和反思来进一步发展和完善这一理论。

2. 叙事研究

所谓"叙事研究"是指使用或分析叙事材料的研究。根据故事历时时间的长短，分为生命史叙述研究和其他专题性叙事研究两大类[①]。这一类研究包括传记研究、家族史、口述史、生命史研究、生命故事等；其他专题性叙事研究的研究对象讲述的事件和故事所历时的时间是阶段性的，不是整个生命历程。

在撰写叙事研究类型的研究方法时，通常需要遵循一系列步骤来清晰地呈现研究过程与成果。首先，确定研究问题，这是整个研究的起点和导向。接下来，选择合适的研究对象，他们将成为研究的核心和载体。随后，进入研究现场，通过深入的观察和访谈来收集第一手资料。完成资料收集后，进行整理和分析，提炼出有价值的信息和见解。

在撰写研究报告时，应着重记录那些已经发生的、真实的、具有"问题"和"冲突"的事件。这些事件应具有典型性和意义性，能够体现研究的深度和广度。同时，要将解决问题的方法及过程详细地展现出来，以便读者能够理解和评

---

① 周钧，张华军. 叙事与教师专业发展——基于教育叙事、叙事研究及叙事探究的概念辨析[J]. 中国教育学刊，2022，355（11）：84-89。

价研究的有效性。

最后，报告应总结研究的效果，即问题解决后形成的具体结果和理论贡献。这一部分是对整个研究过程的回顾和总结，也是向读者展示研究成果的重要环节。

3. 个案研究

"个案研究"就是对单一的研究对象进行深入而具体研究的方法。个案研究的对象可以是个人，也可以是个别团体或机构。其具有研究对象的个别性与典型性、研究内容的深入性和全面性及研究方法的多样性和综合性的特点。在撰写个案研究类型的研究方法时，一般需要将制定个案研究方案、确定研究对象并进行个案现状评定、收集资料，诊断与因果分析、问题的纠正与指导、追踪研究、撰写个案研究报告等方面呈现给读者，让读者了解个案研究法的操作过程。

4. 对话分析

在社会语言学领域，对话分析主要聚焦于日常人际交往中产生的谈话研究。其核心在于运用一套专门处理谈话和社交互动录音、录像的方法。对话分析具有以下几个显著特点。

首先，对话的产生和维持建立在彼此话语的契合之上。当话语间存在高度的契合度时，双方更容易达成共识并推动对话的深入。相反，若话语之间疏离，往往会导致一种"对峙"状态，即双方各自试图将对方纳入自己的理论框架中，这样的对话往往不利于双方的理解，常见于辩论和宣传场合。

其次，对话分析涉及两个重要维度：一是主体双方话语（理论）内部的结构和互动；二是主体作为现实存在的维度。话语总是试图反映和讨论现实，但不可避免地会对现实进行一定程度的扭曲或重构。

最后，这一分析方法具有自我指涉性，即它本身也适用于对自身的研究和分析。这一特点体现了作者基于实际观察的建构性思考，使得对话分析更加深入和全面。

5. 内容分析

内容分析，亦称文本分析，是研究者用以诠释文字记载与视觉信息特征的一种重要研究方法。该方法不仅在于解析文本内容，其诠释过程通常还会深入到对文本的批评与审核层面。文本分析的核心目的是针对访谈资料、文献、图像等各类资料中的文本信息进行加工和提炼，从而迅速锁定大量资料中的关键主题词。

实施文本分析的基本步骤为：确定研究问题—决定适当的资料总体—选出具有代表性的样本—决定分析单位—制定测量表—训练译码人—内容数据译码—分析数据—确定研究问题。

（二）量化研究方法

量化研究方法是一种实证研究方法，它侧重于搜集与研究对象紧密相关的数据，并深入探究变量之间的内在联系。这种研究方法通常具备以下五方面的显著特点：①在样本获取方面，量化研究追求随机性，以确保样本的代表性和研究结果的普适性。样本数据可以来自研究者自行采集，也可以借助第三方机构或平台获取。②量化研究遵循一种证伪的概率思维方式。在研究过程中，研究者会设立零假设，并通过数据分析来检验这一假设是否成立。如果数据结果否定了零假设，那么研究假设就会被接受，从而支持研究者的理论观点。③量化研究的结论通常需要从样本推广到总体。这意味着研究者需要利用统计学原理，从样本统计值推断出总体参数，进而得出具有普遍意义的结论。④量化研究往往借助统计工具的帮助来进行数据分析和处理。这些统计工具可以帮助研究者计算各种统计指标、进行假设检验、绘制图表等，从而更准确地揭示变量之间的关系。⑤量化研究更注重研究的规范化和流程化。研究者需要遵循一定的研究设计、数据收集、分析和解释等流程，以确保研究的科学性和可靠性。同时，量化研究也强调研究方法的透明度和可重复性，以便于其他研究者对研究过程和结果进行验证和比较。

撰写量化研究方法一般遵循以下思路。①提出研究假设：界定自变量、因变量、控制变量等，提出明确的研究假设。②呈现研究方法：介绍数据搜集的方法，以及数据分析方法如描述性分析、差异性分析、相关分析、因子分析、回归分析等。③研究结果分析：介绍统计分析结果，看假设是否得到验证。

1. 提出研究假设

自变量是那些能够引发其他变量发生变动的因素。因变量则是由于自变量的变动而随之发生变化的结果性因素。无关变量，也被称为控制变量，指的是除了自变量之外，所有可能干扰实验结果、影响因变量的其他变量，因此需要对这些变量进行适当的控制。

研究假设是在确定了研究课题之后，基于现有的知识、事实和资料，对所研究问题的内在规律或成因进行的一种推测性论断和假设性解释。之所以需要设立研究假设，是因为它有助于研究者明确研究的目标和方向，界定数据收集的范围；同时，它还能指导研究者根据假设内容制定合理的研究方案、选择恰当的研究方法，从而验证假设的正确性；此外，研究假设还有利于研究者对变量进行更有效的控制，避免研究过程中的盲目性和无效性。

例如论文《寄宿如何影响学生的心理健康》[①]在变量设定方面，自变量是学生的寄宿情况，即住宿或走读；因变量是初中学生心理健康状况；控制变量为个人特征和家庭特征，个人特征包括性别、户口类型、是否是独生子女、是否是留守儿童。家庭特征包括家庭经济状况、父亲受教育程度、父母关系；中介变量主要从亲子关系层面、同伴关系层面以及学校管理层面通过具体题目进行界定。其次通过对已有相关文献的分析，提出了 6 个研究假设。

2. 呈现研究方法

收集数据的方法主要包括问卷法、观察法、访谈法以及二手资料收集法。问卷法主要指研究者用控制式的测量对所研究的问题进行度量，从而搜集到可靠资料的一种方法。问卷法大多用邮寄、个别分送或集体分发等多种方式发送问卷。观察法指研究者根据一定的研究目的、研究提纲或观察表，用自己的感官和辅助工具去直接观察被研究对象，从而获得资料的一种方法。访谈法指通过访员和受访人面对面的交谈来了解受访人的心理和行为的心理学基本研究方法。二手资料收集法指特定的调查者按照原来的目的收集、整理的各种现成的资料来进行分析。

例如论文《寄宿如何影响学生的心理健康》采用二手资料来收集数据。其使用的数据来自中国人民大学中国调查与数据中心（NSRC）实施的中国教育追踪调查（CEPS）。该调查以 2013—2014 年为基线，从全国随机抽取了 28 个县级单位的 112 所学校、438 个班级进行调查，具有较好的全国代表性。

3. 研究结果分析

1）描述性统计分析。描述性统计分析是一种运用制表、分类、图形以及计算概括性数据来描述数据特征的方法。它旨在全面统计性地描述调查总体所有变量的相关数据，主要涵盖数据的频数分析、集中趋势分析、离散程度分析、分布状况以及绘制一些基本的统计图形。

---

① 杨钋，颜芷邑. 寄宿如何影响学生的心理健康？[J]. 华东师范大学学报（教育科学版），2022，40（8）：67-82.

2）t 检验。t 检验主要用于处理样本含量较小且总体方差未知的正态分布数据。它基于 t 分布理论来推断差异发生的概率，从而判断两个平均数之间的差异是否显著。t 检验的类型包括单样本 t 检验、独立样本 t 检验以及配对样本 t 检验。其中，独立样本 t 检验在学术论文中较为常用，它主要用于比较两个样本平均数与其各自所代表的总体的差异是否显著，尤其适用于一列为二分变量（如性别、城乡、是否及格等），另一列为连续性变量（如教师流失意愿）的情况，以探究不同组别在某一连续性变量上是否存在显著性差异。

3）方差分析是一种用于检验两个及两个以上样本均数差异显著性的统计方法。由于各种因素的影响，研究数据往往呈现波动状态，方差分析能够区分这些波动是由不可控的随机因素还是研究中施加的可控因素造成的。方差分析分为单因素和多因素两种类型，在论文写作中，单因素方差分析较为常用。其基本步骤包括建立检验假设、计算检验统计量 F 值、确定 p 值并推断结果，以及进行事后检验。

4）回归分析是一种统计分析方法，用于确定两种或两种以上变量之间相互依赖的定量关系。根据涉及的变量数量，回归分析可分为一元回归和多元回归；根据自变量和因变量之间的关系类型，又可分为线性回归和非线性回归。在论文中，多元线性回归是较为常用的分析方法。

5）相关分析是对两个或多个具备相关性的变量进行分析，以衡量它们之间的相关密切程度。进行相关分析的前提是变量之间存在一定的联系或概率关系。这种方法主要用于判断变量之间是否存在统计学上的关联，如果存在关联，则进一步分析关联的程度和方向。

6）因子分析。因子分析是一种统计技术，旨在从变量群中提取出共性因子。这种技术能够在众多变量中识别出隐藏的、具有代表性的因子。因子分析法的适用前提是原始变量之间存在相关性，通常通过巴利特球形检验（Bartlett's Test of Sphericity）和 KMO（Kaiser-Meyer-Olkin）检验来验证。巴利特球形检验用于检验各变量之间是否独立，如果其统计计量数值较大，并且对应的相伴概率值小于显著性水平，则应拒绝零假设，即变量之间不独立，表明数据适合进行因子分析。

（三）混合研究方法

混合研究方法是在量化研究与质性研究的范式论战中孕育而生的，对于混合研究方法的定义，国内外始终没有统一的说法。学者约翰逊和奥屋格普兹认为，混合研究方法就是研究者在同一研究中综合调配或混合了定量、定质研究的技术、方法、手段、概令或语言的研究类别，并把混合研究方法称为继量化与质性研究范式之后的第三种研究范式。[1]北京师范大学尤莉教授则认为混合研究方法是以实用主义为基础，以研究问题为核心的一种多元文化交叉的研究方法。[2]由于切入角度不同，混合研究方法的设计类型多种多样，这里介绍常见的四种，分别是解释性设计、三角互证设计、探究性设计和嵌套性设计。

1. 解释性设计

"解释性设计"又称解释性顺序设计，对实验研究起到一定的解释作用。在面对特殊和极端的量化数据时，解释设计往往能够发挥良好的解释功效[3]。有研究者将解释性顺序设计的一般步骤分解为：定量数据收集—定量数据分析—连接定量和定性阶段—定性数据收集—定性数据分析—定量和定性结果的整合[4]。

例如论文《混合方法在营销非道德行为成因研究中的应用——以顺序性解释设计为例》[5]就是采用了混合研究方法中的解释性顺序设计。示例如下："基于揭示营销非道德行为成因的研究目的，这篇论文采用以量为主导的顺序性解释设计，定量方法在先，质性方法在后。在定量阶段，采用 SPSS 16.0 对数据进行分析，产生初步结论。在质性阶段，对研究对象进行深度访谈法收集数据，采用 Nvivo 9.0 分析软件对访谈数据进行分析，探索相关结论。最后，将定量数据分析和质性数据得出的结果进行对比、验证和整合，综合分析和说明研究结论，获得全面的解释。"

2. 三角互证设计

"三角互证设计"又称并行三角互证设计，是通过具体的研究问题形成用以解释该问题的不同类型、方向、视角和层面的多重数据的过程。"互证"是三角互证设计最大的特点。三角互证法不但对量化数据和质性数据这两类不同性质的

---

① Johnson R B, Onwuegbuzie A J. Mixed methods research: A research paradigm whose time has come[J]. Educational Researcher, 2004, 33（7）: 14-26.

② 尤莉. 第三次方法论运动——混合方法研究 60 年演变历程探析[J]. 教育学报, 2010, 6（3）: 31-34+65.

③ 乜勇, 魏久利. 教育研究的第三范式——混合方法研究[J]. 现代教育技术, 2009, 19（9）: 19-23.

④ 喻庆明. 论混合法研究顺序解释性设计[J]. 潍坊工程职业学院学报, 2018, 31（1）: 27-31.

⑤ 易文燕. 混合方法在营销非道德行为成因研究中的应用——以顺序性解释设计为例[J]. 学术论坛, 2015, 38（6）: 66-70.

数据进行对比分析，而且用量化数据和质性数据的分析结果相互佐证。通过这种设计类型所得出的结论不仅有利于突破单一使用定量或定性一种研究方法的局限性，还大大提高了数据分析结果的客观性和有效性[①]。

例如论文《应用"三角互证法"提升教育技术研究的品质》[②]就是运用混合研究方法中的三角互证设计来开展相关研究的。该论文利用文献、考古学和人类学三种方法的相互印证，将三角互证法作为一种混合方法研究范式引入教育技术研究兼容并蓄多学科研究方法，定性分析与定量描述相结合，促进教育技术研究的本源回归，提升研究质量。

3. 探究性设计

探究性设计，又称探索性顺序设计，研究者撰写探究性设计时，首先通过定性数据收集和分析来探索问题，然后据此研发出新的研究工具或干预方案，再进行量化研究，量化的结果用来补充说明质性研究的结论。探究性设计适用于探索某一社会现象。所以探究设计总体上始于定性研究，终于定量研究。

探究性顺序设计的一般步骤如下：一是收集和分析定性数据。二是根据研究参与者真实的经验，通过定性分析考量研究结果，利用结果信息设计量化研究的组成部分，改善已知内容。三是利用第二阶段的量化研究组成部分验证其结果。四是在研究的最后阶段，报告这些新的组成部分如何改进了已有变量，提供了新的、更具有背景意义的研究工具。简而言之，此类研究设计涉及三大步骤，第一阶段质性研究，第二阶段量化研究，第三阶段再次量化研究，因此这种设计亦被称为三阶段设计[③]。

例如，论文《教师胜任力模型与测评研究》就是采用了混合研究方法中的探究性顺序设计。首先说明该论文采用定性方法收集数据，对数据进行质性分析，接着说明该论文采用定性方法收集数据，对数据进行质性分析，最后整合定性和定量的结果，对得出的结果进行整体分析解释。

4. 嵌套性设计

"嵌套性设计"又称嵌入式设计。在一个结合量化和质性方法的研究中，当需要采用量化和质性材料一起来回答研究的问题时，就可以采用嵌套性设计。或

---

① 邹宏美. 混合研究方法：定量与定性方法外的第三条道路[J]. 东方企业文化，2014（22）：201+207.
② 林刚，张诗亚. 应用"三角互证法"提升教育技术研究的品质[J]. 中国电化教育，2014（10）：23-28.
③ 刘冬. 质性、量化方法论融合对社会工作的意义[J]. 哈尔滨工业大学学报（社会科学版），2019，21（4）：72-78.

者当研究者需要在量化研究（实验或相关设计）中嵌入一个质性研究成分时，这种设计方法也特别合适①。

例如，论文《面试中应聘者非言语行为库的建立》就是采用了混合研究方法中的嵌套性设计。这篇论文要研究的问题是求职面试中应聘者的非言语行为会对面试官的评价产生什么样的影响。该研究选择质性研究方法为主，量化研究为辅。首先采用扎根理论方法建立应聘者的非言语行为库，以帮助面试官做出更准确的评价。结合面试的空间和时间线索，制定了面试视频观察表。随后由编码人员依据视频观察表对应聘者在不同阶段中表现的行为进行编码，通过聚类分析，建立面试中应聘者非言语行为库。在这一研究中，研究者主要使用扎根理论方法、观察表这些质性研究方法，然后在对编码结果进行分析时，嵌入了聚类分析，体现了量化研究的思想②。

（四）思辨研究方法

思辨研究也可以称为哲学研究或理论研究。如果既没有逻辑的说服力又没有经验证据的说服力，思辨研究就面临徒托空言，空言义理的风险。

1. 哲学思辨法

哲学思辨法是唯心主义哲学方法，它是指从概念出发，通过纯粹逻辑思维来理解和解释客观世界的一种研究方法。它坚持通过理性思维，借助概念达到必然性的知识或真理的认识，旨在消除主客观之间的对立，实现具体的、多样性的统一或对立面的统一。撰写的一般步骤包括：首先，明确研究主题和核心观点，即明确研究者要探讨的问题和主要立场；其次，针对提出的论点，通过事实和道理进行论证，证明其可行性和逻辑性；然后，深入分析观点背后的原因和逻辑，用事实和数据来支持自己的分析；最后，总结问题，再次重申并强调自己的观点。

2. 经验总结法

经验总结法是通过对实践活动中的具体情况，进行归纳与分析，使之系统化、理论化并上升为经验的一种方法。总结推广先进经验是人类历史上长期运用的较为行之有效的领导方法之一。其撰写的一般步骤：确定研究课题与对象—掌

---

① 徐建平，张雪岩，胡潼. 量化和质性研究的超越：混合方法研究类型及应用[J]. 苏州大学学报（教育科学版），2019，7（1）：50-59.

② 赵健宇. 面试中应聘者非言语行为库的建立[D]. 北京师范大学，2016.

握有关参考资料—制定总结计划—搜集具体实事—进行分析与综合—组织论证—总结研究成果。

3. 价值研究法

价值研究的主题一般表述为"论……的价值",与之类似的主题还有"论……的意义""论……的作用""论……的地位""论……的意义和作用"。此类价值研究直接讨论某事或某物的价值,此类研究似乎理所当然是有意义的。但是,某些研究虽然有实践意义,却并没有理论意义,某项研究是否有理论意义,主要取决于研究者是否提供了有说服力的理论辩护。价值研究往往呈现为"有立场的研究"或"强立场的研究",甚至显示为强烈的价值判断的研究。有立场的价值研究意味着作者在相互冲突的价值观之间坚守自己的立场,为自己的立场进行辩护,并对"异己"的价值观提出批判。价值研究主要包括评价研究和批判研究。其中批判研究是价值研究的核心方法或核心精神。

4. 文献综述法

教育研究领域的文献综述往往呈现为述评。述评意味着研究者需要对某教育现象或作品进行叙述并做出评价。比较简单的"述评"研究是各类广告式的书评。比较有学术深度的述评研究显示为严谨的思辨研究(或实证研究)。有学术感的述评研究是在坚实的解释或调查基础上做出相关的评价。

第三节　学会使用研究工具:持续提升数据分析效率

在学术论文写作过程中,一些研究者经常遇到这样的问题:论文中经常使用的研究工具有哪些?一篇好的学术论文应该使用哪些研究工具?各种类型的研究工具该如何获取?好的研究工具使用范例是怎样的?接下来,笔者将对上述问题进行详细论述。

一、研究工具学习的三种途径

一项研究的展开通常要经过一个复杂且琐碎的过程。在此过程中,掌握各类研究工具对于规范研究过程、提高研究效率具有重要意义。按照研究的一般流程来看，这些研究工具主要包括各类文献检索工具、调研工具、数据分析工具以及写作输出工具等。在当今网络资源极为丰富的背景下，研究者完全可以借助网络渠道进行自学，如视频媒体类资源、文稿阅读类材料和学术网站等。值得注意的是，工具和渠道在某些方面存在重合，特别是文献类工具，它们不仅提供了研究资料，还包含大量可供研究者学习其他工具的资源。

（一）视频媒体类学习途径

随着信息技术的飞速发展，学习渠道和信息获取途径日益增多，特别是在资源共享的环境下，我们的学习机会也在不断拓展。视频作为一种新兴且便捷的学习渠道，已经逐渐受到人们的青睐。相较于传统枯燥的文字资料，视频内容更加生动，种类也更加丰富。在学习研究工具时，通过观看相关的操作流程和介绍，我们可以更加直观地了解研究工具的知识和使用方法。我们所熟悉的视频学习平台有哔哩哔哩（简称 B 站）、中国大学 MOOC、网易公开课、爱课堂、超星公开课等。接下来，我将以哔哩哔哩、中国大学 MOOC 和网易公开课为例，为大家详细介绍这些视频学习渠道的特点和优势。

1. 哔哩哔哩

B 站是一个早期 ACG（动画、卡通、游戏）内容创建和共享视频网站。B站的发展主要围绕企业用户、创作者和内容三部分展开。随着各领域专家学者的入驻，它逐渐构建了一个能够持续产生优质教学内容的生态环境系统。我们可以在 B 站中搜索到大量研究工具操作学习视频，并通过弹幕与其他用户进行实时交流。那么，我们如何运用 B 站学习研究工具呢？

以学习 Endnote 文献管理工具为例，具体操作如下：第一，打开 B 站软件或访问其官方网站（https://www.bilibili.com），在搜索框内输入"Endnote 使用教程"，即可检索出一系列与 Endnote 有关的教学视频；第二，研究者可以根据个人需求对搜索结果进行筛选，例如按"最多点击""最新发布""最多弹幕""最多收藏"进行排序；最后，选择自己喜欢或认为适合自己的教学视频进行学习即可。

2. 中国大学 MOOC

中国大学 MOOC 是国内颇具规模的慕课平台，它以联通主义理论和网络化学习的开放教育学为基础。在国内慕课平台中，中国大学 MOOC 的课程覆盖广泛，基本涵盖所有本科专业，内容相对完整[①]。这些课程按照传统大学课程的逻辑，循序渐进地引导学生从初学者成长为高级人才，课程内容丰富且多数免费提供。除课内资料之外，中国大学 MOOC 还提供了丰富多样的拓展资料，以满足学习者进一步学习和思考的需求。研究者在中国大学 MOOC 软件上可以搜索到大量关于研究工具学习的视频，通过观看这些视频，可以直观地了解研究工具的运行和操作，这种简单而高效的学习方法受到了广大研究者的喜爱。

以在中国大学 MOOC 学习 SPSS 数据分析工具为例，具体操作步骤如下：首先，打开 MOOC 的软件或访问其官方网站（https://www.icourse163.org）；其次，在右上角搜索框输入"SPSS"，就可以搜索出相关的课程内容；最后，研究者可以根据课程的状态（如"正在进行""即将开始""已结束""国家精品课"）来筛选自己感兴趣的课程，并点击进入学习。

3. 网易公开课

网易公开课是网易推出的"全球名校视频公开课项目"，用户可以在线免费观看哈佛大学等世界级名校的公开课课程，以及可汗学院、TED 等教育性组织的精彩视频，内容涵盖多个领域。同时，在网易公开课的平台上，用户也能找到大量关于研究工具学习的视频资源。

研究者可以通过以下步骤来查找相关课程：首先，打开网易公开课软件或访问其官方网站（https://open.163.com）；其次，在上方搜索框输入想要学习的研究工具名称，以 SPSS 数据分析工具为例，搜索后会出现与 SPSS 相关的内容，搜索结果通常包括视频、音频、课单、订阅号和精品的分类；最后，研究者选择自己喜欢的课程进行学习即可。

综上所述，视频是学习研究工具非常便捷有效的渠道，而且我国有众多观看公开视频课程的平台，可以供我们使用，例如 Ewant 育网开放教育平台、精品课、网易云课堂和学堂在线等。

（二）文稿阅读类学习途径

随着信息技术的发展，信息的种类和形式越来越丰富，信息的存储和使用也

---

① 李璇. 使用与满足理论下大学生 B 站学习区使用意愿及使用效果研究[J]. 科技传播，2020，12（22）：140-142+149.

越来越频繁，传统图书馆的运行机制略显滞后，难以满足用户需要，电子图书馆逐渐进入人们的视线。电子书籍也成为研究者学习、掌握研究工具的重要途径。因此，电子阅读平台或应用也成为重要的学习渠道。由于一些渠道的功能和学习步骤相似，为避免重复论述，本书主要以国家数字图书馆、超星数字图书馆和微信读书为代表展开具体论述。

1. 国家数字图书馆

数字资源是数字图书馆的建设重点与服务基础。国家数字图书馆通过多元化的渠道，从多个层面致力于数字资源的建设。国家数字图书馆提供了两种访问方式：一是在浏览器上直接搜索"国家数字图书馆"，即可出现其官方网址（http://www.nlc.cn/），用户直接点击访问；二是在应用商店内搜索并下载国家数字图书馆的应用程序，完成注册登录后，用户便能够检索并阅读电子资源。

以学习研究工具 NVivo 软件为例，我们如何利用国家数字图书馆这一渠道学习 NVivo 软件呢？首先，我们需要进入国家数字图书馆的首页，在资源搜索栏中输入"NVivo"并点击检索，检索结果呈现后，我们可以根据需求进行相关设置，如筛选特定类型的资源或缩小检索范围。以图书《质性研究数据分析工具 NVivo 12 实用教程》为例[1]，我们可以选择文献传递的方式来阅读这本书。该书内容主要包括软件功能讲解、实例操作指导、习题训练三大部分。通过阅读这本书，研究者能够全面了解 NVivo 12 软件的功能，并掌握软件的使用技巧。由此可见，充分利用国家数字图书馆这一平台，能够有效地辅助我们学习研究工具。

2. 微信读书

微信读书是广州腾讯科技有限公司推出的一款阅读软件。它是一款基于微信关系链的阅读应用，支持 iOS、Android 平台，以及网页版。除了提供传统阅读 App 的基本功能外，微信读书还允许用户进行批注、讨论、推荐、收藏等操作，用户能够查看好友近期阅读的书籍以及他们对书籍的看法和评价，还能浏览其他读者的观点和笔记，并可以进行点赞或互评[2]。

---

[1] 冯狄. 质性研究数据分析工具 NVivo 12 实用教程[M]. 北京：人民邮电出版社，2020.

[2] 柴阳丽，陈向东，李玉. 社会性交互对在线阅读的影响——基于"微信读书"的调查[J]. 开放教育研究，2018，24（4）：90-100.

那么，作为一种学习渠道，我们如何利用微信读书来查找获取知识并进行研究工具的学习呢？（以 SPSS 数据分析工具为例）以下是具体的操作步骤。

首先，打开微信读书的手机端 App 或者访问其网址（https://weread.qq.com），在搜索框中输入"SPSS"进行检索，我们将找到一系列关于 SPSS 数据分析工具的书籍。本书以《SPSS 数据分析实用教程》[①]为例；其次，我们可以查看"微信读书推荐值"，这个推荐值基于大众评分，分为"推荐""一般""不行"三个等级。研究者可以根据这些评分等级来判断是否继续阅读这本书。

国家数字图书馆和微信读书是比较常见的文稿阅读类学习渠道。除此之外，文稿阅读类学习渠道还有鸠摩搜书、首都图书馆、世界图书馆等。

（三）学术网站类学习途径

除去以上两种途径，学术网站同样是研究者学习研究工具的重要选择。这些学术网站主要包括数据库、学术论坛等。接下来，我们将以国家哲学社会科学文献中心和小木虫学术论坛为例，向大家阐释如何利用这些学术网站来学习研究工具。

1. 国家哲学社会科学文献中心

国家哲学社会科学文献中心（https://www.ncpssd.org/）拥有丰富的中文期刊、外文期刊、古籍等资源，收录了大量哲学社会科学相关领域的文献和众多期刊。用户只需按照要求填写注册申请，成为网站的注册用户并登录，即可畅享其各项功能。接下来，笔者将简要介绍国家哲学社会科学文献中心的常用功能。

第一个常用功能是文献检索与阅读。使用步骤如下：在官网首页点击"高级检索"，进入"文章"检索页面后，选择检索维度并输入内容（这里以"关键词"为检索维度，检索内容为"SPSS"），并勾选"模糊"选项，以扩大检索范围。接着，点击选中"核心期刊"以获取高质量论文，其他选项可以根据个人需求添加。最后，点击"提交"按钮，系统就会检索出与关键词相关的核心期刊论文。同时，用户还可以点击页面左侧，根据"文献类型""期刊""作者""年份"等条件，对检索结果进行进一步的筛选。

第二个常用功能是期刊检索与阅读。使用步骤如下：在官网首页点击"高级检索"，然后在"期刊"检索页面至少选择一个检索维度并输入内容（这里以

① 李洪成，张茂军，马广斌. SPSS 数据分析实用教程[M]. 2 版. 北京：人民邮电出版社，2017.

"刊名"为例)。如果我们不确定期刊的准确名称或希望查找与之相关的所有期刊，选择"刊名"后应勾选"模糊"选项。为了更精确地检索，我们可以使用"中图分类号"来缩小检索范围。点击"查看分类表"，选择相关学科后点击"提交"。接下来，我们可以点击选择核心期刊，这样就能检索到相应的核心期刊。

第三个常用功能是数据库导航。使用步骤如下：在官网首页点击"服务"，然后选择"数据库导航"，我们将看到"国家哲学社会科学学术期刊数据库"和"哲学社会科学外文 OA 资源数据库"。其中，"哲学社会科学外文 OA 资源数据库"特别适用于查找外文文献。在首页，我们可以根据学科或期刊两个维度检索自己所需的资源。该网站的检索指导语是中文，资源也十分丰富，是一个极为便捷的外文文献检索工具。

第四个常用功能是外部资源导航。操作方法如下：在官网首页的右上角点击"服务"，然后选择"外部资源导航"，我们将看到许多外文数据库的官方网站链接。

2. 小木虫学术论坛

小木虫学术论坛网站是中国最有影响力的学术站点之一。内容涵盖化学化工、生物医药、物理、材料、地理、食品等学科，除此之外还有学术求助、基金申请专利标准、留学出国、论文投稿等实用内容。

接下来，笔者将简要介绍如何在小木虫查找目标帖子，以及如何在此网站发帖。

查找目标帖子：如果想利用小木虫学习 SPSS 的使用，我们可以在小木虫论坛首页（http://muchong.com/bbs/）的"搜索框"中输入"SPSS"，之后就会出现所有与 SPSS 相关的帖子。由于这些信息可能较为混乱，我们需要进行筛选。点击"所有板块搜索"选项卡，根据个人需要选择相应的选项，即可查看特定板块中的内容。点开感兴趣的帖子，我们就能看到求助内容和其他用户的回复。

发帖求助方法：首先，在小木虫官网首页（http://muchong.com/bbs/）点击上方的"板块导航"。在这个界面中，找到并点击"人文社科"选项，进入"人文社科区"。在"人文社科区"页面，找到并点击"撰写主题"，然后根据自己的需要撰写帖子，并等待其他用户的回复。

综上，上述三种途径是研究者在获取研究工具信息时较为常用且信息较为可靠的渠道。但除了这些较为正式的途径，我们平时使用的百度学术、知乎、微信公众号等平台有时也能提供帮助。研究者可根据自己的实际需求选择合适的渠道。

二、论文工具用好的三个范例

所谓研究工具是指研究人员收集、分析和解释资料所采用的工具。常见的学术研究工具类别有资料搜集类、文献管理类、数据分析类、制图制表类等。对科研工具的熟练掌握可以让科研工作事半功倍。接下来，笔者将详细介绍几个研究工具的范例，以期帮助读者选取合适且高效的研究工具，提高科研工作效率。

（一）SPSS 科研工具范例

1. SPSS 量化研究工具

SPSS 是社会科学定量研究中简单易用、重要且流行的统计软件，它广泛应用于教育学、心理学、管理学等学科，主要用于解释和预测社会现象及其规律。在教育学领域，SPSS 常用于进行定量分析。使用者只需具备中学数学基础和简单的电脑操作基础，即可轻松学习 SPSS。该软件的菜单与对话框操作方式直观便捷，内置了各种分析程序，用户只需简单操作，即可快速得到分析结果。此外，SPSS 软件还具备强大的数据管理功能，这是其他许多统计软件所不具备的显著优势。

2. 基于 SPSS 的论文示例

以《应激性事件对大学生心理健康的影响：希望的中介作用》[①]这篇文章为例，我们来分析 SPSS 软件的实际应用。该研究选取武汉某理工科高校大学生作为被试，旨在探讨大学生在经历应激性事件中，希望与心理健康之间的关系，并进一步分析应激性事件对心理健康的作用机制。

在该研究中，数据的收集主要通过问卷的方式进行。研究者随机抽取了武汉某理工科高校的大学生共 495 人作为被试。对于收集到的数据，研究者采用了量化分析的方法进行处理，具体包括描述性统计、差异性检验和因子分析等。在数

---

① 张晨艳，周宗奎，耿协鑫，等. 应激性事件对大学生心理健康的影响：希望的中介作用[J]. 高等教育研究，2015，36（7）：87-91.

据分析过程中，作者使用了 SPSS 18.0 版本软件，并主要运用了分层回归分析的方法。此外，研究者还进行了各维度间的相关分析，以初步探讨这些变量之间可能存在的关系。经过分析，结果显示各变量间均存在显著相关关系。这一发现为研究者提供了有价值的线索，有助于他们更深入地理解应激性事件对大学生心理健康的影响，以及希望在其中所起的中介作用。

研究者接下来采用依次检验程序来验证"希望"在应激性事件与 GHQ（指一般心理健康）之间的中介效应。作者首先使用 SPSS 软件对希望在两者之间的潜在中介效应进行了检验，所有相关变量都进行了标准化处理。检验结果呈现在表 3-1 中。由于依次检验（即前三个 t 检验）均达到了显著性水平，因此可以确认希望的中介效应显著，并且这种中介效应是部分性的。具体的中介效应值为0.0106，占总效应的比例为 23.49%。

表 3-1　希望在应激性事件与 GHQ 关系中的中介效应分析示例

因变量	预测变量	R^2	β	t
GHQ	应激性事件	0.204	0.452	10.873**
希望	应激性事件	0.067	−0.259	−5.763**
GHQ	希望	0.361	−0.410	−10.634**
	应激性事件		0.345	8.951**

**$p<0.01$，R^2 为测定系数，β 为标准化回归系数，下同。

其次，研究者利用 SPSS 软件，继续对希望在应激性事件与 GHQ 各维度之间可能存在的中介效应进行了深入分析，方法与之前保持一致。研究结果显示，在应激性事件与 GHQ 的多个维度（GHQ-自我肯定、GHQ-抑郁、GHQ-焦虑）之间，希望的中介效应均显著，且均为部分中介效应。具体而言，中介效应值分别为 0.136、0.070、0.048；同时，这些中介效应占总效应的比例也分别达到了40.59%、18.80%、11.64%。

最后，研究者通过数据分析，验证假设，得出如下结论：第一，应激性事件与 GHQ、GHQ-抑郁、GHQ-焦虑显著正相关，此结论与以前的研究结果相一致；第二，希望在应激性事件对心理健康的影响中起中介作用；第三，希望在应激性事件与 GHQ 及其各维度的关系中存在部分中介效应，和抑郁、焦虑这样的情绪体验状态相比，自我肯定与希望的关系更为密切。此结果表明，希望在应激性事件与大学生心理健康之间起到了中介作用，验证了前面提出的假设。

最后，经过严谨的数据分析，研究者对提出的假设进行了验证，并得出以下结论：第一，应激性事件与 GHQ 总体评分、GHQ-抑郁以及 GHQ-焦虑维度均呈显著正相关，这一发现与以往的研究结果相吻合；第二，在应激性事件对心理健康的影响中，希望起到了重要的中介作用；第三，希望在应激性事件与 GHQ 及其各维度的关系中，存在部分中介效应，特别是在与自我肯定的关系中，希望与其联系更为紧密，相较于抑郁和焦虑等情绪体验状态。这一结果充分说明，在应激性事件与大学生心理健康之间，希望发挥了中介桥梁的作用，从而验证了之前提出的假设。

（二）CiteSpace 科研工具范例

1. CiteSpace 文献综述工具

CiteSpace 是一款由德雷克赛尔大学的陈超美博士使用 Java 语言开发的信息可视化分析软件，其英文名称为 Citation Space，常被学界译为"引文空间"。该软件主要基于共引分析理论（Co-citation）和寻径网络算法（Path Finder），旨在通过量化特定领域的文献，从而揭示学科领域演化的重要路径及其知识拐点。通过绘制一系列可视化图谱，CiteSpace 能够帮助用户分析和理解学科演化的潜在动力机制，以及探测学科发展的前沿领域[1]。

2. 基于 CiteSpace 的论文示例

利用 CiteSpace 软件，通过知识图谱方法，研究者主要进行合作网络分析、共现网络分析、共被引网络分析、文献耦合分析、作者合作网络分析、关键词共现网络分析、文献共被引网络分析等多种分析，以深入探究并揭示某学科领域或特定研究主题的研究热点和前沿动态（表 3-2）。

表 3-2　基于 CiteSpace 的学术论文示例

知识图谱方法	学术论文示例
合作网络分析	《国外教育技术十大领域与权威人物的知识图谱建构研究——基于 18 种 SSCI 期刊（1960—2016 年）文献的可视化分析》[2]

---

[1] 陈悦，陈超美，刘则渊，等. CiteSpace 知识图谱的方法论功能[J]. 科学学研究，2015，33（2）：242-253.

[2] 兰国帅，汪基德，梁林梅. 国外教育技术十大领域与权威人物的知识图谱建构研究——基于 18 种 SSCI 期刊（1960—2016 年）文献的可视化分析[J]. 远程教育杂志，2017，35（2）：74-86.

续表

知识图谱方法	学术论文示例
共现网络分析	《21 世纪以来国际学前教育研究：发展与趋势——学前教育领域四种 SCI 和 SSCI 期刊的知识图谱分析》[①]
共被引网络分析	《境外教育技术研究：进展与趋势——教育技术领域 20 种 SSCI 和 A&HCI 期刊的可视化分析》[②]
文献耦合分析	《21 世纪以来国际教育技术研究热点与前沿——基于 18 种 SSCI 期刊的可视化分析》[③]
作者合作网络分析	《国际教育技术研究的代表人物与学术团体——基于 Computer&Education 等 18 种 SSCI 期刊的可视化分析》[④]
关键词共现网络分析	《国内外教育技术新发展——基于 WOS 与 Histcits 知识图谱可视化分析》[⑤]
文献共被引分析	《国外高等教育研究：进展与趋势——高等教育领域 12 种 SSCI 和 A&HCI 期刊的可视化分析》[⑥]
文献耦合网络分析	《信息素养与媒介素养的对比研究——基于知识图谱可视化分析的视角》[⑦]

（三）NVivo 科研工具范例

1. NVivo 质性研究工具

NVivo，这个名称由 Nudist 和 vivo 组合而来，是由澳大利亚 QSR（Qualitative Solutions & Research）公司精心打造的一款定性分析软件。它不仅强大而且灵活，专为应对大规模定性研究项目而设计。NVivo 提供了极为便捷的数据输入输出体验，同时包含八大核心功能：导入（import）、编码（node）、群组

---

① 兰国帅，程晋宽，虞永平. 21 世纪以来国际学前教育研究：发展与趋势——学前教育领域四种 SCI 和 SSCI 期刊的知识图谱分析[J]. 教育研究，2017，38（4）：125-135.

② 兰国帅，张一春. 境外教育技术研究：进展与趋势——教育技术领域 20 种 SSCI 和 A & HCI 期刊的可视化分析[J]. 电化教育研究，2015，36（7）：114-120.

③ 兰国帅. 21 世纪以来国际教育技术研究热点与前沿——基于 18 种 SSCI 期刊的可视化分析[J]. 开放教育研究，2017，23（2）：92-101.

④ 兰国帅. 国际教育技术研究的代表人物与学术团体——基于 Computer & Education 等 18 种 SSCI 期刊的可视化分析[J]. 现代远距离教育，2017，（2）：49-61.

⑤ 兰国帅，张一春，王岚. 国内外教育技术新发展——基于 WOS 与 Histcits 知识图谱可视化分析[J]. 开放教育研究，2014，20（3）：111-120.

⑥ 兰国帅，张一春. 国外高等教育研究：进展与趋势——高等教育领域 12 种 SSCI 和 A&HCI 期刊的可视化分析[J]. 高等教育研究，2015，36（2）：87-98.

⑦ 兰国帅，张舒予，张一春. 信息素养与媒介素养的对比研究——基于知识图谱可视化分析的视角[J]. 现代远距离教育，2014（6）：32-39.

（set）、查询（query）、建模（modeling）、链接（links）、分类（classifications）和文件夹（folders）。

无论是从文档的细致解读，还是到调查回答中的图案信息分析，NVivo 都能应对自如。此外，它还为使用者提供了与统计软件的无缝链接，使得分析过程更加顺畅，主要适用于定性研究数据的分析。最新版本的 NVivo 更是进一步扩展了其应用范围，能够协助处理社交媒体和网页内容[①]。

2. 基于 NVivo 的论文示例

根据上述对 NVivo 软件的理解，现对《中学生高考科目选择能力调查：基于 NVivo 的分析》[②]一文中 NVivo 的具体应用进行详细说明。

该研究聚焦浙江省首次参加新高考改革的前三届学生。研究团队采用了分层随机抽样的方法，精心选取了教学水平各异的三所学校，分别用代码 A 类、B 类和 C 类进行标识。在这三所学校的每个年级中，研究团队又随机抽取了 8—10 名选择化学作为高考选考科目和未选择化学的学生作为访谈对象。

访谈过程主要采取面对面形式，访谈结束后，研究团队对每位研究对象进行了编号，并将访谈的录音材料仔细转译为文字，保存为 word 文件，文件名即为学生的编号。随后，利用 excel 数据表，研究团队汇总了每个学生的基本信息，如编号、学校类型、性别等，为后续的深入分析打下了坚实基础。

在数据分析阶段，该研究基于扎根理论对访谈内容进行了深入的编码分析。具体步骤如下。

首先，研究团队打开 NVivo 软件，将整理好的学生个案 word 文件导入其中，创建了案例节点。接着，利用 NVivo 的"导入分类表"功能，将包含访谈个案信息的 excel 文件导入，自动为每个案例设置了相应的属性。

随后，研究团队仔细阅读了访谈材料，利用 NVivo 的手动编码功能，对学生的回答进行了开放编码，形成了三级子节点。紧接着，通过主轴编码，对意义相同或相近的节点进行了归类、合并，建立了二级节点和类属关系。最终，在选择编码阶段，形成了核心类别，即一级节点。

最后，研究团队利用 NVivo 的图表功能结合 excel 软件，绘制了直观易懂的图表，实现了访谈结果的可视化表达。

---

① 安艳芳. 定性资料计算机分析软件 NVivo 应用解析[J]. 中国科技信息，2012（5）：66-67.
② 竺丽英，王祖浩，全微雷. 中学生高考科目选择能力调查：基于 NVivo 的分析[J]. 化学教学，2018（2）：7-13.

　　经过严谨的数据分析，本研究发现中等水平学校的学生在专业匹配度上表现最低，而年级变量和考试类型则对学生选考科目与预报专业的匹配度产生了一定影响。这一发现为未来的高考改革和中学教育提供了有价值的参考。

第 四 章

怎样撰写不同类论文

在撰写论文正文时，为了确保论文的准确性、可信度和有效性，研究者需要依据论文类型运用相应的工具和技巧来满足各项要求。论文正文涵盖了文献综述论文、元分析类论文、量化研究论文、质性研究论文及混合研究论文等多元化类别。对于文献综述论文，研究者应精通查找和筛选文献的技巧，并熟练掌握如 CiteSpace、VOSviewer、CitNetExplorer 等文献管理工具，以便高效地整理和引用大量文献资料。在元分析论文的撰写中，研究者需要使用如 CMA 等统计分析软件，对已有研究结果进行集成和深入分析。量化研究论文则要求研究者对统计方法和软件有深入的了解，如 SPSS、Amos、SmartPLS 等，以便对数据进行有效的处理和分析。对于质性研究论文，研究者需要熟练掌握如 MAXQDA、NVivo、ATLAS-ti 等质性数据分析工具，来解读和阐述研究结果。混合研究论文则要求研究者在量化和质性研究方法上均有所建树，能够综合运用各类工具来全面而深入地分析问题。因此，研究者应根据论文的具体性质和要求，灵活选用合适的工具，以确保论文的高质量和学术价值。本章内容旨在为撰写不同类型论文的研究者提供有关研究工具的参考与指导。

第一节　撰写文献综述论文：学会使用文献综述工具

　　学会使用文献综述工具并熟练地撰写文献综述类论文，无疑是学术论文写作中不可或缺的重要技能。文献综述不仅是研究者深入了解特定领域已有研究的关键途径，而且通过运用合适的文献综述工具，可以显著提升研究效率。在撰写文献综述类论文时，研究者需要系统性地汇总、分析和评价过去的研究成果，以揭示研究领域的现状、发展趋势以及存在的不足。这一过程要求研究者具备深厚的学术素养和严谨的研究态度。为了更有效地管理和引用文献资料，研究者还需善于运用文献管理工具，如 VOSviewer 等，来整理、分类和引用各种文献资料。这些工具不仅能帮助研究者高效地检索和筛选相关文献，还能协助他们在撰写论文时准确、规范地引用文献，确保论文的学术性和规范性。

一、VOSviewer 操作步骤

（一）软件简介

　　VOSviewer 是一款专注于构建和查看文献计量图谱的分析软件，它利用文献的共引和共被引关系来绘制出特定知识领域的科学图谱。该软件由荷兰莱顿大学的范·艾克（N. J. van Eck）和沃尔特曼（L. Waltman）联合开发。用户可以通过访问 www.vosviewer.com 网站免费下载数据包，解压后运行程序；或者直接在网页上运行该软件。需要注意的是，不论采用哪种方式，用户都需要配置 Java 环境。一旦配置完成，就可以将从 Web of Science、知网等数据库中下载的文本数据直接导入 VOSviewer 中进行深入分析。

　　在导入数据之前，VOSviewer 提供了两种导入形式供用户选择。首先是 text corpus（文本集形式），适用于分析标题和摘要中词汇的共现关系；另一种是

network（网络形式），则用于分析文献、期刊、作者、机构等之间的共引和耦合关系。

接下来，我们将以从知网数据库下载的与"生命教育"主题相关的数据为例，详细展示如何利用 VOSviewer 分析该研究领域内标题和摘要中词汇的共现情况。

（二）基本操作

1. 开启软件

第一步，打开 VOSviewer 软件，点击 File（文件）标签下的"Create"（创建）按钮（图4-1）。扫描右侧二维码可获得本章清晰图片。

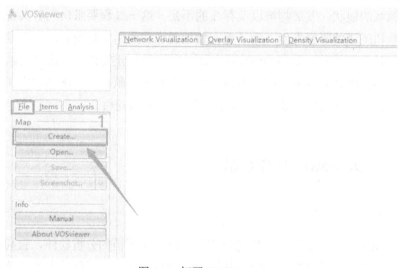

图 4-1 打开 VOSviewer
注：图中 1 为基本操作的顺序，余同

2. 导入数据

第二步，在"Choose type of data"（选择数据类型）页面勾选"Create a map based on bibliographic data"（根据文献数据创建地图）选项。选择此选项可创建基于书目数据的合著、关键字共现、引文、书目耦合或共引文图。此外，第一个选项支持的是网络数据，第三个选项支持的是文本数据。第三步，点击"Next"（下一步）（图4-2）。

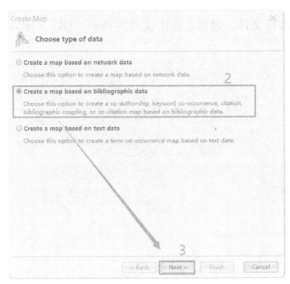

图 4-2　根据文献数据创建地图

第四步，在"Choose data source"（选择数据源）页面勾选"Read data from reference manager files"（从引用管理器中读取数据）。点击"Next"（图 4-3）。

图 4-3　从引用管理器中读取数据

接着，在"Select files"（选择文件）页面点击"EndNote"（先前所导出的文献类型为 EndNote），选择自己文件所在的数据库导入事先下载好的文件，点击箭头所指按钮，选择文件。最后，选中文件并点击"Ok"（图 4-4）。

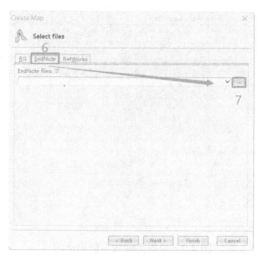

图 4-4　选择文件

第五步，将文件导至桌面。选中文件并点击"Ok"。如图 4-5 所示，文件框出现选中文件数据名称，点击"Next"，导入完成。

图 4-5　导入数据

3. 选择参数

根据文章需求，研究者可以选择适当的分析方法，具体为作者共现分析或关键词共现分析。共现分析是一种量化技术，用于揭示信息载体中各种元素（如作者、关键词等）的共现情况，进而揭示这些元素间的关联及特征项的潜在含义。在文献计量学研究中，共同出现的特征项之间通常存在一定的关联，而这种关联的强度可以通过共现频次来衡量。例如，当两位作者共同出现在同一篇论文中时，这通常意味着他们之间存在合作关系；共同出现的频次越高，则表明两位作者合作的强度越大，关联程度也越高。关键词共现分析亦然。一般而言，共现分析的类型包括论文共现、关键词共现、作者共现以及期刊共现等。

研究者应根据自己的研究目的来选择合适的研究方法。本书以作者共现分析方法为例，以作者为分析对象，选择完全计数作为记数方法。在确定并筛选文件中作者数量的最大值后，点击"Next"继续操作。具体操作步骤如图 4-6 所示。

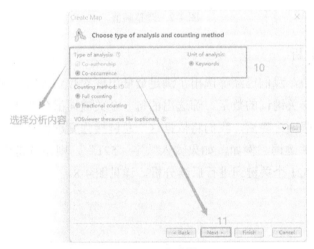

图 4-6　选择参数

4. 调整阈值

调整阈值是筛选关键词的一个关键参数，它设定了"关键词出现的最少次数"这一标准。如图 4-7 所示，当阈值被设定为"1"时，意味着只要某个关键词在导入的所有文献中至少出现过一次，它就会被选作进行共现分析的关键词。如果导入的文献中总共有 521 个不同的关键词，且每一个关键词都至少出现了一次，那么这 521 个关键词都将被纳入共现分析的范围。

简而言之，阈值设定得越低，被选入共现分析的关键词数量就越多；反之，阈值设定得越高，被选入的关键词数量就越少。

图 4-7   调整阈值

5. 生成分析

在上一步中，我们已经筛选出了满足最低出现次数要求的关键词。现在，我们将进一步选择关键词的数量。筛选出的每一个关键词都会被计算与其他关键词共现的总链接强度，随后，我们将依据这一总链接强度进行排序，并挑选出总链接强度最大的关键词。例如，如果输入数字"521"，则系统将选择总链接强度排名最靠前的 521 个关键词进行后续分析。详见图 4-8。

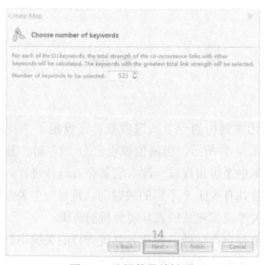

图 4-8   选择数量关键词

接下来，请确认关键词。此列表展示的是经过筛选后保留的关键词，详见图4-9。第三列显示了每个关键词在所有文献中出现的次数，第四列则代表该关键词与其他关键词之间的总链接强度。若我们希望进一步精简关键词列表，可以在第一列中取消勾选不需要的关键词，从而进行再次筛选。

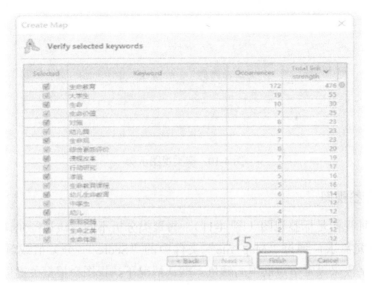

图 4-9　确认关键词

（三）结果展示

VOSviewer 的结果视图有三类，分别是聚类视图（network visualization）、标签视图（overlay visualization）以及密度视图（density visualization）。

1. 聚类视图

第一种视图为聚类视图（图 4-10），其中圆圈和标签共同构成一个元素。元素的大小取决于多种因素，如节点的度、连接的强度以及被引量等。元素的颜色则代表着其所属的聚类，不同颜色即代表不同的聚类。通过该视图，用户可以清晰地观察到每一个单独的聚类情况。例如，可以通过主题共现来分析研究热点的结构分布，通过作者合作来识别研究小团体，或者通过作者耦合网络来探索学者们在研究主题上的异同点。

这些文献中包含大量的关键词。若想要保存此聚类视图，可以点击左侧的"File"选项，随后选择"Save"（保存）或"Screenshot"（截图）功能。另外，点击"Items"（条目）则可以查看所有的类别。

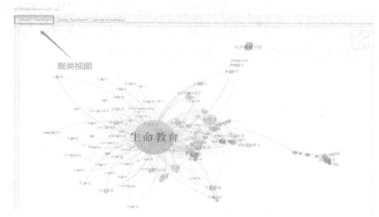

图 4-10　聚类视图示例

2. 标签视图

第二种视图是标签视图（图 4-11）。与聚类分析不同，该视图允许用户根据自身的研究需求，通过"Map file"文件中的"Score"（分）值或颜色（红、绿、蓝）字段来设定节点的不同颜色。默认情况下，视图会根据关键词的平均年份来取 Score 值进行颜色映射，从而便于进行领域内研究趋势的演变分析。

如图 4-11 所示，右下角展示了颜色与年份的对应关系，深色代表 2014 年，随后逐渐过渡到绿色，直至 2020 年再次过渡到黄色。用户可以通过自定义颜色设置，直观地识别出不同年份对应的研究内容以及研究趋势的变化。

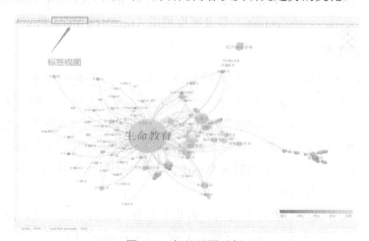

图 4-11　标签视图示例

3. 密度视图

第三种是密度视图（图 4-12）。在这个视图中，图谱上的每一点都会根据其周围元素的密度来填充颜色。密度越大，颜色越接近红色；密度越小，颜色则越接近蓝色。密度视图可以帮助用户快速观察某一领域的知识和研究密度情况。颜色越亮，表示该领域的研究密度越大，可能意味着研究价值和研究热度也相应较高。

例如，在图 4-12 中，"生命教育"这个词的颜色非常亮，而其他词如"综合素质评价"和"大学生"等相对来说颜色较暗，这说明在这些文献中，对"生命教育"的研究密度较高，而对其他词的研究密度则相对较低。

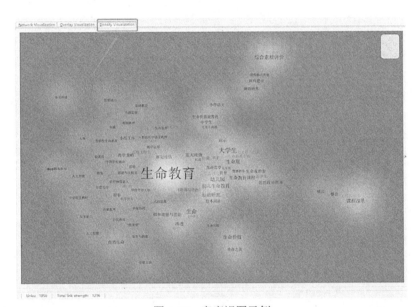

图 4-12　密度视图示例

二、优秀论文示例

（一）论文示例 1

以《我国研究生教育评价研究：回顾与展望》①一文为例，研究者通过

---

① 王超，郑虹，丁义浩，等. 我国研究生教育评价研究：回顾与展望[J]. 现代教育管理，2022（6）：82-89.

VOSviewer 软件绘制了 1986—2021 年研究生教育评价研究的主题密度图谱，从而给读者提供了一个直观的方式，以辨析出研究热点。

根据图 4-13 的展示，"研究生教育""教育质量""研究生教育质量""教育评估""专业学位""评价主体""指标体系"等关键词的研究热度较高。这一结果表明，现有的研究主要聚焦于研究生教育评价的质量维度，不仅深入分析了多元评价主体之间的权责边界、互动关系及参与路径，还在评价指标体系的构建方面进行了广泛的探索。

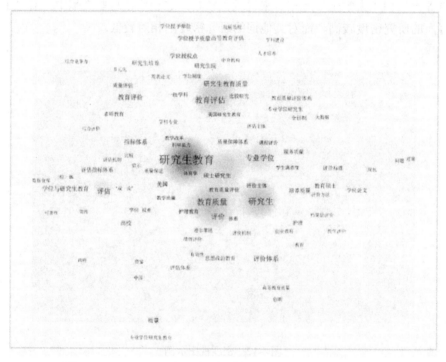

图 4-13　1986—2021 年研究生教育评价研究主题密度图谱示例

（二）论文示例 2

以《国际 STEAM 教师研究的热点与发展趋势——基于 VOSviewer 的文献计量分析》①为例，研究者使用 VOSviewer 软件，对 2000—2019 年在 Web of

---

① 张楠，宋乃庆，黄新，等. 国际 STEAM 教师研究的热点与发展趋势——基于 VOSviewer 的文献计量分析[J]. 开放教育研究，2020，26（5）：78-87.

Science 数据库中发表的 184 篇同时包含"STEM"或"STEAM",以及"teacher",或同时涵盖"science,technology,engineering,mathematics"和"teacher"的英文文献进行了深入的检索与分析(图4-14)。

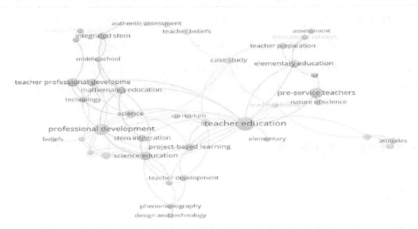

图 4-14　国际 STEAM 教师研究的关键词共现分析

基于这些文献的关键词共现分析,研究者揭示了国际 STEAM 教师研究的热点,这些热点主要包括四个方面:一是如何改善多维 STEAM 教师的专业发展;二是如何培养优质的 STEAM 教师教育;三是内生发展的 STEAM 教师观念;四是旨在提升学生素养的 STEAM 项目式学习。

综上,通过 VOSviewer 的操作流程及论文示例,我们可以清晰地看到该软件在分析相关领域研究时的强大功能。它能够揭示整体研究概况、最新的研究进展、特定国家的研究情况、机构的分布情况,以及识别出重要研究人员和关键文献。不仅如此,VOSviewer 还能发现主流学术群体及其代表人物、核心技术领域和热点问题,并以直观的可视化图像形式呈现这些信息。这些功能对于研究者来说,无疑极大地促进了科学研究的深入和高效进行。

第二节　撰写元分析类论文:学会使用元分析研究工具

掌握元分析类工具并熟练地撰写分析类论文,确实是研究领域中进行系统性综合分析不可或缺的关键技能。元分析作为一种高效的研究方法，能够有效整合和比较多个独立研究的结果，从而挖掘出潜在的规律和关联。在撰写元分析类论文时，研究者需要借助如 CMA（Comprehensive Meta-Analysis）等专业的元分析工具，对来自不同研究的数据进行系统的收集、整合和统计分析。这一过程不仅需要研究者具备扎实的统计学和数据分析知识，更要求他们拥有高度的批判性思维和分析能力，以确保元分析的严谨性和可靠性。借助这些元分析类工具，研究者能够从海量的研究资料中提炼出有价值的信息，为研究领域的深入发展和决策制定提供坚实的依据。下面，笔者将详细介绍一些常用的元分析软件及其操作方法。

一、CMA 操作步骤

（一）软件简介

CMA 是一款出色的元分析（也称为综合分析或整合分析）软件，它能够将多个研究的数据进行统计整合并重新分析。当研究结论趋于一致时，CMA 可以验证这些研究的共同效应；当研究结论存在差异时，CMA 则用于探寻这些差异产生的原因。CMA 软件的功能主要划分为三大板块：数据录入、数据分析、结果呈现。这样的功能划分使得用户能够高效地进行元分析工作。

（二）基本操作

1. 数据录入

运用 CMA 进行元分析之前，首先需要录入数据。打开 CMA 软件，并选择打开一个空白的表格，单击确定，进入操作页面，此时会弹出一个导航窗口，用户可以根据导航提示快速掌握 CMA 基本操作。

插入序列的研究名称时，首先在页面上找到 A 序列。按住鼠标右键在出现的窗口点击"Identify function for column A"（为 A 序列定义名称）→ "Study names"（研究名称），即可插入 A 序列的研究名称（图 4-15）。第二，因为一篇文章可能会得到多个结果，所以需为 B 序列定义研究名称"Outcome names"（研究名称），步骤同上。

AB 序列插入完成后，对其他序列进行相关值创建，即在 C 序列按住右键点击"Identify function for column C"（为 C 序列定义名称）→ "Effect size data"

（效应量数据）。

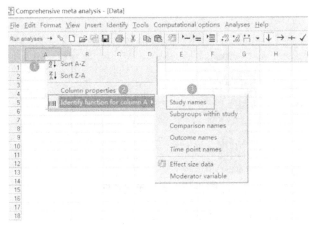

图 4-15　插入 A 序列的研究名称

　　在弹出的界面点击"Next"会出现选择数据格式窗口（图 4-16），在这个窗口依次点击"Correlation"（相关）→"Computed effect size"（计算的效应大小）→"Correlation and sample size（相关性和样本量）"（图 4-16），然后在弹出的窗口定义序列名称（图 4-17），至此完成了表格的基本设置，白色部分（扫描二维码可见）是需要输入的数据，黄色部分（扫描二维码可见）是软件自动计算的数据（图 4-18）。

图 4-16　选择数据格式

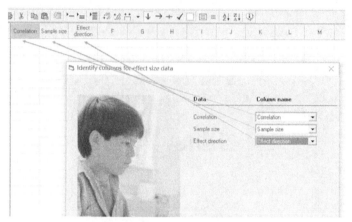

图 4-17　定义序列名称

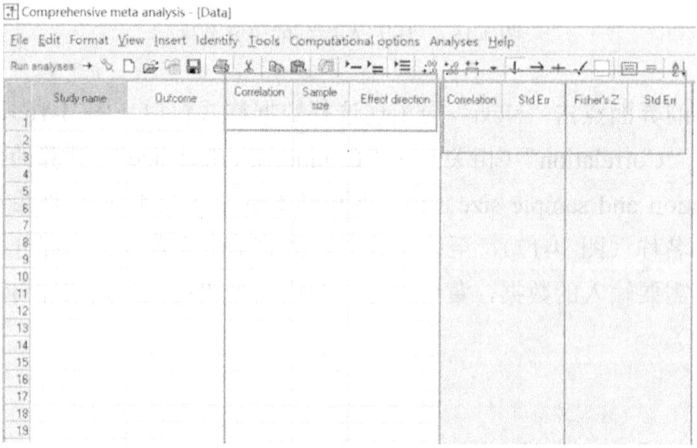

图 4-18　完成设置界面

接着就可以将所研究的数据输入 CMA 中。可以从 excel 中复制粘贴，也可以手动输入。将所要研究的数据保存为"XXX-cma"格式，可直接从"Files"菜单栏打开你保存的数据副本。

在上述所说白色区域输入数值之后，黄色区域会自动出现计算出的数据。双击黄色区域的任意值即可知道数据是如何自动计算出来的（图 4-19）。

默认显示的效应量是比值比，也可以通过自定义显示。点击"Tools"（工具）—"Customize computed effect size display"（自定义计算效应量的显示）。

在跳出的对话框中选择需要显示的效应量指数即可，可以选择风险率、优势比、对数比值等。

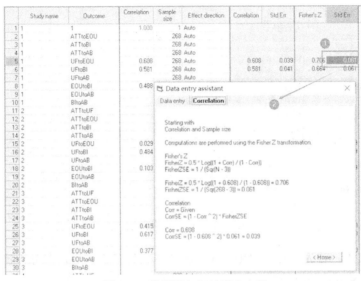

图 4-19　数据是如何计算出来的

2. 数据分析

数据分组。以"Outcome"为分组依据，依次点击"Computational options"（计算选项）→"Group by"（分组）→"Outcome"→"Ok"（图 4-20），接着就会出现分好组的数据界面。

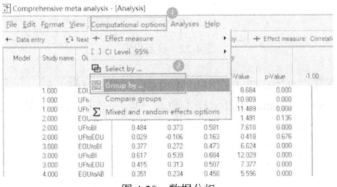

图 4-20　数据分组

选择计算模型。在屏幕的左下角可以看到有"Fixed"（固定）"Random"（随机）和"Both models"（同时）标签，分别表示固定效应模型、随机效应模型和两者都呈现（图 4-21）。

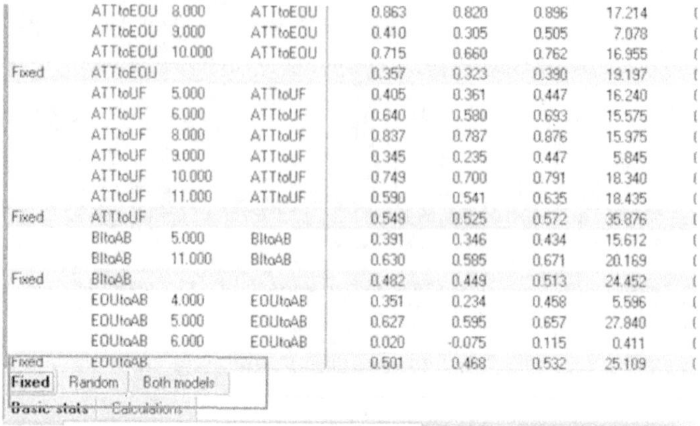

ATTtoEOU 8.000 ATTtoEOU 0.863 0.820 0.896 17.214
ATTtoEOU 9.000 ATTtoEOU 0.410 0.305 0.505 7.078
ATTtoEOU 10.000 ATTtoEOU 0.715 0.660 0.762 16.955
Fixed ATTtoEOU 0.357 0.323 0.390 19.197
ATTtoUF 5.000 ATTtoUF 0.405 0.361 0.447 16.240
ATTtoUF 6.000 ATTtoUF 0.640 0.580 0.693 15.575
ATTtoUF 8.000 ATTtoUF 0.837 0.787 0.876 15.975
ATTtoUF 9.000 ATTtoUF 0.345 0.235 0.447 5.845
ATTtoUF 10.000 ATTtoUF 0.749 0.700 0.791 18.340
ATTtoUF 11.000 ATTtoUF 0.590 0.541 0.635 18.435
Fixed ATTtoUF 0.549 0.525 0.572 35.876
BItoAB 5.000 BItoAB 0.391 0.346 0.434 15.612
BItoAB 11.000 BItoAB 0.630 0.585 0.671 20.169
Fixed BItoAB 0.482 0.449 0.513 24.452
EOUtoAB 4.000 EOUtoAB 0.351 0.234 0.458 5.596
EOUtoAB 5.000 EOUtoAB 0.627 0.595 0.657 27.840
EOUtoAB 6.000 EOUtoAB 0.020 -0.075 0.115 0.411
Fixed EOUtoAB 0.501 0.468 0.532 25.109
Fixed Random Both models
Basic stats Calculations

图 4-21　选择计算模型

显示权重。首先，点击“Run analysis”（运行分析）后，在分析窗口的工具栏中点击“Show weights”（显示权重），再次点击则关闭（图 4-22）。

Analyses Help
High resolution plot
Select by ...
Effect measure: Correlation
Statistics for each study
Correlation and 95% CI
Weight (Fixed)
Lower limit Upper limit Z-Value p-Value
-1.00 -0.50 0.00 0.50 1.00
Relative weight
0.488 0.391 0.574 8.684 0.000 0.90
0.581 0.496 0.655 10.809 0.000 0.90
0.608 0.527 0.678 11.489 0.000 0.90
0.103 -0.033 0.235 1.491 0.136 0.71
0.484 0.373 0.581 7.618 0.000 0.71
0.029 -0.106 0.163 0.418 0.676 0.71
0.377 0.272 0.473 6.624 0.000 0.95
0.617 0.539 0.684 12.029 0.000 0.95
0.415 0.313 0.507 7.377 0.000 0.95
0.351 0.234 0.458 5.596 0.000 0.79
0.392 0.278 0.495 6.322 0.000 0.79

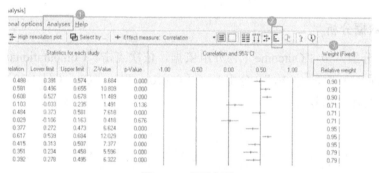

图 4-22　显示权重

显示样本数。首先，点击“Run analysis”（运行分析）后，在分析窗口的工具栏中点击“Show counts”（显示样本数），再次点击则关闭（图 4-23）。

Comprehensive meta analysis - [Analysis]
File Edit Format View Computational options Analyses Help
Data entry
Next table
High resolution plot
Select by ...
Effect measure: Correlation
Model Group by Outcome Study name Outcome
Statistics for each study
Sample size
Correlation and 95% CI
Correlation Lower limit Upper limit Z-Value p-Value Total
-1.00 -0.50 0.00 0.50
ATTtoAB 5.000 ATTtoAB 0.353 0.307 0.398 13.944 0.000 1432
ATTtoAB 6.000 ATTtoAB 0.510 0.436 0.577 11.560 0.000 425
ATTtoAB 11.000 ATTtoAB 0.280 0.212 0.345 7.826 0.000 743
Fixed ATTtoAB 0.360 0.326 0.393 19.203 0.000
ATTtoBI 5.000 ATTtoBI 0.943 0.937 0.948 66.701 0.000 1432
ATTtoBI 7.000 ATTtoBI 0.773 0.731 0.809 20.734 0.000 410
ATTtoBI 8.000 ATTtoBI 0.843 0.794 0.881 16.244 0.000 177
ATTtoBI 9.000 ATTtoBI 0.637 0.560 0.703 12.237 0.000 267
ATTtoBI 10.000 ATTtoBI 0.731 0.679 0.776 17.588 0.000 360
ATTtoBI 11.000 ATTtoBI 0.380 0.317 0.440 10.883 0.000 743

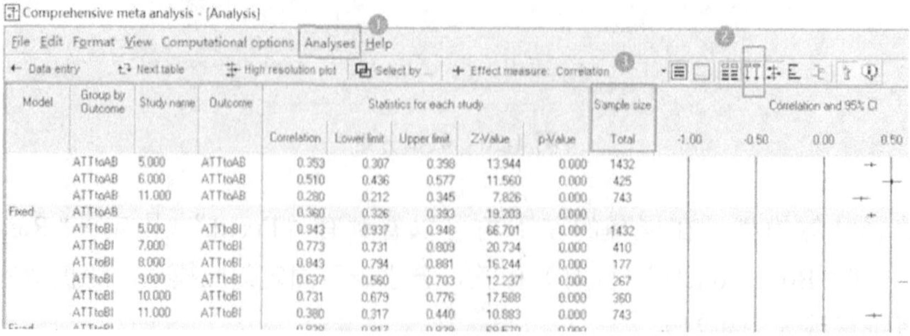

图 4-23　显示样本数

查看统计数据的详细信息。直接点击"Next table"（下个表格）；或者点击 View（查看）→Meta-analysis statistics（元分析统计数据），查看统计数据的详细信息（图 4-24）。这个表中不仅有附加的统计信息，还包括异质性等相关信息。再次点击"Next table"则返回至分析界面。

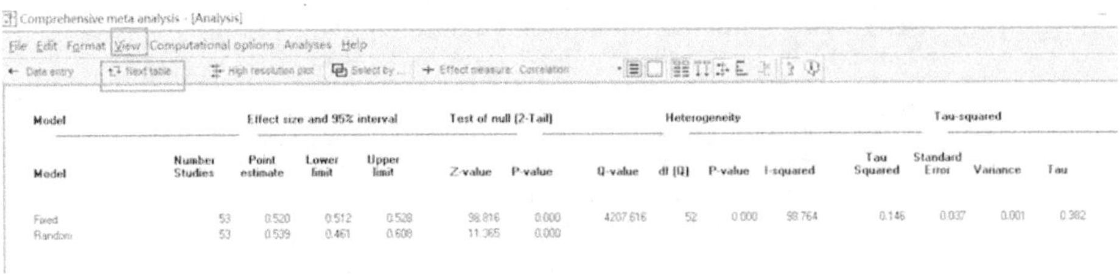

图 4-24　查看统计数据的详细信息

保留序列。保留想要在高分辨率绘图中使用的列（因为列最少，森林图显示出的视觉效果就更好）。右键单击比值列，并选择"Customize basic stats"（自定义基础统计）（图 4-25），再把"Z-Value"（Z 值）和 p-Value（p 值）取消勾选，结果如图 4-26 所示。

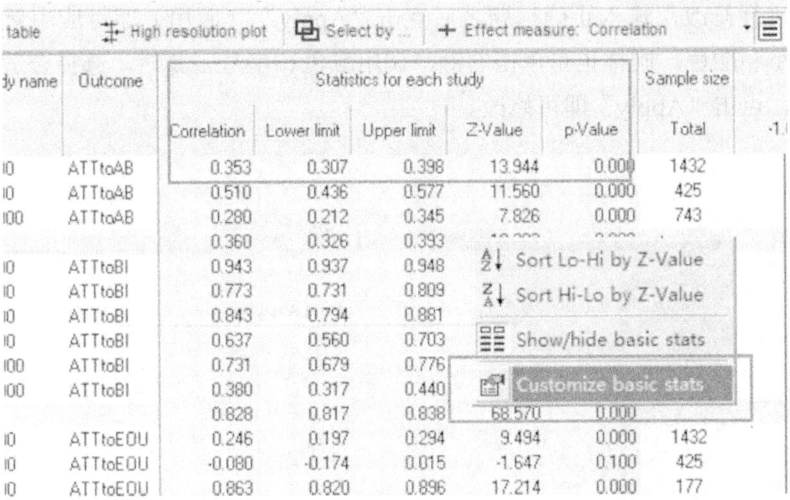

图 4-25　保留序列

Comprehensive meta analysis - [Analysis]

File Edit Format View Computational options Analyses Help

← Data entry   ⤷ Next table   High resolution plot   Select by ...   + Effect measure: Correlatio

Model	Group by Outcome	Study name	Outcome	Statistics for each study			Sample size	-1.00
				Correlation	Lower limit	Upper limit	Total	
	ATTtoAB	5.000	ATTtoAB	0.353	0.307	0.398	1432	
	ATTtoAB	6.000	ATTtoAB	0.510	0.436	0.577	425	
	ATTtoAB	11.000	ATTtoAB	0.280	0.212	0.345	743	
Fixed	ATTtoAB			0.360	0.326	0.393		
	ATTtoBI	5.000	ATTtoBI	0.943	0.937	0.948	1432	
	ATTtoBI	7.000	ATTtoBI	0.773	0.731	0.809	410	
	ATTtoBI	8.000	ATTtoBI	0.843	0.794	0.881	177	
	ATTtoBI	9.000	ATTtoBI	0.637	0.560	0.703	267	
	ATTtoBI	10.000	ATTtoBI	0.731	0.679	0.776	360	
	ATTtoBI	11.000	ATTtoBI	0.380	0.317	0.440	743	
Fixed	ATTtoBI			0.828	0.817	0.838		
	ATTtoEOU	5.000	ATTtoEOU	0.246	0.197	0.294	1432	
	ATTtoEOU	6.000	ATTtoEOU	-0.080	-0.174	0.015	425	

图 4-26   结果显示

3. 生成视图

点击工具栏上的"High-resolution plot"（高分辨率图表），可生成高分辨率图（图 4-27）。当需要对视图进行修改时，以修改标题为例，在标题位置单击右键即可进行修改，输入正确标题之后点击"Apply"（应用）即可应用新标题；调整大小和颜色，同样也是单击右键，调用颜色和字号工具栏，选择合适的颜色和字号，点击"Apply"即可修改。

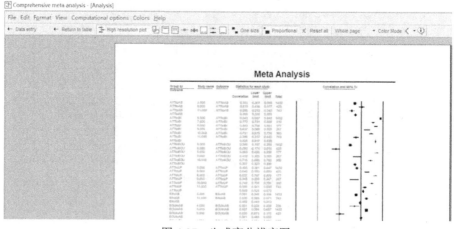

图 4-27   生成高分辨率图

4. 导出视图

确定生成的高分辨率图无误之后，在工具栏点击"File"（文件），可以根据需要将高分辨率图导出至 word 或者 PPT。

二、优秀论文示例

基于以上对 CMA 的内涵和功能的认识，对《基于元分析的在线学习用户使用行为研究》一文中 CMA 软件的应用展开分析[①]。

（一）选择依据

通过文献调研发现，在"在线学习用户使用行为"这一相关研究中，国内外不同学者间观点存在差异，主要体现在两个方面：一是同一因素在不同研究中的实证结论不同，二是不同研究中学者验证的因素有差异。这些差异的产生可能是由学者研究视角、理论模型、调研背景、研究时间、调查样本等多种方面的差异造成的。又鲜有学者采用定量的方式对在线学习用户行为研究结论进行整合。因此，作者选择用 CMA 研究工具对在线学习用户行为研究结论进行整合。

（二）数据分析

为保证文献的查全率，使用关键词在多个中英文数据库中进行检索，最终获得相关文献 473 篇。在对文献进行筛选和剔除后，最终获得 64 篇符合条件的文献。随后利用 CMA 软件进行文献编码工作，主要包括文献内容抽取和确定统一效应量两部分。文献内容抽取分为文献基本信息和定量数据抽取。文献基本信息包括作者、年限、主题、出版来源等，定量数据抽取主要是抽取元分析的效应值统计项，包括样本量、相关系数、t 值、p 值等。

然后再借助 CMA 软件来开展定量分析，由于文献中提供的定量数据存在差异，大部分文献使用相关系数 r 作为效应值，少量未提供 r 值的文献需将统计量 t 值、p 值等经过 Fisher 转换得到效应值。异质性一般用 Q 和 I^2 统计量来检验，该研究中 Q 检验的结果显著（$p<0.05$），说明多个研究之间存在异质性；同时 I^2

---

① 王建亚，牛晓蓉，万莉. 基于元分析的在线学习用户使用行为研究[J]. 现代情报，2020，40（1）：58-68.

的值大于 80%，表明各个影响因素的变异部分在总体效应值中所占比例较高。

效应值分析是分析各因素对用户使用在线学习的影响效应，该研究运用CMA 软件进行自动分析得出其结果。在 27 个因素中，除服务质量和感知自主性未通过检验外，其他均通过检验。服务质量检验结果：$Z=1.384$，$p=0.166$，感知自主性的检验结果：$Z=1.213$，$p=0.225$，说明服务质量和感知自主性对在线学习的用户使用行为影响不显著。除计算机焦虑与用户的使用行为是负相关关系（$r=-0.324$，$p<0.001$），其余影响因素对用户的使用行为均是正相关关系。

接着，作者又根据 Cohen J[①]提出的相关系数 r 强弱的判断准则将所有因素与在线学习用户使用行为的相关性进行分析汇总。最终得出：强相关的因素有 14个，中度相关的因素有 11 个，没有出现弱相关的因素，说明学者对在线学习用户行为影响因素的选取相对比较集中，大部分呈现较强的相关性。

最后，由于偏倚的存在会对元分析的结果产生很大影响，甚至可能导致结论出现偏差，因此在现有元分析的文献中，学者们借助多种技术相结合来判断是否存在发表偏倚。使用 CMA 软件执行发表偏倚检测得出该研究元分析结论将不受出版偏倚的影响。

（三）研究结论

该研究运用元分析方法对在线学习用户的使用行为进行分析，将纳入元分析的影响因素分为三类：促进因素、障碍因素、无显著相关因素。促进作用中影响最显著的是用户的使用态度；障碍因素是计算机焦虑；无显著作用的因素有服务质量、感知自主性等。

该文章使用 CMA 软件分析，是为了综合已有的在线学习用户使用行为的实证研究结论，系统分析在线学习用户使用行为的影响因素，消除不同研究间的差异，得到在线学习用户使用行为研究普遍、客观的研究结论。

第三节　撰写量化研究论文：学会使用量化研究工具

熟练掌握量化研究工具，并娴熟地撰写量化研究论文，是在学术领域进行数

---

① Cohen J. Statistical Power Analysis for the Behavioral Science[M]. 2nd ed. Hillsdale: L. Erlbaum Associates.

据驱动分析的重要技能。量化研究作为一种基于数据和统计分析的方法，能够揭示出变量之间的关系和趋势。在写量化研究论文时，学者需要具备对数据的收集、整理和分析的能力，同时熟练运用相关统计分析软件，如 Amos 等，来处理大量的数据。此外，准确的问题界定、样本的选择和研究方法的设计也是撰写量化研究论文时需要考虑的关键因素。通过学会使用量化研究工具，研究者能够更加准确地分析问题、验证假设，并从数据中提取出有意义的信息。写量化研究论文也需要注重对结果的解释和推断，以确保研究的可信度和实用性。通过运用适当的量化研究工具，研究者能够为学术研究和实践决策提供有力的支持和依据。下面具体介绍 Amos 研究工具及其操作。

一、Amos 操作步骤

（一）软件简介

IBM SPSS Amos 是一款强大的结构方程建模（SEM）软件，通过扩展标准多变量分析方法（包括回归、因子分析、相关分析以及方差分析）来支持研究和理论。Amos 使用直观的图形或程序化用户界面构建态度和行为模型，与标准的多变量统计方法相比，Amos 的模型可以更准确地反映复杂关系。本书以 Amos 24.0 为例，主要从建立结构方程模型、方差估计和假设检验、线性回归分析、验证性因子分析、非递归模型、多群组模型、均值结构模型以及交叉滞后模型八个方面来具体讲解一下 Amos 的操作步骤。

（二）基本操作

1. 建立结构方程模型

结构方程模型（structural equation model，SEM）是一种包含因素分析和路径分析的统计分析技术，适用于多变量间相互关系的研究，其有三种变量：潜在变量、显性变量（也叫可测量变量）和残差变量；两个基本模型：测量模型与结构模型。潜在变量，又称无法观测的变量，是观察变量间所形成的特质或抽象概念，在 Amos 中用椭圆表示；显性变量又称观测变量、指标变量或可测量变量，研究者可以直接观察或者直接测量获得，其图形通常以正方形或长方形表示；残差变量是指内因潜在变量无法被模型中外因潜在变量解释的变异量，即结构方程模型中的随机变异部分，是不具有实际测量的变量，在 Amos 中用圆形表示。测量模型由潜在变量和显性变量组成，结构模型是潜在变量间因果关系模型的说明。

构建结构方程模型时最好有前人的研究基础，证明该研究是可靠的，有依据的。构建步骤如下：首先，在画布上画潜在变量；根据理论，点击单箭头建立各潜变量的因果关系，如果内源潜在变量之间有相关关系，就点击双箭头，建立相关关系；其次，双击潜在变量，为各潜在变量命名，还可以在弹出的窗口中为潜变量添颜色、调字体等；再次，画观测变量和相应的误差变量并命名；最后，通过调整，使布局更为美观。比如移动变量、旋转指标、改变变量的形状、删除变量等。

2. 方差估计和假设检验

关于方差估计的具体操作步骤如下：

第一，对数据进行关联。在快捷栏中点击"Select data files"（选择数据文件），之后点击"File Name"（文件名称）将数据导入 Amos，导入的数据类型可以是 sav 格式也可以是 excel 格式。

第二，绘制结构模型。源数据中认为 recall1（召回率 1）、recall2 和 place1（位置 1）、place2 两两之间存在相关关系，绘制模型如图 4-28 所示。

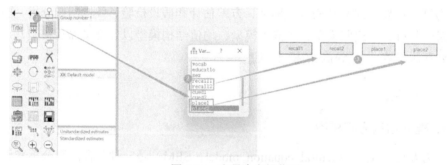

图 4-28　变量命名操作图

第三，选择想要计算方差的变量，点击"Plugins"（插件）中的"Draw covariance"（绘制协方差）就能得到四个变量之间的双向协方差图，如图 4-29 所示。

图 4-29　双向协方差图

第四，计算方差。点击快捷栏中的"计算"就可以得到各个变量的方差和变量之间的协方差。

假设检验是根据一定假设条件由样本推断总体的一种方法。假设检验要求事先对总体参数或分布形式作出某种假设，然后利用样本信息来判断原假设是否成立。

关于假设检验的具体操作步骤如下：

第一，对参数施加约束。将方差和协方差均设为相同。右键单击变量，在"Parameters"（参数）中将 recall1 和 recall2 设置为相同数值，place1 和 place2 设置为相同数值。右键单击 recall1 和 place1 之间的协方差和 recall2 和 place2 之间的协方差设置为相同数值，如图 4-30 所示。

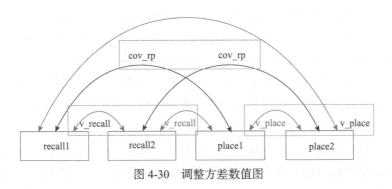

图 4-30　调整方差数值图

第二，执行并分析结果。勾选样本协方差阵、估计协方差阵以及残差。执行运算操作后若 p 值大于 0.05，则说明显著性在 0.05 的水平上原假设成立，即"Implied covariances"（隐含协方差）和"Sample covariances"（样本协方差）很相似，这说明证据不足，不拒绝原假设。反之，则原假设不成立。

3. 线性回归分析

线性回归分析是利用数理统计中的回归分析确定变量间相互依赖的定量关系的一种统计分析方法[①]。多元线性回归分析可以通过使用 Amos 构建结构方程模型。例如论文《在线教学中师生交互对深度学习的影响研究》[②]便是采用 Amos 对所得数据进行回归分析，得出了教学性交互、社会性交互、高级思维与沉浸体验四个变量间的多元线性回归方程。因此，多元线性回归分析有助于确定变量间的关系。Amos 线性回归分析的基本步骤如下。

第一，确定变量之间的关系。在进行数据分析和 Amos 操作之前要确定自变量、因变量以及变量间的相关关系。

第二，根据上述关系在 Amos 中绘制路径图。由于 Amos 路径图表示的是线性回归模型，除了 $X1$、$M1$ 会对 $Y1$ 产生影响外，还有一些因素对 $Y1$ 的影响无法解释，因此所有的因变量（即有箭头指向的变量）都需加上一个残差项，即 $e1$。其基本步骤如下：先画 3 个观测变量，按照"$X1$、$M1$ 两个变量可以预测 $Y1$"的思路将 3 个变量的基本位置进行排序，并在 3 个变量之间画上表示三者关系的箭头，也包括 $X1$ 与 $M1$ 之间的交互、双向影响，此外，也需要在箭头指向的变量即 $Y1$ 处加上残差 $e1$；之后进行数据关联，并将各观测变量所对应的名称放入各方框。

第三，对模型进行估计。模型估计的具体步骤为：选择"View"（查看）——"Output"（输出）—"Minimization history"（最小化历史记录）、"Standardized estimates"（标准化估算值）、"Squared multiple correlations"（多重相关系数平方，即 R^2），并进行文件命名与保存。需要注意的是，输出文件的命名与保存虽无特殊要求，但建议将相关文件保存到特定文件夹中便于后续查找。保存后，点击查看输出结果。

第四，进行数据分析。将输出结果依据相关标准进行数据分析。在此部分的数据分析结果将依照输出的各部分进行详细阐释与分析，共包括 Notes for group（分组备注）、Variable summary（变量统计）、Notes for model（模型备注）、Estimates 和 Model fit（模型拟合）五部分。

第五，在数据模型图部分，对模型的路径系数进行判定。该模型的判定系数

---

① 徐超清，王云超，孙国道，等. 基于 B 样条拟合与回归模型的脑神经纤维聚类方法[J]. 计算机辅助设计与图形学学报，2022，34（12）：1920-1929.

② 宋佳，冯吉兵，曲克晨. 在线教学中师生交互对深度学习的影响研究[J]. 中国电化教育，2020（11）：60-66.

为 0.15，对于回归模型而言，该值较小，表明该模型的结果不是很理想，原因可能是测量误差。

4. 验证性因子分析

验证性因子分析是依据样本数量，根据变量间相关性的大小对变量进行分组，每组内的变量之间存在较高相关性，意味着这些变量背后有共同的制约因素。验证性因子分析在效度检验中可以用于与预先划定的维度进行比较，判断维度划分合理性。

Amos 验证性因子分析操作的基本步骤如下：

第一，绘制模型图。Amos 做统计分析的第一件事就是画出模型图，这是它的特色。该模型包括三个潜变量，也就是三个维度，每个维度下包含四个选项。具体操作为绘制一个潜变量，为该潜变量添加四个可测变量，顺时针旋转潜变量指标，选中所有变量并复制对象，设定三个潜变量的相关关系，进行变量微调。

第二，导入数据并进行变量命名。依次点击"File—Data Files"（按日期排列的文件），选择需要的数据，按照对应关系将数据输入至路径图中，具体的命名方法是可以双击变量在弹出窗口的"Variable name"（变量名）中进行命名，也可以点击"Plugins-name unobserved variables"（插件-命名未观测变量）让系统自动命名。

第三，模型的运算。命名操作完成之后就可以开始运算，在"Analysis properties"（分析属性）中选择"Output"选项，勾选前四个选项，并将运算结果保存在文件夹中。这一步骤完成后的输出结果就是效度分析所需要的数据。

第四，结果展现。在模型及数据结果显示区出现"Ok"时，说明计算已经完成，点击"红色箭头"会显示计算结果，但这个结果不是我们最终要使用的结果，需要点击标准化结果。

第五，读取最终结果。验证性因子分析关注结构效度、聚合效度和区分效度。

从 Amos 中可以获取整体拟合系数表的数据，并输入到整体拟合系数表中。从表 4-1 的整体拟合系数表中，我们得出 χ^2/df（卡方自由度比）、RMSEA（近似误差均方根）、GFI（拟合优度指数）、AGFI（调整后拟合度指数）、CFI（比较拟合指数）、IFI（增值拟合指数）和 TLI（Tucker-Lewis 指数）。

表 4-1　整体拟合系数表（结构效度）

χ^2/df	RMSEA	GFI	AGFI	CFI	IFI	TLI
1.000	0.001	0.958	0.935	1.000	1.000	1.000

由表 4-1 可知，χ^2/df 为 1.000，小于 3；RMSEA 为 0.001，小于 0.05；GFI 为 0.958，大于 0.9；AGFI 为 0.935，大于 0.9；CFI 为 1.000，大于 0.9；IFI 为 1.000，大于 0.9；TLI 为 1.000，大于 0.9，表明该模型拟合度良好。

聚合效度的数据主要来自输出结果中的"Estimates"（估计值），需要注意的是，聚合效度数据来自"Estimates"中的第二个表格。Amos 不能直接提供"AVE"（聚合效度）和"CR"（组合信度），这两个指标需要借助相关的计算工具。根据输出数据结果，填入计算工具中，计算出数据后填入因子载荷表。

依据工具计算出来的数据结果，完成聚合效度的数据分析。表中包括路径、Estimate、AVE 和 CR 值（表 4-2）。

表 4-2　因子载荷表（聚合效度）

路径			Estimate	AVE	CR
VA1	<---	F1	0.813		
VA2	<---	F1	0.840	0.6275	0.8702
VA3	<---	F1	0.817		
VA4	<---	F1	0.690		
VB1	<---	F2	0.712		
VB2	<---	F2	0.716	0.5480	0.8288
VB3	<---	F2	0.751		
VB4	<---	F2	0.780		
VC1	<---	F3	0.752		
VC2	<---	F3	0.781	0.6541	0.8829
VC3	<---	F3	0.870		
VC4	<---	F3	0.827		

由表 4-2 可知，除了 F1 有一个题目对应的因子载荷小于 0.7 外，其余各潜变量对应各个题目的因子载荷均大于 0.7，说明各个潜变量对应所属题目具有很好的代表性；各个潜变量平均方差抽取量 AVE 均大于 0.5，组合信度 CR 大于 0.8，说明信效度理想。

依据"Estimates"中的"Correlations"表进行区分度的计算，如表 4-3 所示。

表 4-3　区分效度

	F1	F2	F3
F1	0.63		
F2	0.77	0.55	
F3	0.76	0.30	0.65
AVE 平方根	0.79	0.74	0.81

由表 4-3 可知，F1、F2、F3 之间的相关系数均小于所对应的 AVE 平方根，说明各个潜变量之间有一定的相关性，且彼此间有一定区分度，量表区分效度理想。

5. 非递归模型

路径分析有两种不同的类型，即递归模型和非递归模型，这两种模型的区别主要在于是否具有回溯性或循环因果关系。如果整个路径分析模型中只存在前两种变量关系，那么路径图只存在单向箭头，不会出现循环嵌套路径，这种模型被称为递归模型；如果模型中存在第三种关系，就被称为非递归模型。递归模型是有反馈回路的模型，变量是起因同时又是效应，两个变量可能会互相影响。

关于 Amos 非递归模型的基本步骤如下：

第一，选择研究数据。本操作使用某研究中 209 个六至八年级女生的测试数据，分为 Academic（自觉学习能力）、Athletic（感知运动能力）、Attract（知觉吸引力）、GPA（平均绩点）、Height（与平均身高的偏差）、Weight（与平均体重的偏差）、Rating（身体吸引力排名）七个维度。

第二，在 Amos 中绘制测量模型图。在左侧菜单栏中选取长方形或椭圆形创建变量，选择单箭头或双箭头标示变量间关系，右键单击变量对其命名。

第三，点击搜索数据文件按钮，选择所需文件，点击"Ok"。

第四，对数据进行分析，选择输出结果中的"Minimization history""Standardized estimates""Squared multiple correlations"三项进行测量模型拟合。

第五，进行结果解释。点击输出数据，点击模型注意事项。根据非递归模型的分析结果可知：模型自由度为 3，卡方值等于 2.895，$p=0.408>0.05$[若稳定系数在（−1，1），则认为模型稳定；若不在此范围内，认为模型不稳定]。

6. 多群组模型

对不同数据进行同一模型的比较可以依靠 Amos 软件构建多群组模型，例如在论文《基于 Amos 的大学生英语应试技巧研究》[①]中便是采用 Amos 对多组数据进行比较，结果表明模型与数据的拟合度较高。

关于 Amos 多群组模型的基本步骤如下：

第一，分别建立数据之间关系的两个模型。先画上 2 个潜在变量，再在每个潜在变量下插入 3 个观察变量，这样初步建立了两个模型，最后再将两个模型之间用双箭头（潜在变量关系）进行关联，表明二者之间有一个协方差，如图 4-31 所示。

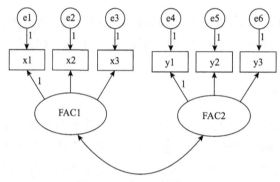

图 4-31　建立相关模型图

第二，将所需要分析的数据通过 SPSS 进行导入。

第三，将两个潜在变量进行命名。两个潜变量分别命名为 FAC1 和 FAC2，再将数据一一拉入所选的观察变量中，形成两个模型，具体过程如图 4-32 所示。

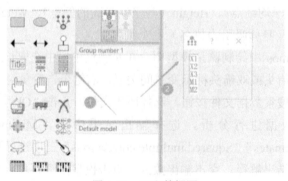

图 4-32　匹配数据图

① 肖巍，倪传斌. 基于 Amos 的大学生英语应试技巧研究[J]. 现代教育技术，2015，25（8）：74-80.

第四，进行模型比较。在进行模型比较时需要双击两个潜在变量 FAC1 和 FAC2 设定的双箭头（潜在变量关系），并将其设定为 W1，并进行计算。得出协方差为 0.16，表明该模型不具有显著差异。

7. 均值结构模型

均值结构模型（mean structure models）可用于检验不同组别因子均值是否有显著差异，是传统方差分析的推广。在结构方程模型中，均值结构是一种统计模型，用于表示一个变量的均值是如何受到其他变量影响的。通常情况下，均值结构模型会假设一个变量的均值可以由一个或多个其他变量的线性组合来表示。这种线性组合的参数称为回归系数，可以用来表示每个影响因素对均值的重要程度。通过对均值结构模型进行拟合，可以估计出这些回归系数的值，并用这些值来预测变量的均值。

下面是对两组均值结构模型进行假设检验的具体步骤。

以 User Guide 文件数据为例。第一，建立如图 4-33 所示的模型，分别设置青年组和老年组两组模型，再将文件中的"recall1"和"cued1"数据分别进行连接。

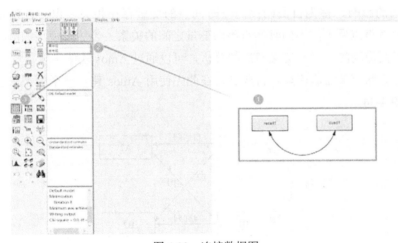

图 4-33　连接数据图

第二，对变量的方差和协方差进行命名，分别命名为 var-rec，var-cue，cov-rc。

第三，进行模型检验。基于对多组模型的学习，对该模型进行检验，检验结果表明，卡方检验 p 值大于 0.05，这表示该模型是可以接受的。

第四，进行均值检验。对两组模型进行均值检验，选择菜单栏中 View，点击 Analysis Properties，选择 Estimation 标签栏，点选 Estimate means and intercepts 复选框。

第五，假定对于青年组和老年组，recall1 和 cued1 均值相同，在 recall1 变量的 Mean 栏中输入 mean_rec，在 cued1 变量的 Mean 栏中输入 mean_rec，点选 all groups。

通过计算估计，可知卡方检验 p 值为 0.02，小于 0.05，说明该模型应该被拒绝。也就是说上述假定是不成立的，证明青年组和老年组的这两组模型的均值不相同。

8. 交叉滞后模型

交叉滞后模型是在纵向追踪研究中，对同一批样本的多次测量的数据进行因果检验的一种分析方法，也就是一种研究变量相互关系的分析方法。简单地说，"交叉"主要指它既研究 A 对 B 的关系，又研究 B 对 A 的关系。"滞后"指的是它可以研究不同时间点变量间的关系。交叉滞后模型中规定，研究者要至少对两个变量在不同时间点测量两次或两次以上。在交叉滞后模型中，相同变量多个时间点之间的影响，称为自回归；同一时间点的变量存在相关，也可以说是协方差；研究者重点要关注不同时间点不同变量之间的关系。当然，模型的因果一定是顺着时间流动的。对于交叉滞后的分析，可以通过 Amos 软件实现。

对于判断交叉滞后模型是否成立，在此先使用 Amos 建立一个模型来进行说明，见图 4-34。

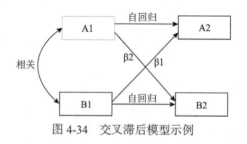

图 4-34　交叉滞后模型示例

在该模型图中，β1 与 β2 代表了交叉滞后的两条路径。β1 显著则说明在前测时的 A 影响后测的 B；β2 显著则说明在前测时刻下的 B 影响后测时刻下的 A；如果都显著，那就说明相互影响。

在 Amos 中，交叉滞后分析的步骤如下：

第一，运用已有问卷数据，假设前测下两个变量 $X1$、$Y1$，后测下两个变量 $X2$、$Y2$，前后测的残差项分别为 $e1$、$e2$。根据上述变量绘制交叉滞后模型，进行交叉滞后分析，见图 4-35。

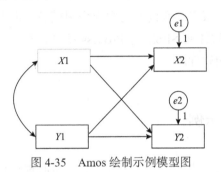

图 4-35 Amos 绘制示例模型图

第二，在绘制好模型图后，在 Amos 中导入数据。具体步骤为：点击 "File"—"Data Files"—"File Name"—"Ok"，数据导入后，将数据中的 $X1$、$Y1$、$X2$、$Y2$ 分别导入方框中，同时将残差项也填入。

第三，导入完数据后，开始运行。运行前，需要对数据分析进行设置。"Minimization History"指最小化过程，"Standardized estimates"指标准化的估计值，"Modification Indices"指修正指标。

第四，运行成功后，点击"Estimates"项，重点看"$X1$-$Y2$"与"$Y1$-$X2$"显示的值，如图 4-36 所示。

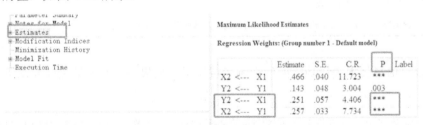

图 4-36 Amos 运行结果图

在该示意图中，"Estimate"为实际估计值，若 p 值小于 0.001 就用"***"表示，说明两者之间存在显著性关系。如图所示，"$X1$-$Y2$"与"$Y1$-$X2$"的 p 值都小于 0.001，则表示存在显著性关系。

综上所述，Amos 具有建立结构方程模型、方差估计和假设检验、验证性因子分析、建立非递归模型等八大功能。Amos 的主要优势在于具有和 SPSS 一样的图形界面，使用者仅需要点击鼠标就可以建立和检验结构方程模型。从功能上说，Amos 的功能比较有限，大概只有 Mplus 功能的 1/5。如果只是做常规线性模型，那 Amos 是足够的，但如果要做更深入复杂的分析显然不够。比如目前心理学、管理学领域使用很多的有调节的中介作用模型，很少用 Amos 软件来做，而更多是应用 Mplus 软件或 SPSS 的 Process 插件。总之，大家要根据自己的学习需求选择适合自己的软件。

二、优秀论文示例

撰写量化研究论文，应聚焦某一研究主题，按照理论构建、理论拓展、工具研发、关系探讨的研究思路展开系统研究（表 4-4）。

表 4-4　基于 Amos 的学术论文示例

研究方法	学术论文示例
知识图谱分析	《探究社区理论模型：在线学习和混合学习研究范式》[1]
结构方程模型	《学习存在感与探究社区模型关系研究》[2]
因子分析方法	《探究社区量表中文版的编制——基于探索性和验证性因素分析》[3]
结构方程模型	《MOOC 学习投入度与学习坚持性关系研究》[4]
结构方程模型	《自我效能、自我调节学习与探究社区模型的关系研究——基于网络学习空间中开展的混合教学实践》[5]
结构方程模型	《社会认知理论视角下学习者在线学习满意度影响因素研究》[2]

以《信息技术关键功能如何影响多层次学习效果——基于学生问卷调查和访

[1] 兰国帅. 探究社区理论模型：在线学习和混合学习研究范式[J]. 开放教育研究，2018，24（1）：29-40.

[2] 兰国帅，钟秋菊，吕彩杰，等. 学习存在感与探究社区模型关系研究[J]. 开放教育研究，2018，24（5）：92-107.

[3] 兰国帅，钟秋菊，吕彩杰，等. 探究社区量表中文版的编制——基于探索性和验证性因素分析[J]. 开放教育研究，2018，24（3）：68-76.

[4] 兰国帅，郭倩，钟秋菊. MOOC 学习投入度与学习坚持性关系研究[J]. 开放教育研究，2019，25（2）：65-77.

[5] 兰国帅，钟秋菊，郭倩，等. 自我效能、自我调节学习与探究社区模型的关系研究——基于网络学习空间中开展的混合教学实践[J]. 中国电化教育，2020（12）：44-54.

[6] 兰国帅，赵晓丽，郭倩，等. 社会认知理论视角下学习者在线学习满意度影响因素研究[J]. 教育传播与技术，2022（2）：22-28.

谈的混合研究》一文作为范例，分析 Amos 作为工具在该研究中的应用[①]。研究者使用"先定量（问卷调查）后定性（一对一访谈）"的混合研究方法，探究信息技术关键功能对浅层和深层学习效果的影响路径，在此过程中，Amos 负责定量数据的分析，NVivo 则负责定性数据的分析。

（一）数据来源

研究者分三次发放问卷，整合三次问卷后，本研究获得 72 份有效问卷。研究者根据定量研究结果设计访谈提纲，访谈者请受访者回忆在学习过程中使用信息技术和参与教学互动的经历，以及对课程学习效果的期望和实现情况。

（二）数据分析

首先是使用 Amos 软件对定量数据进行分析，描述性统计和相关性分析结果见表 4-5，各因子间均存在正向相关性。基于 Amos 的验证性因子分析显示，测量模型的整体拟合度达到要求（χ^2/df=1.380＜3，RMSEA=0.073＜0.08，IFI=0.946＞0.90，CFI=0.944＞0.90，PNFI=0.670＞0.50，PGFI=0.593＞0.50）。潜变量测量题项的标准化因子载荷均大于 0.6，潜变量的组合信度均大于 0.6，平均提取方差（AVE）均大于 0.5，说明测量模型的聚合效度较好。此外，Harman 的单因素检验显示不存在明显的共同方法偏差问题。

表 4-5　变量的均值标准差和相关系数

变量	均值	标准差	1	2	3	4	5
1. 共享类功能使用	3.27	1.05	0.89				
2. 反馈类功能使用	5.06	1.03	0.30**	0.85			
3. 教学互动	6.00	0.82	0.44**	0.44**	0.85		
4. 浅层学习效果	6.41	0.62	0.15*	0.10*	0.41**	0.93	
5. 深层学习效果	6.51	0.59	0.20*	0.31**	0.62***	0.59***	0.95

*** $p<0.001$，** $p<0.01$，* $p<0.05$，下同，对角线上的值为 AVE 的平方根。

本书使用 Amos 进行结构方程模型分析。模型与样本数据拟合较好（χ^2/df=1.349＜3，RMSEA=0.070＜0.08，IFI=0.948＞0.90，CFI=0.947＞0.90，

① 晏梦灵，陈丽萍，郭景. 信息技术关键功能如何影响多层次学习效果——基于学生问卷调查和访谈的混合研究[J]. 江苏高教，2022（6）：102-109.

PNFI=0.691＞0.50）。路径分析结果显示 5 条直接路径的系数均正向显著，假设得到支持（表4-6）。本书研究使用 Amos 内建 Bootstrap 方法对中介效应进行检验。

表4-6　作用路径分析结果

直接路径	路径系数	间接路径	中介效应值	BC95%CI
HI:IS→TR	0.322*	IS→TR→SLO	0.091*	[0.006, 0.243]
H2:FB→TR	0.344**	IS→TR→DLO	0.115*	[0.005, 0.266]
H3:TR→SLO	0.400**	FB→TR→SLO	0.072*	[0.012, 0.220]
H4:TR→DLO	0.453***	FB→TR→DLO	0.091*	[0.013, 0.258]
H5:SLO→DL0	0.409***			
IS→SLO	−0.033			
FB→SLO	−0.063			
IS→DLO	−0.067			
FB→DLO	0.004			

注：IS 为信息技术共享类功能使用，FB 为信息技术反馈类功能使用，TR 为教学互动，SLO 为浅层学习效果，DLO 为深层学习效果；BC95%CI 为经过偏差矫正的百分位 Bootstrap 法抽取 10000 次生成的 95%的置信区间。

第四节　撰写质性研究论文：学会使用质性研究工具

质性研究是学术研究的重要组成部分，它侧重于深入挖掘研究对象的内在本质，以理解为主导。在撰写质性研究论文时，研究者需要掌握一系列质性研究方法和工具，如访谈、观察、内容分析等，以便更全面、深入地探讨研究问题。以下将以 MAXQDA 研究工具为例，介绍该软件的操作流程以及论文研究示例。

一、MAXQDA 操作步骤

（一）软件简介

MAXQDA 是一款专为质性、量化和混合方法数据分析设计的专业软件，始创于 1989 年，具有多年为研究者们提供强大、创新和便捷的数据分析工具的经验。它支持用户导入、组织、分析、可视化所有通过电子方式收集的数据，包括访谈记录、报告、表格、在线调查、焦点小组、视频、音频、文献、图片等多种形式。其功能广泛，主要有文件导入与转录、编码与代码管理、备忘录创建与管理以及数据的可视化和导出等功能。

（二）基本操作

1. 新建或导入项目

在初运行的时候，选择新建项目，在弹出窗口选择保存项目至文件夹，弹出 MAXQDA 新项目界面，在导入一栏可以选择导入调查数据（直接导入文本或其他数据类型），这时文件浏览器窗口会被唤醒，文本资料准备完毕后就可以进行编码操作了。

2. 数据的编码与整理

数据编码：用鼠标选定研究材料中的一部分，如文本、图片等，然后分配给其一个代码。在质性研究中，代码是用来命名文本或图片的标签。在 MAXQDA 中，代码可以是一个或者多个词语，也可以是字符串，比如"A128"。在社会研究中，代码有很多不同的含义或功能，例如事实代码、主题代码、理论代码等。然而，具体代码的含义及其在研究项目中的重要性，通常仅能从其上下文和结构中进行推断和理解。下文将对 MAXQDA 软件中的数据编码及整理操作进行简单的梳理与说明。

（1）如何创建及分配代码

第一，直接创建新代码。点击代码列表窗口或每一层的"绿色加号"→定义新代码。

第二，为文件指定位置创建新代码。选中指定位置→点击"用新代码进行编码"→在弹出窗口定义新代码。

第三，为文件指定位置分配旧代码。分配旧代码，指的是将提前创建或文件其他位置已使用过的代码赋予文件指定位置。在 MAXQDA 中，为文章指定位置分配旧代码有以下两种操作方法：第一种，选中指定位置→长按鼠标左键将选定位置拉到左下代码处或者将代码拉动到选定位置→代码分配完成。第二种，在代码窗口激活一或多个代码→选中文件指定位置并点击鼠标右键→在弹出窗口中选择"使用已激活代码"→代码分配完成。

（2）如何删除代码

在 MAXQDA 中，有两种操作方法：

第一，直接删除代码。在代码列表中选择代码→点击右边红色"×"号→在确认删除窗口选择"Ok"。

第二，删除文件指定位置所分配的代码。在文件浏览器左侧选择想要删除的代码→点击右键→在弹出窗口选择"删除"。

（3）如何管理代码的层级结构

对文本内容进行编码之后，会在左下角的代码列表区域内形成代码列表。为了能够更直观地表达各代码之间的关系，需要对代码的层级结构进行管理。

第一，使用"创意编码"进行代码分级。点击上方菜单栏中的"代码"→点击"创意编码"→弹出创意编码页面→点击代码列表中需要整理的代码→用鼠标选中移动到空白区域内→点击"开始整理代码"→排列代码操作示意图点击"链接"→进行标识→点击"退出创意编码"→点击"是"进行保存（图4-37）。

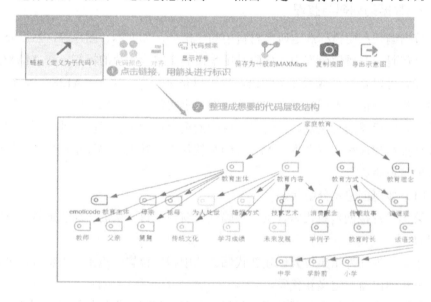

图 4-37　整理代码操作示意图

第二，使用"代码列表"进行代码分级。在代码列表内选择代码→点击绿色"+"→单独创建代码→进行归类分级。

（4）如何进行代码检索与分析

在 MAXQDA 中的编码搜索运行方式需要借助激活，使用者可以选择想要纳入编码搜索的所有文件以及感兴趣的代码进行激活，利用"已编码文本段列表"检查已分配的代码是否合适。

第一，代码检索。在文件列表选择某个文件→点击红色箭头（扫描二维码可见）激活→在代码列表选择某→层级进行激活→在已编码文本段列表点击对应代码→文件浏览器自动显示该代码的位置（图4-38）。

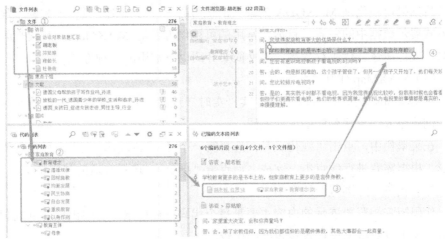

图4-38　文件激活及代码检索示意图

第二，代码展示。在已编码文本段列表选择一览表图标—在弹出的表中选择打开方式—设置文件名—点击"保存"（图4-39）。

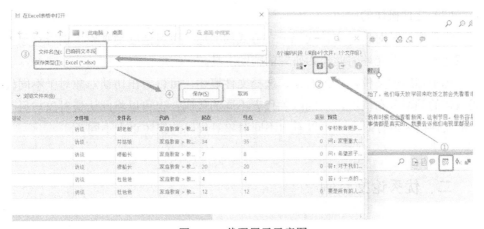

图4-39　代码展示示意图

（5）如何导出代码结构进行查看

首先，导出代码结构。菜单栏点击"代码"—点击"导出代码列表"—选择导出方式。其次，查看代码结构。选择导出方式后保存—打开文件查看代码结构。

3. 结果的可视化分析

将结果可视化是 MAXQDA 的最大的优势之一，可视化工具以一种易于理解的方式展示数据中的关系，目前，常用的可视化工具是 MAXMaps、代码矩阵浏览器、文件概述、代码行数等，本文简要介绍以下常用的三种方式。

（1）MAXMaps 的应用

MAXMaps 能够在与数据的持续"实时"连接中说明研究分析过程及其结果，创建令人印象深刻的图形或编码。

在菜单栏中，点击可视化工具，选择第一个 MAXMaps，点击之后出现编码图形，根据需要进行线点击，完成之后点击"导出"，选择合适的导出格式。

（2）代码矩阵浏览器的应用

代码矩阵浏览器展示的内容主要是每个代码在被检索文件中出现的频数和总频数，还可以对数据进行各种角度的比较。

选中文件列表的文件和代码列表并激活，选择"可视化工具"下属的"代码矩阵浏览器"，点击"确定"，发现不同的访谈对象与不同的代码叙述的频率关系，方块越大，代表叙述越多；还可以改变展现的模式，用不同的数字或模型进行展示，然后导出结果。

（3）文件概述的应用

文件概述是对单一文件代码分布方式的概述，可以清晰地观察出调查对象重点叙述部分，并能够将此作为研究的辅助工具。

选中相应的文件，点击右键，选择文件概述，可以看出访谈对象对于不同代码叙述的频率分布情况，不同颜色代表不同的代码；也可以将此访谈对象与另一人的文件概述进行对比，可以看出不同对象对代码的叙述重点不同。

二、优秀论文示例

基于以上对 MAXQDA 软件的认识，下文将对《初中综合科学教师专业素养模型的构建研究——基于对 15 位资深教师的深度访谈》①一文中 MAXQDA 软件的应用展开分析。

（一）数据来源

该研究对象为 15 位资深教师，长期致力于初中综合科学教学一线工作（教龄 20 年以上），且均为省特级或高级教师。数据主要通过深度访谈获得，数据具有相对饱满与可信度高的优势。为了充分挖掘初中综合科学教师专业素养，该研究采用半结构式访谈。访谈时间约 60 分钟。访谈结束后，将录音笔中的语音转换为文字并以 word 形式保存，及时整理其他相关数据。

（二）数据分析

对资料进行编码是扎根理论研究中的核心环节。编码一般包括三级：第一级开放编码、第二级主轴编码、第三级核心编码。该研究借助 MAXQDA 对访谈内容进行初步处理，将每一位受访者的访谈记录文档导入 MAXQDA，组成文档集，以此作为划分各级信息数据片段的基础资料。

（1）开放编码

研究者利用 MAXQDA 对最近搜集的资料进行分解、检视、比较以及概念化，并进行三遍编码处理，最终形成 49 个一级编码。

（2）主轴编码

主轴编码的主要任务是发现和建立概念类属之间的各种联系，以表现资料中各个部分之间的有机关联。例如，访谈者在关于初中综合科学教师专业素养的观点阐述中，都提到了教师相应的能力如"教学设计能力""激发学习兴趣能力""组织引导能力""科学概念的落实能力""探知学情能力"等，其实指的都是教师的常规教学能力，照此思路，该研究形成了 14 个二级代码。

（3）核心编码

核心编码是将归纳出的核心范畴和其他范畴系统地进行联系，验证它们之间的关系，并把尚未发展完备的概念范畴补充完整的过程。按照这一思路，该研究在二级编码基础上提炼出 4 个三级编码。

---

① 蒋永贵，郭颖旦，赵博，徐王熠. 初中综合科学教师专业素养模型的构建研究——基于对 15 位资深教师的深度访谈[J]. 教师教育研究，2022，34（2）：69-74.

（三）研究结论

该研究基于访谈数据和 MAXQDA 的分析结果建构的初中综合科学教师专业素养模型，是一个四维联动、丰富饱满的体系（图 4-40），它体现了初中综合科学教师专业发展的内生性、整合性、探究性、实践性和全面性。

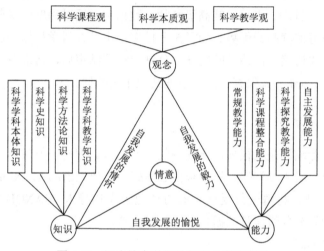

图 4-40　初中综合科学教师专业素养模型

第三篇　学术论文写作：结论

学术论文的结论是对正文中详尽研究过程和实验结果进行综合分析与逻辑推理后得出的总判断与总评价，是研究结果的自然逻辑延伸。结论部分是论文的精髓和归宿，因此必须具备说服力，恰如其分，既不夸大也不缩小，避免任何主观臆断。本篇将围绕以下几个方面展开：如何撰写结果与结论、如何规避学术失范、如何学会向学术期刊投稿，以及如何回应期刊的返修意见。结果和结论在学术论文写作中扮演着不可或缺的角色。其中，结果是结论的前提和基础，它提供了支持结论的实证材料；而结论则是结果的归宿和发展，它提炼了研究的核心观点和意义。结果不能简单地替代结论，因为它们各自承载着不同的学术价值。一篇合格的学术论文不仅需要有深刻的思想内容和创新的研究成果，还需要严格遵守学术论文写作的相关规范。学术期刊的投稿和应对期刊返修意见是每位学术学者必须面对的重要环节，它们直接关系到论文能否被期刊录用以及学术成果能否得到广泛传播。

第 五 章

怎样撰写结果与结论

　　笔者基于自己多年积累的学术论文写作和审稿经验，认为依据学术论文编写格式标准，结果和结论无疑是学术论文写作中不可或缺的两个组成部分。结果是结论的基石和依据，而结论则是结果的最终归宿和深入发展，结果不能简单地替代结论。学术论文的结果是论文的精髓所在，它体现了论文的学术价值或技术创新的深度，是论文的主体内容；而学术论文的结论则是对研究过程中观察到的现象及实验结果进行全面分析、逻辑推理后得出的总体判断和综合评价，是研究结果的自然逻辑延伸。因此，掌握学术论文结果和结论的撰写技巧与规范，是每一位学者必备的学术素养。

第一节　规范撰写结果讨论：客观呈现结果和归因

在学术论文的撰写过程中，结果和讨论环节占据着举足轻重的地位。在这一关键环节中，研究者必须客观、准确地呈现自己的研究发现，并对其进行合理的归因。然而，学生和青年教师在实际操作中常会遇到一些挑战。他们可能困惑于研究结果应包含哪些具体内容，担心自己的研究结果显得不够全面或深入，即所谓的"避重就轻"或"虎头蛇尾"。同时，他们也可能在筛选有价值的研究信息、描述研究结果的可靠性和有效性，以及对研究结果进行科学、合理的解释和归因等方面感到迷茫。这些问题如果处理不当，可能对论文的整体质量和可信度产生不利影响。为了解决上述问题，接下来，笔者将分别针对研究结果和研究结论的写作规范进行详细论述，以帮助研究者更好地掌握这一重要环节。

一、研究结果的类型及其撰写技巧

从研究方法的角度出发，学术论文大致可分为思辨研究、定量研究、定性研究和混合研究这四大类型。思辨研究进一步细分为哲学思辨、文献综述、比较研究和经验总结四种类型。相应地，研究结果也可以按照这一分类标准进行划分，即思辨研究的结果、定量研究的结果、定性研究的结果和混合研究的结果。值得注意的是，在某些类型的研究中，单独的结果部分可能并不显著或重要。然而，在大多数基于实验或原始数据的论文中，提前汇报研究结果是一个重要的步骤，它有助于读者更清晰地了解研究的发现。在撰写结果部分时，建议使用过去时态，篇幅的长短应根据数据收集和分析的量和复杂性来确定。同时，务必确保结果部分仅包含与研究问题直接相关的信息，以保持内容的针对性和清晰度。

（一）定量研究结果及其撰写技巧

1. 定量研究的研究结果

定量研究的结果具备显著的概括性和普适性，这些结果能够重复使用并推广到更广泛的总体中。定量研究基于实证主义、决定论和客观主义的原则，特别适用于大型的、宏观的社会调查研究。在定量研究中，研究者会赋予研究对象一种纯形式化的符号，用以精确地反映事物的特征。其分析的对象是包含数量关系的大量资料，这些资料可能以数字、文字、图形或声音等多种形式呈现。在定量研究中，主要采用的是数学分析方法，通过对大量杂乱无章的数据进行算术或逻辑运算，研究者能够抽取出对特定问题具有价值和意义的数据，并赋予这些数据以合理的解释和意义，从而形成教育研究的重要结论。此外，定量研究借助自然科学的研究方法，通过测量、推断等统计学手段，揭示出研究对象的共性和规律性特征。这种方法不仅提高了研究的精确性和可靠性，而且为研究者提供了深入理解和分析社会现象的有力工具。

对于每个子问题，定量研究都会提供详尽的统计分析结果，并对这些结果的重要性和可靠性进行简要评估。为了判断结果是否与问题紧密相关或假设是否得到数据的支持，我们可以强调数据之间最为关键的趋势、差异和关系。然而，关于这些发现的具体含义或潜在后果，应留待讨论或结论部分进行深入探讨。若某些结果与主要研究问题关联不大，但有助于读者理解数据收集过程的任何额外信息（如完整的调查设计），建议将其置于附录部分。在定量研究中，图形、图表和表格等视觉元素通常能极大增强结果的可读性和理解性，前提是它们能够精确反映研究结果并补充文本描述。确保文中引用的所有图表均准确无误，避免信息的简单重复。图形和图表可高效地呈现大量复杂数据，并清晰地揭示结果趋势；而文本则针对特定方面进行总结或深入阐述。为图表提供明确的描述性标题和标签，有助于读者轻松理解所展示的内容。因此，在撰写定量研究报告时，请妥善运用表格、图形和文本，以确保研究结果的直观性、准确性和完整性。

2. 定量研究结果撰写技巧

关于定量研究结果的撰写，可以从以下几个方面着手。

第一，对收集到的数据资料进行详尽的统计分类，以掌握数据的分布形态和特征。现象的同质性是研究其数量关系的基础。我们应按照不同的标志进行统计分组，从而凸显统计对象的本质特征，确保组内的同质性和组间的差异性。随后，通过计算算术平均数、中数和众数等，我们可以观察数据的集中趋势和典型特征；利用方差和标准差等差异量，可以判断数据的离散程度；标准分数则有助于分析个体在群体中的相对位置。同时，参数相关分析（包括积差相关和等级相关）和回归分析，都能帮助我们解释和预测变量之间的关系。这些统计量能够描述数据的分布特征，包括集中趋势、离散趋势及其关系，有助于我们缩减数据并找出有价值的教育信息。

第二，分析处理数据资料时，统计检验是解释和鉴别研究结果的重要手段。统计检验方法包括参数统计检验和非参数统计检验，常用的有 z 检验、t 检验、方差分析以及卡方检验等。在选择具体的检验方法时，应根据研究的实际情况进行。

第三，我们需要根据样本统计量来估计总体参数，局部推断总体情况。这关系到研究结果的可靠性。总体参数估计分为点估计和区间估计。点估计是在未知总体参数时，用特定的值（如样本的平均数或方差）作为总体参数的估计。而区间估计则是用数轴上的一段距离表示总体参数可能落入的范围。无论哪种估计，都需要考虑估计值的可靠性，这取决于样本的代表性和样本统计量与总体参数之间的差异。

第四，教育统计中的控制变量、科学抽样、分组以及因素分析也是撰写定量研究结果的关键环节。因素分析旨在从众多相关变量中找出起决定作用的基本因素，揭示事物之间的本质联系。常用的因素分析方法包括多因素回归分析、判别分析、聚类分析和主因素分析等。这些分析过程通常包括数据采集、相关系数矩阵的计算以及因素运算等步骤。

第五，虽然统计工具在数据分析中发挥着重要作用，但它们并非万能。统计工具的应用效果取决于数据的客观性和可靠性。此外，不同的统计方法有其特定的适用范围和条件，因此在使用时，我们需要深入理解其背后的研究理论和研究思路。计算机统计软件包为我们提供了高效便捷的分析工具，但正确使用这些工具仍然需要我们具备扎实的统计学知识和实践经验。

3. 定量研究结果案例分析

定量研究的结果往往通过丰富的数据和图表来展现，从而有力地证明研究的科学性和有效性。以论文《智慧教育背景下学习环境与教学现状的调查研究》[①]

---

① 罗玛，竺丽英. 智慧教育背景下学习环境与教学现状的调查研究[J]. 基础教育，2019，16（4）：103-112.

为例，该研究基于智慧教育的基本内涵，构建了涵盖学习环境和教学两方面的全面研究框架。通过"问卷星"在线平台，研究团队进行了问卷的精心编辑、广泛发放以及数据的有效回收，并采用方便抽样的方法确保了样本的代表性。

依据研究框架，问卷数据经过精细的编码统计，并利用 SPSS 22.0 软件进行了深入的数据分析，包括对问卷信度的严格检验。随后，研究团队对学习环境支持和教师教学实践的五个方面进行了详尽的统计分析。进一步的相关分析揭示了教师在信息技术使用和教学策略运用方面的表现与学校政策支持之间的显著关系，凸显了学校软环境对教师整合信息技术教学实践的积极影响。

值得注意的是，通过对比不同变量间的相关性，研究发现教师对于信息技术及其应用的正面意识与其在课堂实践中应用信息技术的可能性存在显著关联。然而，教师的教学方法选择、技术与学科教学的整合效果以及是否达到智慧教育的目标，并非仅由意识强弱决定。这一发现进一步丰富了研究者对教师教学实践的理解。

该研究通过数据的收集、比较和分析，得出了基于样本对总体的估计，从局部情况推断出整体趋势，充分展示了定量分析的特点。同时，结果的撰写也精准地体现了定量分析结果的特征，为读者提供了清晰、准确的研究结论。

（二）定性研究结果及其撰写技巧

定性研究是一种旨在揭示事物本质属性的科学研究方法，它依赖深入的观测、实验和细致的分析，以探究研究对象是否具备某种特定的属性或特征，以及这些属性或特征之间是否存在某种关系。正因为其关注点在于对研究对象性质的深入理解和描述，而非量化度量，所以被称为定性研究。

1. 定性研究的研究结果

作为定性研究，撰写研究结果时，研究者应借助历史回顾、文献分析、访谈、观察、参与体验等方法，在自然情境中获取原始资料，并采用非量化的方式深入分析，从而得出研究结论。定性研究着重于意义解读、经验体会和详尽描述。在此过程中，可能会发现某些结果与特定子问题或假设并非直接相关。此时，研究者可以围绕数据分析中凸显的关键主题来构建研究结果。

对于主题内容的观察，研究者可以聚焦于那些反复出现的共识或分歧、明显的模式与趋势，以及与研究问题紧密相关的个人回答，直接引用这些内容以论证和支撑自己的观点。若存在其他相关信息（如访谈的完整记录），可以将其收纳于附录中，以供读者参考。

2. 定性研究结果撰写技巧

关于如何撰写定性研究结果，研究者可参考以下步骤。

第一，从"现场"撤离。撰写研究结果应在专门的时间和地点进行，研究者需要保持一定的"独处"时间，并从实地"撤离"，以便冷静地思考和整理研究结果。

第二，初稿先行。研究者不必一开始就追求完美，而是应先将所有想表达的内容写出来，形成初稿。

第三，回归核心。在写作过程中，研究者应时常回到中心议题，确保研究内容始终围绕核心问题和表达线索展开。

第四，角色转换。在撰写研究结果时，研究者应扮演多重角色，既是艺术家，善于捕捉和呈现研究的精彩瞬间；又是翻译家和转译者，将复杂的现场情况和深层含义转化为易于理解的文字。

第五，注意人称与匿名处理。撰写研究结果时，研究者应采用第一人称来叙述自己的观察、分析和理解。同时，对于涉及的具体人物、地点和社区信息，应进行匿名处理，以保护参与者的隐私。

3. 定性研究结果案例分析

（1）个案型定性研究

个案研究中的个案选择广泛，可以聚焦单个人、单一社区或单一事件，也可以由多个个体、社区或事件共同构成。个案所展现的内容既可以是自然发生的故事，也可以是按时间顺序串联的一系列事件的集合。最初的个案研究通常聚焦特定的人、社区或事件，这种研究方法深深植根于人类学的田野调查，研究者常常采用实地研究的方式，深入研究对象，以获得对其各方面情况的全面了解。

在资料收集方面，个案研究可以采用文献法、观察法和访谈法等多种方法，以形成丰富的调查笔记。在写作时，研究者可以根据个案的自身特点，将其划分为不同的方面，进行详尽的介绍和深入的描绘。在描绘过程中，研究者可以结合自己的理解进行分析，但务必保持客观，避免混淆被研究者和研究者的观点，确保被研究者的声音得到充分的展现，而不是被研究者的声音掩盖。

例如，论文《课程改革与学校文化重建——一所学校的个案研究》[①]首先详

---

① 马延伟，马云鹏. 课程改革与学校文化重建———所学校的个案研究[J]. 教育研究，2004，25（3）：62-66.

细阐述了课程改革与学校文化之间的紧密联系。文中指出，学校文化是课程实施过程中的关键因素，它影响着课程的实施效果；同时，系统的课程改革本质上也是学校文化的革新过程。特别是新一轮的基础教育课程改革，它蕴含了全新的学校文化元素。接着，论文对学校文化的定义进行了明确界定：学校文化作为一种"稳定的生活方式"，体现在"组织成员共同遵守的价值体系与行为模式"上。这一界定为后文的研究提供了清晰的理论基础。研究者以一所正在实施新课程改革的小学为研究对象，通过质化研究方法，以教师和管理者的日常生活为观察点，深入探讨了课程实施与学校文化之间的关系。这种研究方法不仅贴近实际，更有助于揭示课程实施与学校文化之间的深层联系。最后，论文对课程实施与学校文化进行了详细的个案描述和深入的分析，进一步思考了课程改革与学校文化之间的相互影响和作用。这种基于实际案例的研究，为理解课程改革与学校文化的关系提供了有力的实证支持。

（2）深度访谈型定性研究

深度访谈型研究指的是通过半结构化访谈的方式，对一定数量的研究对象（通常建议为 30 个或更多，但根据实际研究需求，有时 10 多个也足够）进行深入的交流，从而收集所需的研究资料。与此相应的研究成果，我们通常称之为深度访谈型研究报告。

在撰写深度访谈型研究报告时，其核心应聚焦于研究者从访谈资料中提炼出的核心概念以及基于此构建的初步理论框架。对于访谈资料的描述，必须紧密围绕这些概念和理论进行，确保资料能够支持并丰富这些概念和理论，而不是简单地罗列资料。同时，也要避免概念和理论过于宽泛或抽象，以至于无法有效解释和涵盖所收集到的资料。总之，深度访谈型研究报告的写作应确保资料和理论之间的紧密关联，使之相互支持、相互印证。

例如，论文《关于高中数学教育中的数学核心素养——史宁中教授访谈之七》[①]开篇即针对数学核心素养的相关问题展开了深入的探讨。首先，论文提出了一个关键问题：核心素养的背景是什么？接着，进一步解释了什么是数学核心素养，并探讨了数学核心素养与"四基"（基础知识、基本技能、基本方法和基本活动经验）之间的关联。为了在实际教学中有效培养学生的数学核心素养，论文紧接着提出了一个实际问题：在日常的教学活动中，教学设计与实施应当如何

---

① 史宁中，林玉慈，陶剑，等. 关于高中数学教育中的数学核心素养——史宁中教授访谈之七[J]. 课程·教材·教法，2017, 37（4）：8-14.

调整？此外，论文还考虑了评价方面的问题，即是否能够通过测试来考查学生数学核心素养的达成水平，以及评价方式和命题方式是否需要做出相应的调整。带着这些与数学核心素养紧密相关的问题，研究者对普通高中数学课程标准修订组组长史宁中教授进行了深度访谈。通过访谈，研究者期望能够深入了解数学核心素养的内涵、意义以及在实际教学中的应用与评估，从而为高中数学教育的改革与发展提供有价值的参考。

（三）思辨研究结果及其撰写技巧

1. 思辨研究的研究结果

所谓思辨，起始于交流各方共同认可的观点，进而通过抽象的逻辑推理，得出新颖的结论。思辨研究以知识先于感觉的先验主义作为其认识论的基础，它运用事实或经验来支撑预先设定的理论观点，其方法主要是逻辑演绎思维，即从宽泛的一般概念或原则出发，推演出新的命题或进行相似性的比较。思辨研究致力于揭示某一概念、假设或理论的内在本质、结构及其运作机制，其核心在于对概念间关系的理论探讨，而非追求事实证据来支持这些理论。

思辨研究的选题往往聚焦于复杂、高度概括且难以直接操作的抽象议题，例如教育的目的、教育的本质，以及知识与素养之间的关系等。在结果报告中，思辨研究的观点陈述并不遵循固定的格式，而是要求能够自洽，逻辑严密。思辨研究并非单纯描述或分析事实，而是通过对实践活动的深刻反思，形成具有指导意义的理论。

思辨研究并非空中楼阁般的理论建构，它依赖于已有的经验和一定的事实基础来形成成熟、有深度的观点和认识。缺乏实证基础的思辨，其结论可能仅停留在臆想的层面。思辨研究多采用演绎逻辑，从一个普遍认可的结论出发，逐步推导出其他结论。其过程多呈现为三段论式的结构，严格遵循逻辑的严密性。

2. 思辨研究结果撰写技巧

撰写思辨研究结果时，可遵循以下步骤进行。

第一，深入积累学科知识与经验。每个学科都有其独特的知识结构和体系，以及相应的实践对象和活动领域。研究者需要扎实掌握本学科的基础知识，同时不断积累实践经验。只有这样，我们才能拥有与学科相关的理性知识，并基于实践经验形成与实践活动紧密相关的感性知识。

第二，培养潜意识的逻辑思维和灵感捕捉能力。这种能力类似于文学创作中的"灵感"，是创新和科研过程中不可或缺的元素。当灵感涌现时，研究者往往思维敏锐，文思如泉涌，是研究和创作的黄金时期。

第三，学会观察并掌握其方法。观察时，研究者需要保持清醒的头脑、敏锐的洞察力和持久的耐心。同时，要带着问题去观察，边思考边记录，将实践与学科知识相结合。这个阶段对于确定研究主题或"立意"至关重要，是认识的感性阶段。

第四，进行判断与推理。当知识和观察材料积累到一定程度时，研究者需要在脑海中提炼出事物的本质、全体和内部联系。这是一个从感性认识到理性认识的过程，即毛泽东所说的"认识的第二个阶段"[①]。

第五，在论证过程中，要保持逻辑性和概括性。理性思辨研究的关键在于研究者通过理性思维活动，使思维逻辑与形式逻辑与研究对象保持一致。在论证时，研究者应充分利用概念、判断和推理等工具，对问题进行深入分析，最终用准确的语言将研究成果表述出来，确保思维逻辑与形式逻辑的统一，使研究结果与研究对象相契合。

3. 思辨研究结果案例分析

思辨研究的结果往往源于对实践的深刻反思，进而形成理论框架。以论文《博雅教育的命运及可能的未来：美国大众高等教育的经验》[②]为例，其研究过程可概括为以下几个部分。

首先，该研究深入探讨了大众化的内涵，以及这一过程如何对高等院校、教师和学生产生深远的影响。其次，对美国大众化高校中教学所面临的挑战进行了概念化分析，为在这些院校工作的人们提供了一个真实而详尽的"现场"描述。再次，文章进一步讨论了当前美国大学的学习现状，并分析了大众化在这一过程中所扮演的角色。最后，论文探讨了如何在博雅教育与大众教育之间找到平衡点，解决两者之间的固有问题。

作者在开篇即明确了文章的核心议题：大众化高校的文化和结构如何制约了博雅教育的发展。基于这一观察，作者提出了一个有待验证的命题，即大众教育和博雅教育的成功共存，需要精心的干预、深入的规划和智慧的运用。这一命题的准确性尚未经实践充分检验。

---

① 毛泽东. 毛泽东选集（第1卷）[M]. 北京：人民出版社，1991：285.
② 约瑟夫·赫曼诺维奇，谢心怡. 博雅教育的命运及可能的未来：美国大众高等教育的经验[J]. 北京大学教育评论，2021，19（1）：2-16+189.

该论文中的思辨研究，主要依赖思想家的理论观点、具体案例以及个人的内省和直觉经验作为支撑。其逻辑基础在于，个人经验虽为个别事实，却能反映出普遍性的规律。文中列举的观点和案例均具备代表性，有效地诠释了思辨研究的精髓，同时也展示了思辨分析结果的撰写特色。

（四）混合研究结果及其撰写技巧

1. 混合研究的研究结果

混合研究是一种独特的研究类别，它要求研究者在同一研究中灵活调配或融合定量和定性研究的技术、方法、手段、概念或语言。这种研究方式是在定性研究与定量研究两种范式长期争论的背景下诞生的，其理论基础深深植根于实用主义。

混合研究的程序设计严谨而系统，通常包括确定研究问题与研究目标、选择研究方法、收集资料、分析资料、解释资料、得出结论并撰写最终报告。这种研究方法的显著优势在于，它能够在研究中实现交叉性优势的增强和非重叠性弱势的压缩，从而极大地提升研究的效度和信度[1]。

混合研究的结果通常涵盖以下几个核心要点。

第一，量表开发。研究者通常首先通过收集质性资料来构建基础，随后再对量表进行严格的性能测试，以确保其准确性和可靠性。

第二，假设的产生与验证。质性研究在明确概念及其关系，进而产生研究假设方面具有重要的价值。这些假设可以通过在大样本中进行量化研究来得到进一步的验证。

第三，利用质性资料对量化数据进行深度描述和解释。量化研究虽然能够揭示变量之间的关系，但往往难以解释这些关系背后的原因。混合研究则能够利用质性资料为量化数据提供丰富的背景信息，进一步论证统计结果，并诠释研究结果的深层含义。

第四，理论的构建、验证与完善。质性研究在理论构建方面有着独特的优势，而量化研究则能够为理论验证提供有力的支持。当多种方法都被用于理论验证时，可以使理论的发展更加完备，更具有解释力和普适性。

---

① 田虎伟. 混合方法研究：美国教育研究中的新范式[J]. 高等教育研究，2006，27（11）：74-78.

2. 混合研究结果撰写技巧

由于混合研究结合了定量和定性研究的技术、方法、手段、概念或语言，在撰写其研究结果时，我们自然需要灵活运用定性与定量的撰写技巧。同时，考虑到混合研究设计的多样性，撰写方式和技巧也会相应变化。以下是混合研究在撰写研究结果时需要注意的几个方面。

首先，关于不同部分的顺序分配。混合研究可以采取同步设计，即量化与质性研究在同一阶段并行进行，以便相互补充；也可以采用顺序设计，先集中精力进行其中一项研究，再为另一项研究提供必要的信息和背景。选择何种顺序，应基于研究设计的具体需求和条件来考量。

其次，关于研究的侧重点。在混合研究中，质性和量化通常不会并重，而是因资源限制、研究者的专长以及目标读者的需求等因素，有所侧重。通常，我们会选择最适合回答总体研究目标的方法作为主要手段，而另一种方法则作为辅助和补充。

最后，关于如何将两部分整合。在资料分析和结果诠释阶段，我们需要将定量和定性的数据资料进行有机结合。这不仅涉及资料的合并和对照，更要求我们对不同类型的数据结果进行深度分析和综合理解，以便全面、准确地反映研究现象的本质和规律。同时，某一类型的资料结果可能会为后续的资料收集提供新的方向和思路。

3. 混合研究结果案例分析

例如，论文《中小学教师的时间困境——基于 T 市中学教师的混合研究》[1]中，研究者运用了聚合性设计中的三角互证设计这一混合研究方法，同时搜集了教师工作时间的量化与质性数据，并对这两种数据进行了综合分析和解释。研究者不仅比较了量化和质性分析的结果，还利用质性分析的结论来验证或补充量化分析无法直接揭示的信息。其中，量化调查主要聚焦在"是什么"的问题上，即揭示教师工作时间的长度、结构以及教师的主观体验；而质性调查则致力于解答"为什么"和"怎么样"的问题，深入探究教师对于当前工作时间现状的看法及其成因，以及优化的思路。

研究方法上，研究团队使用了自编的调查问卷，并通过 SPSS 软件进行了统

---

[1] 刘乔卉，裴淼. 中小学教师的时间困境——基于 T 市中学教师的混合研究[J]. 教育学术月刊，2021（6）：76-82.

计分析；在收集质性数据时，则通过访谈和开放式问卷调查的形式，结合扎根理论，并利用 NVivo 软件进行了编码分析。在撰写研究结果时，首先展示了量化数据的结果，如教师工作时间的具体数据及其结构特点，以及教师的主观体验等；随后，研究者详细呈现了质性数据的研究结果，包括教师工作时间编码表以及影响教师工作时间和改进路向的编码节点信息表。这种同步进行的质性和量化调查方式，使得两种研究方法互为补充，相得益彰。

不同方法各有侧重，但研究结果在展示时却条理清晰，将量化研究结果和质性研究结果分别呈现，使读者能够更全面地理解研究内容和发现。

总的来说，研究结果的呈现水平是衡量论文学术水平或技术创新程度的重要指标。因此，在撰写研究结果时，必须遵循实事求是、客观真实、准确无误的原则，通过恰当的图表和文字描述来清晰地展示主要成果或发现。文字描述应当逻辑清晰、层次分明、简练可读，确保读者能够准确理解并评估研究的价值和意义。

二、研究讨论的类型及其撰写技巧

（一）研究讨论的类型

1. 文献堆积型讨论

文献堆积型讨论确实是一种常见的讨论形式。这种教科书式的写作风格，往往从对名词的详细解释开始，随后机械地罗列和复述本文的研究结果，并堆砌大量与主题关联度不高甚至不相关的文献。这种讨论虽然在表面上看来内容丰富、条理清晰、文献组织有序，但实质上却缺乏明确的论点，仿佛是一种脱离研究主题的八股文。

以论文《反思会持续改善教师的课堂行为吗？——基于对不同教学理念教师的追踪调查》[①]为例，其研究讨论主要集中在两点：一是教师课堂行为的变化趋势以及反思的持续影响；二是反思对不同教学理念教师课堂行为的持续影响。在第一点中，学者详细阐述了其研究构建的全模型，指出教师的课堂行为在反思的推动下会有显著改善，这一观点与现有的教师专业发展阶段理论相吻合。然而，

---

① 杨帆，何雨璇，夏之晨. 反思会持续改善教师的课堂行为吗？——基于对不同教学理念教师的追踪调查[J]. 华东师范大学学报（教育科学版），2022，40（10）：17-28.

所列出的文献却未能深入揭示反思如何影响教师课堂行为的具体规律。

在第二点中，学者明确划分了调查范围内中小学教师的教学理念，包括"强学生中心""强师生中心""弱教师中心"三种类型，并特别指出不包括"强教师中心"的教学理念。尽管学者随后引用相关文献进行解释，但这些文献主要探讨了教师如何根据不同的教学内容调整教学理念和行为，实际上更多的是教学内容对教学行为的影响，而非直接探讨教学理念与教师课堂行为之间的关系，这与前面所得出的结论存在一定的偏差。

2. 主客颠倒型讨论

主客颠倒型讨论的写法确实并不罕见。在讨论中，"讨论"的核心价值在于对本研究结果进行理论化的深度分析和提炼，这一过程通常需要在与相关研究的比较和对照中完成逻辑推论。这里，本研究应当作为主体，而引用的相关研究则是客体，用以支持和丰富本研究的观点和结论。然而，主客颠倒型讨论往往容易陷入以他人结论为主体的误区，不自觉地以自身的研究结果来验证他人的结论。

在论述中，我们常常能见到这样的表述："本研究再次验证了某某的结论""某某等采用某种方法对某一问题做了研究，结果显示……，提示……""本研究与某某等的研究结果一致"。这种表述方式在一定程度上削弱了本研究的独立性和创新性，而更多的是在强调与已有研究的一致性。

以论文《道德提升感对青少年亲环境行为的影响研究》[1]为例，作者在分讨论和总讨论中，确实对道德提升感对青少年亲环境行为的影响进行了深入的探讨。但在讨论过程中，作者似乎过于依赖和重视以往学者的研究成果。例如，作者列举了 Melissa 等的研究，探讨了利用生态罪恶感来激发亲环境行为，并认为内疚作为一种道德情感能够促进亲环境行为。虽然这些研究对于本研究有一定的参考价值，但作者在讨论中过多地强调和引用了这些研究，甚至出现了"本研究再次验证了某某的结论"和"本研究与某某等的研究结果一致"的表述。

这样的表述方式虽然能够体现本研究与已有研究的联系，但也可能让读者质疑本研究的独立性和创新性。因此，在讨论中，研究者应当更加注重对本研究的独立分析和解释，同时适当引用和比较已有研究，以丰富和支撑本研究的观点和结论。

---

[1] 李星晨. 道德提升感对青少年亲环境行为的影响研究[D]. 河北师范大学，2022.

3. 虎头蛇尾型讨论

虎头蛇尾型讨论在论文中表现为开头部分精彩纷呈，但到了讨论部分却显得平淡无奇，甚至有些论文干脆省略了讨论环节。这种类型与文献堆积型截然不同，它走向了另一个极端：研究讨论部分显得过于简化和简短，有时甚至完全缺失。

以论文《浅谈初中政治课堂中的讨论式教学法》[①]为例，该论文聚焦于初中政治课堂中的讨论式教学法，主要探讨了该教学法存在的问题。研究者运用行动研究法和观察法，旨在揭示使用讨论式教学法导致教学质量不高和学生学习效果不佳的深层原因，进而提出有效的解决策略。

通过实证研究，作者发现的主要问题包括"教师未能为学生营造一种民主的讨论氛围"以及"教师设置的讨论题对学生来说并不合适"。针对这些问题，作者提出的解决策略是"教师应合理安排活动场所，营造民主的讨论氛围，并精心设计讨论问题，以激发学生的讨论兴趣"。

然而，值得注意的是，这些发现和策略并非完全原创。事实上，前人已经对这些问题和解决方法进行了广泛的研究。因此，在论文的讨论部分，研究者可能觉得无须赘述，导致讨论内容相对简短。尽管如此，这并不意味着研究本身没有价值，而是需要在讨论中更加明确地阐述研究的独特性和创新性，以及与前人研究的区别和联系。

4. 选择偏倚型讨论

研究讨论确实是论文的核心部分，它涵盖了作者对研究资料的归纳、概括和深入的探讨。在这个过程中，作者需要谨慎处理数据和信息，避免引入选择性偏倚，即确保被选入研究样本的个体与未被选入的个体在特征上不存在系统性差异。特别地，"讨论"部分的选择性取舍，若处理不当，确实可能触及学术道德问题。

以论文《关于研究生教育导学关系道德规范的讨论》[②]为例，作者首先阐述了研究生教育中的导学关系和导师的权威地位。在探讨导学关系的异化现象时，文中提出了三种异化倾向："老板-员工"倾向、"绝对权威主义"倾向及"放养式"倾向。在举例支持这些倾向时，作者确实更多地选取了与自身观点相符的案

---

① 郭良英. 浅谈初中政治课堂中的讨论式教学法[J]. 读与写（教育教学刊），2015，12（9）：143.
② 张茂，王新云，廖敦明. 关于研究生教育导学关系道德规范的讨论[J]. 教育教学论坛，2022（38）：14-17.

例，虽然也提及了这些倾向可能带来的某些正面效果，但主要是为了与作者的主要观点形成对比，从而强化自身观点的说服力。

而在探讨导学关系的道德规范时，作者为了突出自己观点的价值，有选择性地强调了支持自己结论的内容，这种做法在学术讨论中应当谨慎，以免给人留下避重就轻的印象。在撰写讨论部分时，研究者应当保持客观和全面，既要看到问题的多面性，也要尊重并合理评价不同的观点和论据。

（二）研究讨论撰写技巧

在讨论部分，研究者必须清晰展现本文内容的创新性、科学性和实用性。这需要研究者在讨论中全面、细致地解释和描述研究结果，并通过对比进一步强调本文所研究内容的科学性与创新性。

撰写论文讨论部分时，建议采用"金字塔"结构，即先从具体的研究结果出发，逐步扩展至更广泛的领域。作者需要完成以下四项任务：首先，根据实验结果，提炼并强调关键要点；其次，将本研究的结果与其他研究进行对比分析；再次，揭示本研究的潜在意义和应用前景；最后，指出研究的局限性，并为后续研究指明方向。

以下是撰写讨论部分的详细攻略。

1）描述要点。深入思考，从论文中提取出具有总结和分析价值的要点。这些要点应涉及机理、基础科学认识以及对业界的启示。

2）解释原因。通过对比分析，深入探讨实验结果之间差异的原因，为读者提供深入的理解。

3）阐述价值。明确本研究的应用价值，即本研究对社会或教育领域可能产生的实际影响。例如，本研究是否有助于提升教学效果，或者为其他研究提供有价值的参考。

4）反思不足。在肯定研究成果的同时，也要实事求是地指出研究的局限性，以便读者全面了解研究的真实情况。

5）描述应用。基于研究结果，探讨其潜在的推论和可能的应用场景，为读者提供更为广阔的视野。

在撰写讨论部分时，务必保持客观公正的态度。客观公正是科研工作的基石，也是论文撰写的重要原则。在讨论中，应坚持用普遍联系和辩证的方法分析问题，而不是仅凭个人好恶进行主观推测。无论研究结果是否符合预期，都应如实报道和分析，以确保科研的公正性和论文的可靠性。

例如，论文《教育技术学视野下的未来课堂研究》[①]首先系统地总结了研究工作，随后详细列举了论文的创新点。这些创新主要体现在："论文从教育技术学的专业视角出发，通过文献研究法、内容分析法和专家调查法，成功构建了未来课堂的模型。该研究基于教学系统化设计思想，对未来课堂的设计、开发、应用与评价等各个环节进行了深入研究，初步构建了一套完整的未来课堂理论研究体系。文中不仅深入分析了未来课堂的设计原则，还探讨了实现未来课堂开发的关键技术，并基于这些研究，成功开发了一个未来课堂的实例。"此外，"论文还结合未来课堂的物理架构特点与云学习支持系统的功能特色，提出了一个体现教与学过程课前、课中、课后一体化设计的未来课堂教学模式。"最后，论文也指出了研究的不足之处，并对未来的研究方向进行了展望，明确了本研究的局限性，同时也为其他研究者提供了新的研究方向和参考。

三、研究结果与研究讨论衔接技巧

研究结果与研究讨论在一篇论文中各自扮演着不同的角色。研究结果是在前文研究的基础上得出的客观事实，必须保持客观中立，不应掺杂个人主观意见，其写作应追求简练、客观且平实的风格。研究讨论则是站在一个更宏观的视角，对研究结果进行深层次的剖析和探讨，从而提炼出具有洞察力的观点（图 5-1）。

尽管研究结果与研究讨论在内容、写作方式以及作用上各有差异，但它们在整篇文章的结构中共同扮演着"起承转合"中"转"的角色，为最终引出"合"的部分——研究结论——做好铺垫。在衔接研究结果与研究讨论时，有八种实用的技巧：直接切入式、一一对应式、原因解释式、合并撰写式、比较异同式、论证结果式、案例支持式和展望未来式。这些衔接技巧对于撰写研究结果与研究讨论的作者来说，无疑具有重要的启示作用。

---

① 陈卫东. 教育技术学视野下的未来课堂研究[D]. 华东师范大学，2012.

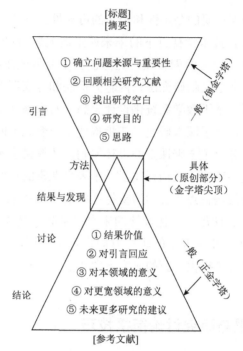

图 5-1　论文沙漏模型结构图

资料来源：吴子牛. 研究生学术生涯导航. 北京：科学出版社，2024：

（一）直接切入式

研究结果与研究讨论的"直接切入式"衔接技巧，即是在研究讨论部分直接聚焦研究问题的核心和难点，以直截了当的方式对每个问题进行详尽的解析和论证，迅速强化研究结果的权威性。这种衔接方式有助于清晰地展示研究结果的论证过程，同时使读者能够更加便捷地理解和把握研究的核心内容。

以论文《教学临场感与中小学教师网络研修行为的关系研究——以上海初中英语网络研修为例》[①]为例，作者为深入探究教学临场感与中小学教师网络研修行为之间的关系，采用了量化研究方法，收集了上海初中英语教师在网络研修中的教学临场感与网络研修行为数据，并运用 SPSS 软件进行了统计分析。研究得出了三个主要结果：首先，教学临场感对部分而非全部网络研修行为具有显著影响；其次，教学临场感具有情境性，在不同工作坊间存在差异，并受到教师职

[①] 张怀浩，林立甲，冷静，等. 教学临场感与中小学教师网络研修行为的关系研究——以上海初中英语网络研修为例[J]. 中国电化教育，2015（6）：51-58.

务、平台体验的显著影响，但年龄、性别及婚姻状况等因素对其影响不显著；最后，教学临场感是网络研修行为产生的必要条件，而非充分条件。

在讨论部分，作者直接针对这三个研究结果进行了深入的分析和解释，不仅说明了结果的内在含义，还探讨了这些结果对现实教学实践的启示和意义。这种一一对应的讨论方式，使读者能够清晰地看到每个研究结果背后的思考和分析，从而更加深入地理解研究的内容和价值，也使得文章的层次结构更加鲜明。

（二）一一对应式

研究结果与研究讨论的"一一对应式"衔接技巧，指的是在论文中，将每个具体的研究结果与其相应的研究结论进行配对呈现。这种方式不仅使文章中的问题和结果呈现得清晰明了，还有助于凸显研究的探究重点。当论文中涉及多个研究结果，并且这些结果之间存在紧密的逻辑联系时，这种衔接技巧尤其适用。

以论文《"双师教学"模式下乡村教师能动性与教学专长的关系研究》[①]为例，作者首先深入探讨了"双师教学"模式下乡村教师的教学现状以及他们的能动性和教学专长之间的关系。在研究结果部分，作者巧妙地将"双师教学"的能动性和教学专长问卷划分为教学效能、履行职责、教学认同、教学专长四个维度，并通过细致的分类分析和整体问卷分析，系统地阐述了"双师教学"模式下教师能动性与教学专长发展之间的关联。

进入研究讨论部分，作者基于上述研究结果，对"双师教学"模式中两地教师角色定位的固化问题进行了深入剖析，并探讨了不同专业发展阶段教师的"双师教学"能动性如何影响他们的教学专长。这种研究结果的客观分析与研究讨论中的相关问题论述，在结构上保持了高度的一致性，在内容上也相互呼应，使得整篇论文在逻辑性和严谨性上得到了显著提升。

（三）原因解释式

研究结果与研究讨论的"原因解释式"衔接技巧强调，研究结果作为学术论文的核心，需要得到充分的解释，以便于其他研究人员和学习人员更好地理解和接受。这种衔接技巧通常要求在研究讨论部分对研究结果进行原因解释，以简明扼要的语言对结果进行准确、高效的阐述。不论是量化研究还是质性研究，都可

---

① 李葆萍，仁青草，桑国元，等．"双师教学"模式下乡村教师能动性与教学专长的关系研究[J]．电化教育研究，2022，43（7）：114-121.

以采用"原因解释式"衔接技巧，尤其是在前文阐述不足或研究结果理解难度较大时，这种技巧尤为有效，可以对研究结果进行必要的补充和说明，有助于他人进行深入的研究和学习。

以论文《混合学习与网上学习对学生学习效果的影响——47 个实验和准实验的元分析》[①]为例，作者采用元分析法，对近十年国际上关于混合学习和网上学习对学生学习效果影响的 47 个实验和准实验进行了深入研究。研究结果显示，混合学习相较于纯粹的网上学习和面对面学习，更能有效地改善和提高学生的学习效果。在这篇论文中，作者将研究讨论与研究结论紧密结合，在总结概括研究结果后，深入探讨了导致这一结果的原因，并指出了研究结果的局限性，即研究结论可能并不完全适用于中小学群体。同时，作者还针对大学生和中小学生两类不同群体，提出了相应的适用学习策略，为教育实践提供了有价值的参考。

（四）合并撰写式

研究结果与研究讨论的"合并撰写式"衔接技巧指的是在论文中，每当呈现一个研究结果后，紧接着就进行相关的讨论，然后继续展示新的结果并紧随其后进行讨论。这种将研究结果与研究讨论合并撰写的方式，有助于将文章划分为清晰的小节，使内容更加易于理解，对于初学者来说也更为友好。当研究结果之间联系不够紧密，或者结果之间存在递进关系时，通常会采用这种"结果与讨论"合并撰写的方式，以确保研究结果与研究讨论之间的紧密结合。

例如，在论文《校本教研参与对教师实践性知识的影响——组织支持感的中介作用及教师自我效能感的调节作用》[②]中，作者首先阐述了校本教研参与对教师实践性知识具有直接的显著积极影响。紧接着，作者对这一研究结果进行了深入的讨论，指出这一发现不仅与许多质性研究结果相契合，也验证了有关学者提出的"教师参与教研活动促进实践性知识"内化生成机制。作者进一步通过科学数据验证了自己的推断，详细探讨了教师实践性知识的来源，如通过听评课、集体备课等体验性、直观性强的教研活动积累学科教学法知识、课程知识、教学知识等；教师自我认知的提升则依赖于专家指导的反思；而课题研究则有助于教师更深入地了解和探究学生发展的知识。由于研究结果与研究讨论两部分内容紧密

---

① 陈纯槿，王红. 混合学习与网上学习对学生学习效果的影响——47 个实验和准实验的元分析[J]. 开放教育研究，2013，19（2）：69-78.

② 刘莉莉，周照林. 校本教研参与对教师实践性知识的影响——组织支持感的中介作用及教师自我效能感的调节作用[J]. 教师教育研究，2022，34（2）：7-14.

相连，作者选择将这两部分合并撰写，使得整个论述过程更加流畅和连贯。

（五）比较异同式

研究结果与研究讨论的"比较异同式"衔接技巧，正如其定义所述，是在分析、比较自身实验结果与其他学者研究成果的异同后，自然而然地过渡到对研究的讨论环节。如果研究发现与采用不同方法的其他学者得出的结论相吻合，那么这不仅可以增强论文的说服力，提升读者的认可度，更能水到渠成地引出作者自己的观点；而一旦发现不一致的情况，则应如实陈述，并进一步探讨其中的原因。这种异同比较的方式，不仅展示了研究的深度和广度，也凸显了学术研究的严谨性和科学性。

以论文《数字工具支持的教学对学生学习结果有何影响？——来自 137 项实验与准实验的元分析证据》[①]为例，作者在呈现研究结果时，首先对数据来源和数据分析方法进行了清晰的说明。在详细描述研究结果后，作者基于相关分析、人口统计学变量、知识特征和研究属性的调节效应，对数据结果进行了深入的讨论。尤为值得一提的是，在讨论部分，作者并未止步于对结果的简单讨论，而是在简要描述数据结果后，进一步将本研究结果与已有研究进行对比，找出其中的相同点和不同点，分析其中的原因，并展开深入的讨论。同时，作者还巧妙地引用了其他学者的研究、观点或理论，以支持并印证本研究的结论。这种"比较异同式"的衔接技巧，使得整篇论文的论述更加严谨、深入，同时也更具说服力。

（六）论证结果式

研究结果是在特定阶段事物发展所达到的最终状态。在定量研究中，研究结果主要体现为围绕材料与方法得到的最终数据；而在定性研究中，研究结果则可能表现为通过扎根理论等方法建立的概念模型。这些结果都是具体、客观的，需要由相应的经验性资料来支撑其真实性，如数字、图形、表格等。

经验性资料的解释和说明通常放在研究讨论部分。在引用这些数字、图形、表格时，应给予必要的说明和解释，以便读者理解其含义以及它们在验证研究结果中的作用。同时，适当的概括和小结也是必要的，这样可以帮助读者更全面地把握这些资料。

---

① 雷浩，李雪. 数字工具支持的教学对学生学习结果有何影响？——来自 137 项实验与准实验的元分析证据[J]. 华东师范大学学报（教育科学版），2022，40（11）：92-109.

以论文《在线课程作业设计策略——基于八门在线课程样本的分析证据》[①]为例，作者通过关键词标注法和理解标注法对数据进行分析后，得出了三个研究结果，并针对每个结果进行了相应的讨论。在阐述"在线课程作业在知识类型与认知维度设计方面，整体上具有较高的课程目标达成度，但仍存在与课程目标不匹配现象"这一结果时，作者引用了"知识类型达成度课程目标图表"和"认知维度课程目标达成度图表"作为支撑，使读者能够直观地看到知识类型和认知维度的目标达成度高达96%，同时也揭示了某些课程中概念性知识与程序性知识达成度的不匹配现象。在讨论部分，作者有效利用图表对研究结果进行了解读和论证，进一步增强了研究结果的可信度和清晰度。

（七）案例支持式

研究结果与研究讨论的"案例支持式"衔接技巧，指的是运用与主题紧密相关且具有典型意义的案例来支持研究结果，并围绕该案例展开深入讨论，最终得出研究结论。案例作为具体、生动且富有意义的事件陈述，能够使得研究结果与研究讨论的衔接更加顺畅自然，从而进一步增强研究结果的说服力。

例如，在论文《数字平台的合法性建设与治理研究》[②]中，作者旨在探讨数字平台企业与利益相关者之间的紧张关系，并寻求合法性建设的关键要素。作者并未直接论述数字平台的合法性建设，而是选取了阿里巴巴这一典型的数字平台作为案例，详细分析了其发展的三个阶段，并揭示了每个阶段所经历的合法性前因、合法性响应以及新的合法性的形成过程。通过深入剖析阿里巴巴的案例，文章得出了关于数字平台合法性建设与治理的研究结果。随后，围绕这一主题，作者进一步得出了关于数字平台合法性的研究结论，并提出了一个"合法性前因-合法性响应-新的合法性"的过程模型。最后，文章还探讨了研究的不足和未来展望。整篇论文的研究结果与研究讨论部分，以阿里巴巴作为案例进行深入剖析，充分展现了"案例支持式"衔接技巧的有效运用。

（八）展望未来式

研究结果与研究讨论的"展望未来式"衔接技巧强调从研究结果出发，对研

---

① 廖正山，李曼丽. 在线课程作业设计策略——基于八门在线课程样本的分析证据[J]. 开放教育研究，2022，28（5）：79-92.

② 潘巧虹，骆温平，王婧，等. 数字平台的合法性建设与治理研究[J]. 科学学研究，2023，41（6）:1076-1084.

究过程中存在的局限和不足进行深入讨论，从而自然地将研究结果与研究讨论部分连接起来。论文的不足之处可以源自论文的基本结构，也可以围绕研究内容的现实性、可操作性以及选题是否符合专业要求等方面展开讨论。研究的局限性通常源自研究方法或研究人员本身，这两方面的原因可能导致研究结论的不完全性或偏差。当论文中存在与方法论相关的研究局限时，应直接指出潜在问题，并提出针对性的改进建议。

以论文《数字阅读素养的内涵模型与结构要素》①为例，作者首先梳理了国内外学者对数字阅读素养的不同理解，并在此基础上构建了数字阅读素养DaRpLs 模型，提出了从"数字能力""阅读过程""素养结构"三个维度理解数字阅读素养内涵的新视角。在讨论部分，作者不仅回顾了当前对数字阅读素养概念、结构体系的研究成果，还敏锐地指出了实际测评研究的不足。作者通过指出研究局限，为后续的研究方向提出了展望，即希望构建数字阅读素养的要素框架，为开发数字阅读素养测评体系提供理论支持。这篇文章通过从研究局限性的角度出发，巧妙地衔接了研究结果与研究讨论，并提出了对未来研究的展望。

第二节　学会撰写结论启示：提出研究观点和对策

在一篇学术论文中，结论启示占据着举足轻重的地位，堪称论文的精髓所在。它不仅是对全文主要观点和论证的精准总结，更是对研究重要性的深刻强调，并为未来研究指明方向。那么，结论启示究竟有哪些类型？我们又应如何撰写，以确保其简明扼要地总结观点、探讨建议呢？以下，笔者将针对这些问题进行详尽的探讨。

一、研究结论的类型及其撰写技巧

学术论文的结论部分，是对全文研究过程中观察到的现象及所得结果进行深入的综合分析、逻辑推理后得出的总判断与总评价，它是研究结果自然且必要的

---

① 王佑镁，南希烜，尹以晴，等. 数字阅读素养的内涵模型与结构要素[J]. 现代远程教育研究，2022，34（5）：63-71+81.

逻辑延伸。对于作者而言，结论是对整篇论文的全面概括和总结，也是对研究成果的抽象化表述。在这一部分，作者需要重新强调研究主题及其重要性，再次明确阐述主要论点，并简要说明这些论点是如何通过特定的方法、视角等得出的。同时，结论也应说明研究结果如何有效地回应了引言中提出的问题，点明在哪些方面对现有研究进行了扩展或深化。此外，作者还应概述整个研究过程中可能存在的局限，以及针对这些局限，未来研究可以进一步开展的方向或工作。结论是论文的精髓所在，也是读者最为关注的部分。因此，结论的撰写必须严谨、准确，具有说服力，既不能夸大其词，也不能缩小其重要性，更不能凭空臆断。只有这样，才能确保结论的权威性和可信度，为读者提供有价值的参考。

（一）研究结论的三种类型

1. 总结性结论

总结性结论是一种旨在清晰概括作者论文主要内容和要点的结论类型，它在论文撰写中尤为常见。尽管不同类型的论文可以采用不同的结论形式，但总结性结论无疑是最具说服力的一种。它不仅对论文的核心观点进行了全面总结，一些详尽的总结性结论还涵盖了研究现状中的局限以及对未来研究的展望。这样的结论形式既能揭示当前研究的不足之处，也能为未来的研究提供发展方案和建议，有助于推动研究问题的深入解决。

2. 外化性结论

外化性结论所提出的观点或想法有时可能与论文的主要内容并非直接相关。然而，这些观点却极具意义，因为它们能够引出超越本研究范围的新想法。这种类型的结论虽然在表面上可能看起来与上文内容没有直接联系，但它们实际上在结论部分为未来的研究提供了新的方向或展望，为其他学者提供了进一步思考的空间。同时，外化性结论还能激发读者对相关主题产生新的思考方向，使文章更加引人深思。

3. 编辑性结论

所谓编辑性结论，指的是在不增加新的信息或数据的情况下，作者围绕主题基于自身经验或观点，对全文论点进行的一种总结性阐述。这类结论的吸引力在于，作者有权选择是否对论文中已有的信息或观点表示赞同，或提出新的解读。举例来说，如果论文分析了某项措施对解决某一教育问题的潜在帮助，作者在结论中便可质疑该措施的可持续性或教育实践中的实用性，即使这些观点在正文部分并未详细讨论。

在编辑性结论中，作者可以提出自己独到的结论性想法或评论，将个人观点与研究成果相结合，甚至可以对结果或主题表达个人感受。这种结论类型尤其适用于那些旨在发表个人见解、采取人文主义视角或包含争议性信息的研究论文。通过编辑性结论，作者不仅能够更全面地呈现自己的研究视角，还能为读者提供更深层次的思考空间。

（二）研究结论的撰写技巧

1. 总结性结论撰写技巧

总结性结论的撰写方法通常遵循以下步骤：首先，应重申并强调论文的研究主题，确保读者在结尾部分对研究的核心有明确的认知；其次，要系统地梳理和阐述文章中的各个论点，并总结每个论点的核心要点；再次，要明确地陈述论文研究所得出的主要结论或结果，以及这些结论对于研究主题的必要性；最后，作者需要总结自己对研究主题的见解，分析当前的研究现状、存在的问题，并适当进行研究展望，为今后的研究提供有价值的建议。

以学位论文《西方创业型大学发展对我国应用型大学战略转型启示研究》[①]为例，作者采用了总结性结论的方式撰写论文结论，并分为"研究结论"与"研究不足与展望"两个部分。在"研究结论"部分，作者回顾了西方创业型大学的兴起和发展，并总结了其对政府、大学、产业产生的积极影响。随后，结合我国创新型国家的发展战略，分析了我国应用型大学向创业型大学转型的必要性和发展方向，并运用 SWOT 分析探讨了我国大学转型的内外部影响因素。在得出结论时，作者提出了我国应用型大学转型应采取的多元化战略，包括政府给予政策和财政支持、官产学结合促进知识产业化、高校寻求资金来源多样化等策略。在"研究不足与展望"部分，作者指出了当前研究的不足之处，并建议未来的研究应更多地运用定量分析方法，以提升研究的科学性和严谨性。这样的总结性结论既全面总结了研究内容，又为后续研究提供了明确的指导方向。

2. 外化性结论撰写技巧

外化性结论的撰写方法如下：首先，应对论文内容进行精准概括，措辞需严

---

① 张荔. 西方创业型大学发展对我国应用型大学战略转型启示研究[D]. 中国科学技术大学，2015.

谨，确保不遗漏任何有价值的结论，同时避免无根据的推测。语句表达需准确无误，不得模棱两可或含糊其词。肯定和否定必须明确，避免使用"大概""也许""可能是"等模糊词语，以免削弱论文的权威性和可信度。其次，内容概括应具体明确，简短而精练，结论部分应保持相对独立性，提供明确、具体的定性和定量信息，以提高可读性。在结论中，应使用量名称而非单纯的量符号。再次，撰写结论时，应基于正文的理论和观点，对该研究方向进行预示展望，即对其理论、观点的价值、意义和作用进行未来预测，展现其潜在的发展空间。最后，务必避免在结论中进行自我评价。研究成果或论文的真正价值应通过具体的"结论"来体现，而非通过如"本研究具有国际先进水平""本研究结果属国内首创"等语句展现。

以期刊论文《教师评价素养的现状、框架及发展建议》[①]为例，在其结论的最后一段中，作者首先强调了评价实践的重要性，随后提出了具体的评价实践措施，如改革升学评价与招生方式、增加日常评价的分量等。最后，作者还提及了评价监控这一新视角，即将教师评价实践与其反思相结合的方法。作者为读者提供了评价实践和评价监控两个新视角，同时以教师评价素养的提升措施为新的研究方向，引导其他研究者深入思考相关问题，进一步拓展了教师评价素养的研究领域。

3. 编辑性结论撰写技巧

在撰写编辑性结论时，研究者需要特别关注以下几个要点：首先，要在结论中着重强调并总结研究目标和研究方法的独特性和创新性，以凸显该研究的新颖之处。这种创新点可以源自研究结果，也可以源于研究目标或研究方法本身。在撰写时，不妨换个角度思考，以便更全面地挖掘出研究的创新价值。其次，编辑性结论应指明研究方向。这不仅仅是对自身工作和发现的简单陈述，而是要深入揭示论文的学术价值，以及未来应如何延续和拓展这一研究。具体来说，就是要明确指出本次研究的局限性、尚未解决的问题，并为后续的研究方向提供设想和建议。

以期刊论文《何为好导师：一项基于研究生视角的扎根理论研究》[②]为例，作者在结论部分首先回顾了研究过程并总结了研究成果。文中指出："研究生对于好导师标准的认识具有显著的阶段性和变化性……研究结论较好地回应了马斯

---

① 王少非. 教师评价素养的现状、框架及发展建议[J]. 人民教育，2008（8）：31-34.

② 马建军，周慧聪. 何为好导师：一项基于研究生视角的扎根理论研究[J]. 教师教育研究，2022，34（5）：7-14+22.

洛的需求层次理论，并有效延伸了该理论在研究生教育中的应用。"接着，作者从研究视角、研究资源和研究主题三个角度分析了研究的局限性，如研究视角的单一性可能带来的理论偏见风险、研究资源的有限性对理论成果形式化的不利影响，以及对其他相关度较低的主题缺乏深入探究等。最后，作者建议后续研究可以进一步探索这些问题，以拓展研究领域和深化理论理解。

这一案例充分体现了编辑性结论的特点，即作者在结论部分对研究结果进行了深入的反思和评论，基于个人研究经验总结了研究的局限性和可进一步探究之处，为读者提供了有价值的参考和启示。

二、研究启示的类型及其撰写攻略

科学教育研究旨在揭示教育问题、探索教育规律，并以此推动教育的进步。研究启示正是基于我们发现问题、掌握规律后，为教育领域后续发展提出的宝贵建议，其重要性不言而喻。根据不同的教育研究类型，我将教育研究启示分为问题导向型和结论导向型，并介绍相应的撰写技巧，以期为教育研究中启示部分的撰写提供规范和指导。

（一）研究启示的类型

1. 问题导向型启示

问题导向是一种以解决问题为方向，始终紧扣核心问题，通过深入的分析来寻求解决方案的一种模式。问题导向型启示指的是针对特定研究或实际存在的问题，经过细致的研究和分析，得出的解决问题的策略或启示。这些问题与对应的措施或启示既可以形成一一对应的关系，也可以从整体框架的角度出发，以"总-分"的结构来呈现解决方案或启示，从而全面而系统地应对问题。

2. 结论导向型启示

所谓结论导向型研究启示，即以研究结论+研究价值+研究对策为写作逻辑的一种研究启示类型。与问题导向型研究启示从现实问题出发寻求对策不同，结论导向型研究启示以研究结论为导向，通过解释其研究价值（验证之前的研究/对之前的研究做进一步推动或修补/完全推翻），得出具有针对性的研究对策。

（二）研究启示撰写攻略

1. 问题导向型启示撰写攻略

以《国际高等教育数字化转型和中国实施路径》[①]一文的研究启示为例进行说明，撰写问题导向型研究启示时，首要任务是明确研究的核心问题，并针对这些问题提出切实可行的对策。研究问题可以细化为多个维度，并分条撰写启示，以确保思路的清晰和结构的严谨。例如，在该文中，作者围绕高等教育数字化转型的文化转型、劳动力转型和技术转型三个关键方面，深入探讨了中国高等教育数字化转型的实施路径。

接下来，我们聚焦该研究中启示的第一部分，即文化转型部分，对其写作思路及逻辑进行梳理。作者首先识别了文化转型过程中存在的问题，如跨机构规划或协调不足、缺乏广泛认可等挑战。随后，基于这些问题，作者提出了相应的解决路径，即营造基于数据的教育决策文化氛围，并致力于构建坚实的高等教育数字化转型的文化转型生态。

通过这一部分的梳理，我们可以窥见问题导向型研究启示的撰写技巧。作者首先明确问题，然后分析问题产生的根源，最后提出具有针对性的解决方案。这种撰写方式不仅有助于清晰地呈现研究问题，还能为实际问题的解决提供有力的理论支持和实践指导。

2. 结论导向型启示撰写攻略

以《MOOC 学习投入度与学习坚持性关系研究》[②]一文的研究启示为例进行说明。在该研究启示部分，作者遵循了先提出研究结论，后给出研究对策的撰写顺序。首先，作者明确指出研究结论："鼓励学习者进行自我调节学习，以提高自我学术效能感，因为学术自我效能感对 MOOC 学习的投入度具有正向显著的直接影响。"紧接着，作者并未直接提出对策，而是先强调了该研究结论的价值："这一研究结果与先前研究结论相契合"，并通俗易懂地解释了该研究结论对 MOOC 学习改进的实际意义。

在详细阐述了研究结论及其价值后，作者针对 MOOC 学习的全阶段（学习初期、学习过程中、反馈阶段、评价阶段），以及涉及的对象（教师和学生），提

---

① 兰国帅，魏家财，黄春雨，等. 国际高等教育数字化转型和中国实施路径[J]. 开放教育研究，2022，28（3）：25-38.

② 兰国帅，郭倩，钟秋菊. MOOC 学习投入度与学习坚持性关系研究[J]. 开放教育研究，2019，25（2）：65-77.

出了切实可行的对策。这些对策包括：学习者在学习初期开展与"网络自我调节学习"相关的训练，教师在学习过程中嵌入有效的在线学习支持工具，以及鼓励学习者利用网络工具进行交流等。

该文中研究启示部分的撰写条理清晰，将研究结论作为核心，贯穿整个启示部分。这样不仅全面展示了研究结论，也确保了提出的研究对策有充分依据，而非凭空想象。

综上所述，尽管研究启示可以大致分为不同类别，但它们在撰写中的共同核心点是根据所研究的问题及结论提出有针对性的对策。只有当研究启示写得深入且有效时，文章才能避免头重脚轻，真正为相关教育领域的发展指明方向和道路。

三、研究结论与研究启示衔接技巧

研究结论和研究启示是论文中不可或缺的环节，一篇优质的论文往往也体现在其高质量的研究结论和研究启示上。然而，一些研究者往往过于关注研究结论的撰写方法，却忽视了连接研究结论与研究启示的技巧，这也使得他们难以分辨出高质量的结论与启示，更难以撰写出卓越的论文。因此，明确研究结论与研究启示之间的衔接技巧显得尤为重要。本书旨在提出四种研究结论与研究启示的衔接技巧，供研究者参考和探讨。笔者希望通过这些技巧，能够提升研究者对衔接技巧的重视，并为其在实际撰写中提供一些有益的启示，从而助力其创作出更高质量的论文。

（一）结论衔接

在对研究结论与研究启示进行衔接时，一种有效的方法是采用以研究结论带出的方式。这种方式指的是从研究结论出发，根据结论的具体内容来撰写与之对应的研究启示或研究对策。其最终呈现的形式是每一条研究结论都对应着一条研究启示，且这些启示均源于相应的结论。这种衔接方式的好处在于，它不仅为研究者撰写研究启示提供了明确的思路和丰富的素材，使得"有话可说"和"有东西可写"，还能使研究启示与整篇文章的论述和结构更加逻辑严密、条理清晰，从而更易于读者理解和把握。因此，这种衔接方式具有很高的实用性和价值。

例如，在论文《5G+智能技术：构筑"智能+"时代的智能教育新生态系统》①中，研究结论与研究启示的衔接便采用了以研究结论带出的方式。该论文的研究结论指出："5G 赋能智能技术必将构筑以'人工智能服务教育'为指导理念，以'5G+人工智能技术'为实现基础，以智能校园、基于大数据智能的学习空间平台、智能虚拟助理、立体综合智能教学场等'人工智能+教育'应用形态为支撑，利用高速发展中的 5G 移动互联技术、物联网技术、云计算技术、混合现实技术、区块链技术、分析技术等智能技术……"紧接着的研究启示则是："运用多元智能技术集，架构智能教育的新生态系统；共建智能教育生态平台，助力教育向'智能+教育'时代转型升级……"

经过细致的分析，我们可以确认该论文中的研究启示是根据研究结论的内容精心撰写的。作者以研究结论为依据，通过深入的逻辑推导和实践思考，提出了切实可行的研究启示。这种衔接方式不仅展示了研究的深度和广度，也体现了作者在撰写过程中对于研究结论的深入理解和精准把握。这样的处理方式使得论文在逻辑上更加连贯，也更能引起读者的共鸣和思考。

（二）问题衔接

研究问题是研究的核心所在，它决定了研究的主要内容，并在整个研究过程中发挥着关键作用。研究问题不仅指导研究者制定详细的研究计划，并设计研究方案，还在撰写研究报告时，特别是在撰写研究启示部分，提供了重要的指导。因此，在构建研究启示时，以研究问题为引导的方式是一种非常有效的衔接研究结论与研究启示的策略。这种衔接方式的特点在于从研究问题出发，将每个研究问题与研究启示相对应，确保两者之间的紧密联系。这种衔接方式不仅使得行文首尾呼应，更加完整和连贯，同时也为研究者提供了另一种撰写研究启示的清晰思路。

例如，在论文《社会和情感教育评估：内涵、框架、原则、工具、指标及路径——基于欧盟的框架》②中，研究问题是"如何开展学习者社会和情感教育形成性评估，如何培养和提升学习者社会和情感能力，成为新时代我国迫切需解决的重要问题。"因此，在文末的研究启示部分，作者就前文提出的研究问题做出了契合的思考与回应："转变评估方式，构建本土化的社会和情感教育评估框

---

① 兰国帅，郭倩，魏家财，等. 5G+智能技术：构筑"智能+"时代的智能教育新生态系统[J]. 远程教育杂志，2019，37（3）：3-16.

② 兰国帅，周梦哲，魏家财，等. 社会和情感教育评估：内涵、框架、原则、工具、指标及路径——基于欧盟的框架[J]. 开放教育研究，2021，27（6）：24-36.

架，探索评估的本土化实践路径；研制中国社会和情感教育本土化评估原则及指标，开发多模态评估工具，实施面向学习者、课堂和学校环境的社会和情感教育……"

经过对该论文的深入分析，我们确实可以发现其研究问题与研究启示之间存在着紧密的对应关系。作者巧妙地运用了以研究问题进行衔接的技巧，使得整篇论文在逻辑上呈现出一种完整感。这种衔接方式不仅有助于读者更好地理解研究问题的核心，还能清晰地看到研究结论如何转化为实际的应用和启示，为相关领域的研究和实践提供了有力的支撑。

（三）承启衔接

承启衔接即承上启下式衔接。承上启下是一种写作的表现手法，其作用是总结上文内容并引出下文内容。承上启下的可以是一句话，也可以是一个不太长的段落。采用承上启下的衔接方式能够让学术论文的不同层次之间衔接紧密、流畅自然，使得整篇文章浑然一体、结构严密。因此，在撰写学术论文的过程中，研究者也经常使用这种衔接方式来衔接研究结论与研究启示。

例如，在论文《智慧教育视域下混合式学习空间的构建与实践研究》[①]一文中，作者以"随着新一代信息技术和'互联网+'理念对教育的进一步影响和渗透，教育管理者不断探索新的'智慧+'教育形态，旨在为学习者带来丰富的学习体验。在此背景下，构建混合式学习空间，就是在新技术的支持下创设沉浸式学习环境，针对学习者特征个性化地提供学习资源和工具，并运用大数据技术，记录教学过程，评价教学效果，反馈问题，提高教学有效性和学习积极性"作为该文中研究结论与研究启示的衔接部分，它起到了承上启下的关键作用。它不仅总结了上文的研究成果，即研究结论，同时也为下文的研究启示进行了铺垫和引出。这种衔接方式使得研究结论与研究启示之间的过渡自然且流畅，读者能够顺畅地从研究结论过渡到研究启示，理解作者的思路与观点。此外，这种严谨的衔接方式也进一步增强了全文的结构性和逻辑性，使得整篇论文更加条理清晰、易于理解。

这种衔接技巧在学术论文中尤为常见，因为它不仅能够丰富论文的论述层次，还能够展现作者的批判性思维和创新能力。当研究者能够在承认研究结论的基础上，进一步提出新的观点或建议时，论文的学术价值和应用价值都得到显著

---

① 陈明阳，阳亚平，陈明，等. 智慧教育视域下混合式学习空间的构建与实践研究[J]. 中国远程教育，2019（11）：79-85.

提升。

（四）转折衔接

转折衔接是另一种写作的表现手法。转折衔接惯用"但""但是""反过来说""另一方面说"之类的词语来衔接上下文的语句，表现对前文的否定以及对后文的肯定。在衔接研究结论和研究启示时，虽然通常我们寻求的是逻辑上的顺承和深化，但有时候，使用转折性词汇进行衔接，对上文的研究结论进行某种程度的"软性"否定或修正，可以更有效地引出新的研究启示。

例如，在论文《论文发表内卷了吗？——基于 8 本教育技术学 CSSCI 期刊10 年（2012—2021）载文的分析》[①]一文中，作者做了这样的描述："最后，尽管本研究揭示了教育技术学界存在的学术内卷问题，但并不能据此成为芸芸学子和学者'躺平'的理由，更不能否定学界为教育信息化发展和学科建设所作出的显著成效，我们的目标在于帮助学界清醒认识当前学术研究中存在的不足和改进方向。事实上，学术内卷是学界的普遍现象，也是学术研究快速发展阶段经常出现的问题，更是走向学术自信的必经之路。要圆满解决这类问题并非一朝一夕之功，需要持续的努力和足够的耐心。"在这段话中，作者巧妙地运用了"尽管"和"但并不能"等转折性词汇，对研究结论与研究启示进行了有效衔接。研究结论指出，教育技术学界确实存在一定的学术内卷现象。然而，作者并没有简单地对这一现象进行批判或否定，而是通过转折性词汇"尽管"和"但并不能"，展示了学术内卷现象的另一方面影响。

作者强调，尽管学术内卷现象存在，但它并不能完全否定教育技术学界已经做出的贡献。这种转折性表述不仅避免了过于极端的观点，还展现了作者对问题的全面思考。紧接着，作者通过"但并不能"进一步指出，尽管学术内卷有其负面影响，但这并不意味着我们应该忽视它或放弃努力。相反，解决这些问题需要持续的努力和足够的耐心。

这种衔接方式使得文章的研究结论与研究启示之间过渡自然且衔接流畅，同时也展示了作者对问题的深刻理解和独到见解。作者通过转折性词汇的使用，成功地将研究结论与研究启示相联系，为读者提供了更全面的视角和更深入的思考。

---

① 钟柏昌，张孟娟. 论文发表内卷了吗？——基于 8 本教育技术学 CSSCI 期刊 10 年（2012—2021）载文的分析[J]. 电化教育研究，2022，43（9）：120-128.